KB238767

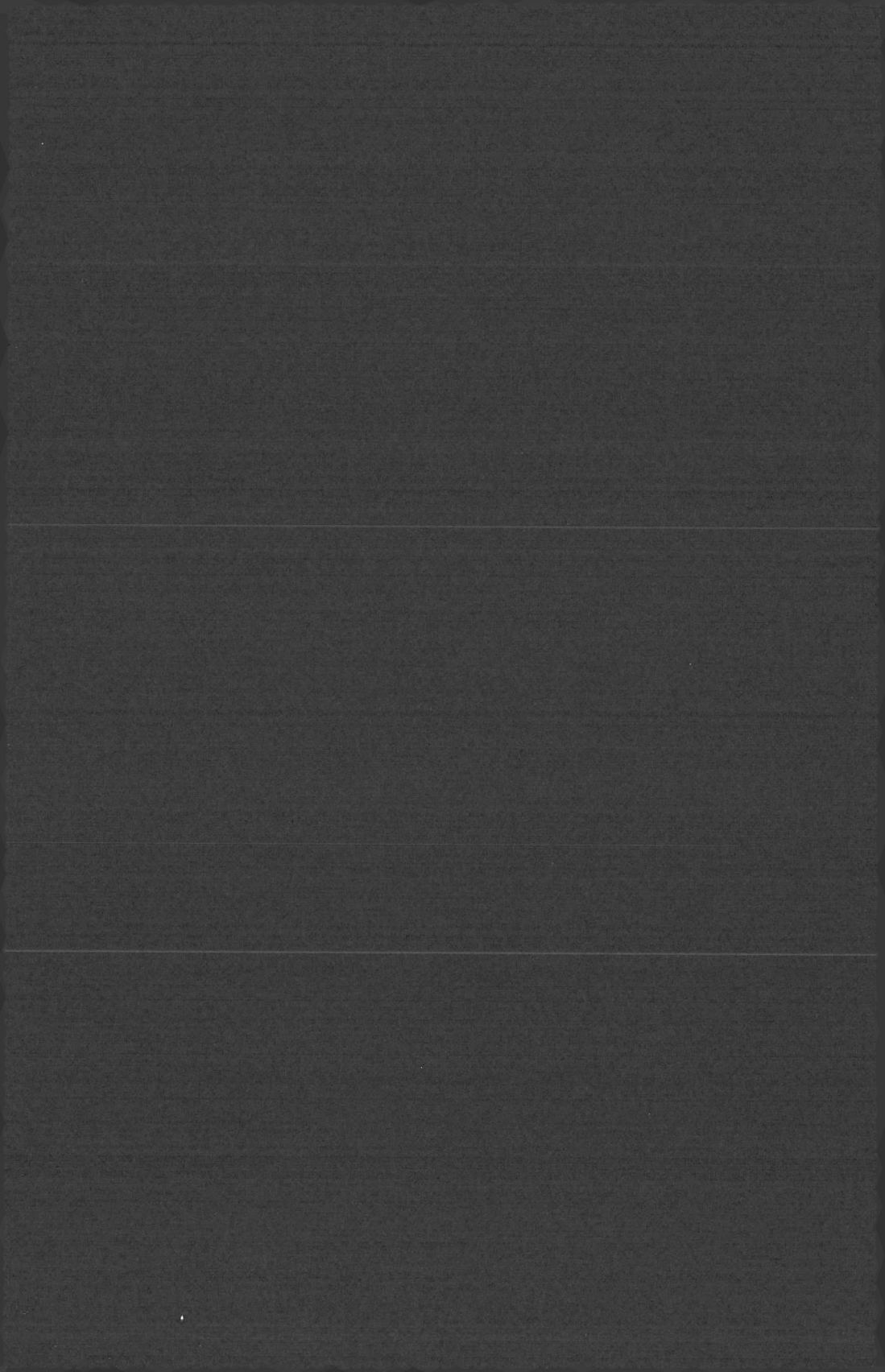

넥스트 비즈니스모델 2026

적토마의 해, 새로운 기회를 선점하는 전략

조용호 지음

와이즐리

thebook.center

차례

"완벽함이란 더 이상 보탤 것이 없을 때가 아니라,

더 이상 뺄 것이 없을 때 완성된다."

　— 앙투안 드 생텍쥐페리

"당신의 마음과 직관을 따르는 용기를 가지십시오.

그것들은 당신이 진정으로 무엇이 되고 싶은지

이미 알고 있습니다."

― 스티브 잡스

서문. 불확실성의 시대, 데이터로 읽은 비즈니스 지도

2026년 병오년. 붉은 말, 적토마의 해가 밝았습니다.

말은 멈추지 않습니다. 고삐를 놓친 순간, 방향이 아니라 속도가 우리를 끌고 갑니다. 비즈니스도 마찬가지입니다. 기술은 인간의 적응력보다 빠르게 진화하고, 산업의 경계는 흐릿해졌으며, 어제의 성공 방정식은 오늘 아침 '구식'이 됩니다.

2025년 이미 시작된 거대한 전환은 2026년 적토마의 해를 기점으로 비즈니스의 모든 표준을 바꿔놓을 것입니다. 이제 변화는 선택이 아니라 생존을 위한 필수 운영 기준입니다.

이 불확실성 속에서 리더들이 던지는 질문은 결국 하나로 모입니다. "무엇이 진짜이고, 우리는 어디로 가야 하는가?"

이 책은 그 질문에 '감'이 아니라 '증거'로 답하기 위해 시작되었습니다. 작년말부터 25개 산업 현장에서 9,550페이지에 달하는 데이터를 분석했습니다. 그리고 파편화된 트렌드 조각들이 제멋대로 흩어진 것이 아니라는 사실을 확인했습니다. 서로 다른 산업이 다른 언어로 말하고 있을 뿐, 그들이 가리키는 방향은 놀라울 만큼 일치했습니다.

그 결과물로 10개의 거대한 맥락, '울트라 메가 트렌드'를 발견했습니다. 이 지도는 2026년의 비즈니스 영토를 네 개의 축으로 재정의합니다.

지능의 진화. 시장의 재편. 삶의 혁명. 거시적 생존.

그리고 이 네 개의 축은 하나의 결론으로 수렴합니다. "표준이 바뀌는 해에는 '최적화'가 아니라 '전환'이 필요하다."

지능의 진화: 시스템에서 '동료'로

2026년, 비즈니스의 엔진은 더 이상 명령을 기다리는 도구가 아닙니다.

과거의 AI가 복잡한 엑셀 수식을 대신 풀어주는 비서였다면, 이제 AI는 상황을 인지하고 우선순위를 조정하며 전체 프로세스를 지휘하는 '자율 운영자'가 됩니다. 사람들은 이를 '인지 자동화'와 'AI 오케스트레이션'이라 부릅니다. 더 이상 옵션이 아닌 필수 조건입니다. 산소처럼, AI는 기업의 모든 혈관을 흐르며 운영의 기본 호흡이 됩니다.

그러나 지능의 진화는 여기서 멈추지 않습니다. 경쟁력의 척도 자체가 바뀝니다. 승부는 《얼마나 많은 데이터를 가졌는가》가 아니라, 《그 데이터로 얼마나 정밀하게 한 사람의 마음과 맥락을 읽어내는가》에 달려 있습니다. 대량 생산의 시대는 끝났습니다. 이제는 한 사람 한 사람을 위한 맞춤 생산의 시대(N=1의 시대)입니다.

과거에는 수만 명의 통계(평균)를 바탕으로 상품을 팔았다면, 이제는 '단 한 사람'의 현재 기분과 맥락에만 집중합니다 .

다만 여기에는 전제가 있습니다. 초개인화는 고객의 삶을 더 깊이 들여다보는 만큼, 데이터 주권과 보안의 문제를 정면으로 마주합니다. 그래서 2026년의 개인화는 기술만으로 완성되지 않습니다. '신뢰 기술'이라는 거버넌스가 함께 서야 합니다. 신뢰는 더 이상 도덕적 수사가 아니라, 거래를 성립시키는 가장 강력한 화폐가 됩니다.

마지막으로, 이 지능은 스크린을 뚫고 물리적 세계와 결합합니다. 죽어 있던 인프라에 센서가 붙고 데이터가 흐르면서, 공장과 건설 현장, 물류창고는 스스로 말하는 '지능형 신경망'으로 각성합니다. 인간은 대체되지 않습니다. 오히려 AR과 웨어러블 기술을 통해 능력이 증강되고, 현장은 '몸의 노동'에서 '판단의 노동'으로 재편됩니다.

2026년의 리더는 AI를 도구로 관리하는 사람이 아닙니다. 성장을 함께 설계할 지능형 '동료'로 조직에 편입시키는 사람이어야 합니다.

시장의 재편: 소유에서 '몰입'으로

시장은 더 이상 채널로 나뉘지 않습니다. 온라인과 오프라인을 구분하는 것 자체가 무의미해졌기 때문입니다. 가상의 편의성과 물리적 공간의 질감이 결합한 피지털 생태계가 2026년 리테일의 새로운 표준이 됩니다.

소비자는 물건을 사기 위해 매장을 방문하지 않습니다. 그들은 브랜드가 설계한 세계관 속으로 들어가, 구매를 '행위'가 아니라 '사건'으로 경험하길 원합니다. 이제 성공의 공식은 판매량이 아니라, 고객이 머무는 시간의 질—즉 경험 수준으로 재정의됩니다.

이 몰입은 커뮤니티와 팬덤이라는 중력으로 완성됩니다. 니치 커뮤니티는 단순한 소비 집단이 아니라, IP의 가치를 함께 키우고 수익을 나누는 경제 공동체로 진화합니다. 라이브 스트림과 엔터테인먼트가 결합한 발견형 커머스는 소비자가 '찾는 수고'를 덜어주는 대신, 놀이의 클라이맥스에서 자연스럽게 결제가 일어나도록 설계합니다. 고객은 더 이상 구매자가 아닙니다. 때로는 주주이자 파트너, 생태계의 공동 설계자가 됩니다.

동시에 소비의 기준은 가성비를 넘어 '가치'와 '신념'으로 이동합니다. 소비자는 제품의 기능뿐 아니라 그 이면의 윤리적 배경과 환경적 영향을 집요하게 추적합니다. 감추면 의심받고, 드러내면 신뢰받는 급진적 투명성의 시대입니다. 새것보다는 순환을, 소유보다는 접근을 선택하는 이들은 자신의 신념을 표현하기 위해 기꺼이 지갑을 엽니다.

리더는 이제 물건을 파는 상인이 아닙니다. 가치를 설계하고 공동체를 지휘하는 경험의 아키텍트가 되어야 합니다.

삶의 혁명: 건강한 백년의 설계

인간의 수명은 더 이상 «얼마나 오래 사는가»가 아니라 «얼마나 건강하게 활동하는가»로 정의됩니다. 우리는 건강 수명의 시대로 진입했습니다.

2026년, 장수 과학과 바이오 메디컬 기술은 노화를 피할 수 없는 운명이 아니라 관리하고 치료할 수 있는 '질병'으로 다루기 시작합니다. 세포 수준에서 신체를 조절하고, 데이터로 생체 나이를 해석하는 시장이 희망이 아니라 임상적 신뢰와 정밀 데이터를 바탕으로 커집니다.

이 혁명은 병원이라는 공간 안에 갇히지 않습니다. 일상으로 스며듭니다. 집은 단순한 거주지가 아니라 신체적·정신적 안녕을 관리하는 홈케어 생태계의 중심지로 진화합니다. 침대 밑 센서와 스마트 기기가 24시간 데이터를 수집하고, AI는 사용자가 원하기 전에 최적의 영양 식단과 운동을 처방합니다. 먹는 것은 끼니가 아니라 개인의 유전적 특성과 라이프스타일에 맞춘 정밀 솔루션이 됩니다.

중요한 점은 이 흐름이 인간만의 이야기가 아니라는 것입니다. 반려동물, 시니어, 그리고 우리를 둘러싼 환경까지 아우르는 홀리스틱 웰니스

로 수렴합니다. 에이지테크에서 펫테크에 이르기까지, 헬스케어의 중력
장은 모든 연령과 종을 끌어당깁니다.

비 즈 니 스   리 더 가   고 민 해 야   할   대 상 도   바 뀝 니 다 .
단편적인 구매 순간이 아니라, 전 생애 주기에 걸쳐 흐르는 '생체 데이
터의 파이프라인'을 어떻게 가치 있게 관리할 것인가가 핵심 의제가 됩
니다.

거시적 생존: 비즈니스의 '심장'을 바꾸다

기후 위기와 탄소중립은 더 이상 도덕의 선택지가 아닙니다.

2026년, 탄소 무결성은 글로벌 비즈니스 생태계에 진입하기 위한 중
요한 입장권이자 기업 생존을 결정짓는 규제 장치가 됩니다. 직선적으
로 자원을 쓰고 버리던 시대는 끝났습니다. 폐기물을 자산으로 환생시
키는 '순환의 혈관'을 갖추지 못한 기업은 시장에서 도태될 수밖에 없습
니다. 회복 탄력적인 공급망과 순환 경제 모델은 이제 비용이 아니라 새
로운 수익의 원천이 됩니다.

에너지도 같은 방향으로 진화합니다. 에너지는 더 이상 연료가 아니라
데이터와 기술이 결합한 에너지 플랫폼입니다. 중앙집중형 공급 모델은
수많은 프로슈머가 생산·저장·거래에 참여하는 분산형 그리드로 전환됩
니다. 기업은 AI로 에너지 소비를 최적화하고, 가상발전소로 남는 전력
을 유연하게 관리하며, 새로운 주도권을 선점합니다. 에너지는 비용 청
구서 이상으로 전략적으로 장악해야 할 운전 계기판, 즉 대시보드가 됩
니다.

그리고 이 모든 변화는 결국 비즈니스의 심장을 바꾸는 일입니다. 하
이퍼스케일 데이터센터의 폐열로 작물을 키우고, 전기차 배터리가 거대
한 ESS가 되는 디지털-에너지 넥서스(상호 의존적이며 변혁적인 관계)
가 현실이 됩니다.

2026년의 리더는 《얼마나 저렴하게 생산하는가》가 아니라,

«얼마나 지속 가능한 방식으로 가치를 순환시키는가»에 집중해야 합니다.

적토마처럼 질주하는 시대에 생존의 고비를 단단히 잡는 방법 중 하나는, 비즈니스의 동력을 탄소에서 데이터와 녹색 에너지로 교체하는 결단에 있습니다.

적토마의 해, 당신은 어떤 지도를 가졌는가?

2026년은 기회의 문이 그 어느 때보다 빠르게 열리고 닫히는 해가 될 것입니다.

이 책은 9,550페이지의 산업별 기록을 정제해 추출한 '승리의 시나리오'입니다. 더 이상 주관적인 감에 기대지 마십시오. 데이터가 증명한 10개의 울트라 메가 트렌드를 통해, 당신의 비즈니스가 나아갈 항로를 가장 먼저 선점하시기 바랍니다.

마지막으로, 이 책은 예언서가 아닙니다.

본문에 소개되는 '미래를 먼저 훔친 BM' 예시들은 현재 초기 단계에 진입했거나 근미래에 구현 가능한 비즈니스 모델들로, 9,550페이지의 데이터를 분석해 도출한 데이터 기반 참조 모델(Reference Model)입니다. 이 사례들은 특정 기업의 현황을 단순히 나열하기보다는 각 산업 트렌드의 정수를 모아 전략적 원형을 구상한 것이며, 실질적인 비즈니스 힌트를 제공하기 위해 각 BM의 유사 사례를 정리한 부분은 분량 관계상 이 책에서는 생략하였습니다.

또한 각 장의 마지막을 장식하는 융합 시나리오는 이 책이 제시하는 '울트라 메가 트렌드'가 실제 산업 현장에서 어떻게 교차하며 시너지를 내는지 보여주기 위한 입체적 시뮬레이션입니다. 유사 사례와 더 깊이 있는 BM 분석 및 평가, 산업별 특수 상황에 대한 상세 지도는 이 책과 동명의 시리즈인 각 '산업별 심화편'에서 확인하실 수 있습니다.

이 책은 표준이 바뀌는 시대에, 전환을 실행하기 위한 지도입니다.

이 제 페 이 지 를 넘 기 며 확 인 해 보 시 기 바 랍 니 다 .

적토마의 속도는 멈추지 않습니다.

멈출 수 없다면, 올라타야 합니다.

- 저자 조용호 드림

10대 울트라 메가 트렌드는 어떻게 뽑았나

본 도서에서 제시하는 10대 '울트라 메가트렌드'는 데이터 우선 원칙에 따라 도출되었습니다. 기존에 산업별로 먼저 출간된 『넥스트 비즈니스모델 2026』 시리즈(전 25권)에서 뽑아낸 250개의 트렌드를 알고리즘으로 그룹화하고, 그 기술적 구조 위에 전문가의 통찰을 입히는 5단계 프로세스를 거쳤습니다.

1단계: 트렌드 문장화 (Standardization)
- 각 산업별 도서에서 정의한 핵심 트렌드 250개를 분석 대상으로 삼았습니다.
- 각 트렌드의 '한글명 + 정의'를 결합하여 하나의 완성된 문장으로 변환함으로써, 모든 트렌드를 동일한 기준에서 비교할 수 있도록 데이터셋을 표준화했습니다.

2단계: 문장의 숫자화 (Sentence Embedding)
- 한국어의 미세한 의미 유사도를 반영하기 위해 '다국어 문장 임베딩(Multilingual Sentence Embedding) 모델'을 활용했습니다.
- 이를 통해 텍스트로 된 트렌드 문장들을 벡터(숫자) 값으로 변환하여, 문장 간의 거리를 객관적으로 계산할 수 있는 물리적 기반을 마련했습니다.

3단계: 10대 군집화 (K-Means Clustering)
- 숫자로 변환된 250개의 트렌드 데이터를 K-means 알고리즘에 입력했습니다.
- 군집 수를 10개로 고정하여, 파편화된 산업별 변화들이 2026년을 관통하는 '10대 울트라 메가트렌드'로 수렴되도록 설계했습니다.

4단계: 군집 의미 분석 (Interpretation)

- 각 군집의 중심(Centroid)에 가장 가깝게 위치한 '대표 트렌드'와 군집 내에서 가장 자주 등장하는 핵심 단어를 추출했습니다.
- 이를 통해 알고리즘이 묶어준 각 데이터 그룹이 실제 비즈니스 생태계에서 어떤 변화를 말하고 있는지 해석했습니다.

5단계: 이름 붙이기 및 큐레이션 (Naming)

- 알고리즘이 생성한 데이터 구조는 변경하지 않는 것을 원칙으로 하였습니다.
- 분석 결과 도출된 각 군집의 정체성을 가장 잘 드러낼 수 있도록, 독자가 이해하기 쉬운 직관적인 이름을 부여하여 '울트라 메가트렌드'로 명명했습니다.

PART 1. 지능의 진화: 시스템에서 '동료'로

Chapter 01. 생성형 AI와 자율 운영 전환: 명령을 넘어선 자율의 시대

1. 생성형 AI와 자율 운영

생성형 AI는 과거에 무엇이었나요?

명령을 기다리는 단순 '비서' 도구였습니다.

생성형 AI는 현재 무엇인가요?

스스로 판단하고 실행하는 '자율 운영자' 입니다.

생성형 AI의 4대 엔진은 무엇인가요?

자율형 워크플로우, 리스크 제로 시뮬레이션, 실시간 반응형 초개인화, 지능형 인프라 입니다.

2026년, 당신의 비즈니스에는 '산소'가 흐르고 있습니까?

2026년의 아침은 생각보다 조용합니다.

전쟁처럼 소란스러운 것은 화면 속 숫자들이고, 정작 리더의 책상 위는 고요합니다. 고요하다는 것은 이제 많은 일이 '사람의 질문' 이전에 처리된다는 뜻입니다.

당신이 잠든 사이, AI 에이전트는 밤새 발생한 지정학적 리스크를 감지해 물류 경로를 스스로 우회시킵니다. 자산 포트폴리오를 최적의 금리로 리밸런싱하고, 오늘 만날 클라이언트의 숨은 니즈를 분석해 계약 성공 확률을 높일 전략을 이미 세워 둡니다.

2026년, 당신의 AI는 '비서'입니까, 아니면 '운영자'입니까? 여전히 AI에게 사소한 요약이나 문구 작성을 명령하고 있다면, 당신은 슈퍼카를 사놓고 좁은 주차장에서만 공회전시키고 있는 셈입니다. 2026년 비즈니스의 승패는 기술을 '사용'하는 수준이 아니라, 기술로 '운영되는' 구조를 누가 먼저 갖추느냐에서 갈립니다.

우리는 지금 '도구(Tool)'로서의 AI가 인간의 지시를 기다리던 시대를 지나, 스스로 판단하고 업무를 완결하는 자율 운영(Autonomous Operation)의 시대로 진입하고 있습니다. 생성형 AI는 더 이상 텍스트와 이미지를 만들어내는 신기한 장난감이 아닙니다. 2026년의 비즈니스 환경에서 AI는 기업의 기본 운영체제(OS)이자, 비즈니스의 혈관을 흐르는 산소이며, 복잡한 공급망 전체를 지휘하는 마에스트로입니다.

이 변화가 '유행'이 아니라는 사실은 감이 아니라 데이터가 증명합니다. 차분히 들여다 본 결과 25개 산업에서 포착된 250여 개의 트렌드 신호를 분석했습니다. 농업에서 금융, 제조에서 리테일까지 19개 산업이 공통적으로 한 지점을 가리키고 있었습니다. 서로 다른 산업 현장에서 타전된 33개의 시그널이 교차하며 만들어낸 첫 번째 울트라 메가 트렌드, 그것이 바로 '생성형 AI와 자율 운영 전환'입니다.

이 챕터는 한 문장으로 수렴합니다.

AI를 '쓰는' 회사가 아니라, AI로 '운영되는' 회사가 승리한다.

그렇다면 'AI로 운영되는 회사'는 무엇이 다를까요. 겉으로는 업무가 더 빨라지고 자동화가 더 깊어진 것처럼 보입니다. 하지만 본질은 속도가 아니라 구조입니다. 사람의 손이 버튼을 누르며 흐름을 이어 붙이던 회사가, 목적만 제시하면 감지하고 판단하고 실행까지 스스로 완결하는 회사로 바뀌는 것. 그 구조 전환은 네 가지 엔진으로 작동합니다.

첫째, 자율형 워크플로우. 에이전트가 비즈니스의 지휘봉을 잡습니다. 우리가 익숙했던 '대화형 챗봇'은 질문에 답하는 도구였습니다. 2026년의 에이전트는 단순히 질문에 답하는 챗봇이 아닙니다. 목적을 주면 스스로 계획을 세우고 실행까지 완결하는 '디지털 팀장'입니다. "대출 금리 알려줘"가 아니라 "최적의 조건으로 갈아타 줘"라는 명령 한 줄로 조회, 비교, 실행까지 스스로 이어 붙입니다. 물류에서는 더 분명합니다.

시스템은 단순 추적기가 아니라 공급망 전체를 연주하는 마에스트로가 되어, 지연과 변수 앞에서 사람을 호출하기보다 경로를 재설정하고 문제를 수습합니다. 전문직에서도 같은 일이 벌어집니다. 법률은 시간당 과금의 관성을 벗어나 결과의 가치로 이동하고, 의료는 서류와 예약 업무의 고충을 운영 효율화 AI가 떠맡으면서 의사가 환자를 보는 시간을 되찾습니다. 기업 내부에서는 에이전틱 프로세스 자동화가 사람의 클릭을 대체하는 수준을 넘어, 계획과 실행의 체계를 다시 씁니다. 이는 사람이 매번 클릭해서 단계를 이어 붙이던 노고를 없애고, AI가 업무의 앞뒤 맥락을 읽어 스스로 연결하는 '지능형 컨베이어 벨트'입니다.

둘째, 리스크 제로 시뮬레이션. 실패를 현실에서 치르는 대신, 가상에서 먼저 흡수합니다. 현실에서 실패하면 비용이지만, 가상에서 실패하면 교훈입니다. 디지털 트윈을 통해 수백 번의 시행착오를 미리 겪어보는 '무위험 실험실'입니다. 농업은 기후와 병해충의 변수를 가상 공간에서 먼저 돌려보고, 제조는 공장을 멈추지 않은 채 스스로 상태를 진단하며 최적의 생산 시나리오를 검증한 뒤 현실에 적용합니다. IT 서비스와 콘텐츠 산업에서는 물리적 제약이 옅어지며 '실험 비용' 자체가 낮아집니다. 2026년의 리더에게 가상 공간은 더 이상 놀이터가 아니라, 가장 확실한 승리를 담보하는 실험실입니다.

셋째, 실시간 반응형 초개인화. 기업은 제품이 아니라 '최적화'를 팝니다. 과거의 개인화가 이름을 불러주는 수준이었다면, 2026년의 초개인화는 고객이 말하기 전에 고객의 상태를 읽어내는 기술입니다. 뷰티는 DNA와 라이프스타일을 바탕으로 '모두를 위한 제품'이 아니라 '당신만의 처방'으로 이동하고, 식음료는 개인의 영양 상태에 맞춰 솔루션을 조합합니다. 에듀테크는 학습자의 이해도에 따라 교재가 실시간으로 다시 쓰이고, 홈과 리빙은 거주자의 패턴을 예측해 집이 먼저 반응합니다. 이

때 기업이 판매하는 것은 고정된 물건이 아니라, 매 순간 업데이트되는 경험입니다. 소유가 아니라 구독, 제품이 아니라 최적화가 매출의 언어가 됩니다.

넷째, 지능형 인프라 및 보안. 자율 주행하는 비즈니스에 필요한 것은 도로와 안전벨트입니다. 에이전트가 운전대를 잡을수록 인프라의 무게는 더 커집니다. 모델을 돌리는 에너지를 어떻게 확보하고 관리하느냐는 운영 효율을 넘어 생존 조건이 되고, 책임감 있는 AI와 거버넌스는 '규제 준수'가 아니라 신뢰의 비용을 낮추는 경쟁력이 됩니다. 제조 현장에서 IT와 운영기술이 융합될수록 공격면은 넓어지고, 온디바이스 AI가 확산될수록 개인정보 보호와 즉각적인 반응이라는 두 가치가 동시에 요구됩니다. 결국 제로 트러스트 보안과 사이버 복원력은 '있으면 좋은 것'이 아니라 '없으면 멈추는 것'이 됩니다.

이 네 가지 엔진은 따로 움직이지 않습니다. 에이전트가 실행을 완결하고, 시뮬레이션이 실패를 선제하며, 초개인화가 수익모델을 바꾸고, 인프라와 보안이 그 질주를 가능하게 합니다. 이제 이 엔진들이 각 산업의 전쟁터에서 어떤 방식으로 현실을 바꿔 놓고 있는지, 현장으로 들어가 보겠습니다.

♣ 이 장을 읽기 위한 핵심 키워드

- **AI 오케스트레이션**: AI가 단순 비서를 넘어 상황을 인지하고 전체 비즈니스 프로세스를 지휘하는 것을 의미합니다 .
- **인지 자동화**: 단순히 정해진 규칙을 따르는 것이 아니라, AI가 데이터를 통해 스스로 판단하고 업무를 완결하는 기술입니다.
- **AI 에이전트**: 목적을 부여받으면 스스로 계획을 세우고 실행까지 끝내는 '디지털 팀장'과 같은 역할을 수행합니다 .
- **디지털 트윈**: 현실의 사물이나 시스템을 가상 공간에 똑같이 복제하여 리스크 없는 시뮬레이션을 가능하게 하는 기술입니다.
- **제로 트러스트 보안**: 네트워크 내부/외부 가릴 것 없이 모든 접근을 '절대 신뢰하지 않고 항상 검증'하는 보안 모델입니다.

I. 도구에서 지능형 운영체제로

2026년의 비즈니스는 더 이상 정체된 시스템의 집합이 아니라, 스스로 숨 쉬고 성장을 위해 끊임없이 대사 작용을 이어가는 '비즈니스 유기체(Business Organism)'로 진화했습니다.

이 거대한 진화의 첫 번째 신호탄은 바로 '산소(Oxygen)'입니다. 과거의 AI가 인간의 구체적인 명령을 기다리던 수동적인 '도구'에 머물렀다면, 2026년의 생성형 AI는 기업이라는 유기체가 생존하기 위해 잠시도 멈추지 않고 들이마셔야 하는 생존의 필수 요소로 자리 잡았습니다. 산소가 세포 구석구석에 에너지를 전달하듯, 지능화된 AI는 기업 내부의 모든 의사결정과 프로세스에 투명하게 스며들어 새로운 생명력을 불어넣습니다.

1장에서 우리는 이 지능의 숨결이 어떻게 기업의 폐부 깊숙이 스며들어 '자율 운영'이라는 새로운 현실을 만들어내는지 살펴봅니다. 이는 단순한 자동화를 넘어선 영역입니다. AI가 스스로 비즈니스 프로세스를 지휘(Orchestration)하고, 복잡한 상황을 실시간으로 시뮬레이션하며 최적의 경로를 찾아내는 '지능형 운영체제(OS)'로의 전환을 의미합니다.

　이러한 자율 운영은 기업 내부의 고질적인 '불확실성 비용'을 획기적으로 낮추는 결정적인 열쇠가 됩니다. 침묵하며 고여 있던 시스템이 AI라는 산소를 얻어 활발하게 각성하는 순간, 기업은 외부 환경의 변화에 본능적으로 대응하고 스스로를 최적화하는 강력한 자율적 생명력을 얻게 될 것입니다.

II. 산소가 된 생성형 AI와 자율 운영의 서막

자, 2026년의 비즈니스 현장은 더 이상 과거의 지도법으로 읽히지 않습니다. 거대한 지능의 해일이 덮친 뒤 살아남은 산업들은 완전히 새로 재편되었습니다. 그 변화는 점진적 개선이 아니라 애벌레가 나비가 되듯 '단절적 진화'에 가깝습니다.

금융: 판매에서 결정으로

과거의 금융은 고객의 질문에 답만 하던 수동적 챗봇의 시대였습니다. 2026년의 금융은 다릅니다. 스스로 판단하고 실행을 끝내는 에이전트 AI의 시대입니다. 《대출 금리가 얼마인가요?》가 아니라 《최적의 대출로 갈아타 줘》라는 말 한마디로 조회부터 실행까지 끝납니다. 자산 관리는 더 이상 고액 자산가의 전유물이 아닙니다. 로보어드바이저를 통해 '자산 관리의 민주화'가 완성됩니다.

이 변화는 금융의 본질을 바꿉니다. 금융이 '상품을 판매'하는 산업에서 '결정을 대신 내려주는' 산업으로 이동하면, 경쟁의 축이 완전히 달라집니다. 금리 몇 bp 차이가 아니라 결정의 속도, 정확도, 책임성이 승부처가 됩니다. AI 도입은 상품 경쟁이 아니라 운영 경쟁의 시작입니다.

패션: 감각에서 산소로

패션은 오랫동안 감각의 산업이었습니다. 그러나 감각이 유효하려면 시장이 느려야 합니다. 2026년의 패션 시장은 느리지 않습니다. 트렌드는 더 자주 예측이 어렵게 바뀌고, 수요는 더 미세하게 갈라지며, 재고는 더 빨리 '손실'이 됩니다.

그래서 2026년의 패션 기업에게 AI는 옵션이 아닙니다. 기획, 디자인, 생산, 물류, 판매 전 과정을 흐르는 산소입니다. 트렌드 예측부터 재고 관리까지 데이터가 혈액처럼 순환하며 비즈니스의 생명력을 유지합니다. AI가 없는 패션 기업은 나침반 없는 배와 같습니다.

여기서 중요한 포인트가 있습니다. AI가 디자인을 '대신'하느냐가 핵심이 아닙니다. AI는 디자인을 둘러싼 운영—수요 감지, 판매단위 최적화, 생산 배치, 반품 회수—을 재구성합니다. 감각은 여전히 인간의 몫이지만, 감각이 성과가 되기까지의 경로는 점점 더 자율 운영으로 바뀝니다.

의료: 역설적 인간성의 회복

한때 환자의 불만은 이랬습니다. "의사 선생님이 컴퓨터만 보고 제 얼굴은 3분도 안 봐줬어요." 2026년, 이 불만은 줄어듭니다. 진료 기록 요약, 보험 청구, 예약 관리 같은 잡무를 운영 효율화 AI가 맡으며 의료진은 본질로 돌아가기 때문입니다.

의료에서 자율 운영은 차가운 자동화가 아닙니다. 역설적으로 인간성을 회복하는 기술입니다. 시스템이 운영을 떠맡을수록, 의사는 환자의 눈을 더 오래 바라볼 수 있습니다. 그리고 그 '오래 바라봄'이야말로 진료의 질을 결정합니다.

법률: 시간에서 가치로

법률은 오랫동안 '시간'으로 가격을 매겨 왔습니다. 하지만 2026년의 변호사는 생성형 AI라는 아이언맨 슈트를 입고 뇌를 확장합니다. 리서치와 초안 작성이 자동화되면서 생산성이 폭발합니다. «몇 시간 일했냐»가 아니라 «어떤 결과를 냈느냐»가 기준이 되는 가치 기반 서비스 모델이 표준으로 이동합니다.

법률 산업의 진짜 변화는 '문서 자동화'가 아닙니다. 거래 속도의 재정의입니다. 계약이 빨라지면 비즈니스가 빨라집니다. 법률의 자율 운영은 결국 기업의 성장률을 바꾸는 장치가 됩니다.

물류: 이동에서 지휘로

과거의 물류가 A에서 B로 옮기는 물리적 이동이었다면, 2026년의 물류 시스템은 이제 단순 추적을 넘어 전반적인 흐름을 조율하는 마에스트로가 됩니다.

교통 체증이 감지되면 자동으로 경로를 변경하고, 기상 악화 예보가 있으면 미리 일정을 조정합니다. 사람이 매번 판단하고 지시하던 수백 가지 결정을 시스템이 대신 내립니다.

물류가 마에스트로가 된다는 말은 단순히 낭만적 수사가 아닙니다. «사고가 나면 멈춘다»에서 «사고가 나도 흐름은 지속된다»로의 전환입니다. 그리고 그 전환이 기업의 손익계산서에서 '불확실성 비용'을 줄이는 방식으로 나타납니다.

III. 자율 운영으로 집결하는 비즈니스 진화론

서로 다른 산업들이 같은 방향으로 수렴하는 이유는 명확합니다.

첫째, 승리의 법칙이 바뀌었습니다.

과거의 AI가 특정 기능을 수행하는 도구였다면, 2026년의 생성형 AI는 비즈니스를 구동하는 기본 운영체제입니다. 전기가 없으면 공장이 멈추듯, 이제 AI 없이는 법률 서비스도 패션 디자인도 물류 배송도 성립하기 어렵습니다.

둘째, 이 모든 변화는 결국 인간의 확장을 지향합니다.

아이언맨 슈트, 슈퍼 히어로, 마에스트로라는 비유가 보여주듯 AI는 인간을 대체하기보다 인간이 고부가가치 판단에 집중하도록 돕는 파트너가 됩니다.

그러나 여기서 결정적 차이를 만드는 것은 '모델 성능'이 아닙니다. 연결입니다. 자율 운영이 성립하려면 조직 내부의 데이터와 의사결정이 끊기지 않는 지능형 신경망이 필요합니다. ERP, CRM, SCM, 현장 데이터, 고객 접점 데이터가 흩어져 있으면 AI는 똑똑한 척은 해도 운영을 완결하지 못합니다. 반대로 흐름이 연결되면, AI는 '대답'이 아니라 '결정과 실행'을 수행합니다.

IV. 미래를 먼저 훔친 BM들

거시적인 파도보다 더 중요한 것은 그 파도 위에서 실제로 서핑하고 있는 선수들의 기술입니다. 그동안 9,550페이지에 달하는 산업별 기록 속에서 자율 운영을 무기로 고질적 결핍을 해결하고 수익 모델의 반전을 이뤄낸 비즈니스모델 참조 사례들을 참고했습니다. 이것은 공상과학이 아닙니다. 지금 이 순간 벌어지고 있거나 근미래에 일어날 일입니다.

수술실의 지휘자: OR 플래너

병원에서 가장 수익성이 높지만 동시에 가장 비효율적인 병목 구간은 수술실입니다. 수많은 의료진과 장비, 환자 스케줄이 얽힌 이곳에서 단 1분의 지연은 비용 손실과 환자 위험으로 직결됩니다. 병원에서 가장 비싼 공간인 수술실의 유휴 시간을 AI가 예측해 배치합니다. 단순 예약 앱이 아니라, 병원의 '수익 병목'을 직접 해결하는 수익 엔진입니다.

OR 플래너 AI는 단순한 달력 앱이 아닙니다. 과거 수술 데이터, 의료진의 습관, 환자 상태를 분석해 수술 소요 시간을 정밀 예측하고, 수술방 배정과 장비 준비를 실시간으로 최적화합니다. 예측 불가능한 대기 시간과 수술실 유휴 시간이라는 고질병을 AI 예측 모델로 치유합니다.

비즈니스 모델의 핵심은 이것입니다. 소프트웨어를 파는 것이 아니라 병원의 수익성을 팝니다. 자율 운영은 이렇게 나타납니다. 《좋은 기능》이 아니라 《돈이 새는 병목을 제거하는 운영》으로.

계약의 가속 페달: 계약가속 AI 스튜디오

글로벌 진출을 앞둔 중소기업에게 수백 페이지의 영문 계약서는 넘기 힘든 벽입니다. 법무팀을 꾸리자니 비용이 부담스럽고, 로펌에 맡기자니 속도가 나지 않습니다.

계약가속 AI 스튜디오는 바로 이 빈틈을 파고듭니다. 계약서 초안 작성, 독소 조항 분석, 다국어 번역을 자동화합니다. 핵심은 '번역'이 아니라 각국의 법률적 뉘앙스와 규제까지 고려해 리스크를 실시간 경고한다는 점입니다. 사용자는 ERP/CRM과 연동된 스튜디오에서 클릭 몇 번으로 계약 수명주기 전체를 관리합니다.

여기서 법률 서비스는 '자문'이 아닙니다. 거래를 앞으로 밀어주는 가속 페달이 됩니다.

반품의 연금술: 리버스 물류 최적화 플랫폼

이커머스 시대의 가장 큰 골칫거리는 반품입니다. 반품된 상품은 악성 재고가 되거나 폐기됩니다. 골칫덩이인 반품 상품을 AI가 재판매할지, 재활용할지 실시간으로 결정합니다. 이는 단순 비용 절감을 넘어 '마진의 격차'를 만드는 핵심 경쟁력입니다. 리버스 물류 최적화 플랫폼은 반품을 비용이 아닌 자원으로 재정의합니다.

AI는 반품 상품의 상태를 예측해 재판매, 수리, 재활용 여부를 실시간 판단하고 최적의 경로로 자원을 이동시킵니다. 효과는 비용 절감에만 그치지 않습니다. 재사용과 재활용을 통해 수익 기회를 만들고, 탄소 배출을 줄여 ESG까지 달성합니다.

반품을 '처리'하는 회사와 반품을 '운영'하는 회사의 격차는, 시간이 갈수록 마진 격차로 벌어집니다.

구독형 경영 참모: 에이전트링크 경영플랜

중소기업 대표들의 가장 큰 고민은 단순합니다. 《데이터는 있는데, 이걸로 뭘 해야 할지 모르겠다.》 컨설턴트를 고용하기엔 비쌉니다.

에이전트링크 경영플랜은 이 공백을 노립니다. 단순 대시보드가 아닙니다. ERP와 CRM에 연결된 AI 에이전트가 24시간 데이터를 분석해 《현금 흐름이 위험하니 지출을 줄이세요》, 《이 고객군에 마케팅을 집중하세요》 같은 실행 계획을 제안합니다. 고액 연봉의 임원과 컨설턴트가 하던 전략적 의사결정 지원을 합리적 월 구독료로 제공합니다.

이 사례들이 말하는 바는 단순합니다. 기술은 과시가 아니라 고객의 가장 아픈 곳을 치유하는 수술 도구가 될 때만 돈이 됩니다.

V. AI 에이전트로 통하는 지능형 워크플로우

이제 우리는 개별 산업의 담장을 넘어야 합니다. 2026년의 혁신은 단일 산업 내 효율화가 아니라, 산업과 산업이 만나 데이터가 섞이고 AI가 그 사이를 오가는 경계 없는 확장에서 폭발할 것입니다.

가상 시나리오 A: 집이 곧 주치의가 되다

아침에 일어난 당신의 얼굴 붓기와 수면 중 호흡 데이터를 스마트홈 센서가 읽습니다. 이 데이터는 의료 AI 에이전트로 전송되어 «오늘 염증 수치가 높으니 항염 식단이 필요하다»는 진단을 내립니다. 그리고 그 진단은 당신이 냉장고를 열기도 전에 F&B(식음료) 배송 에이전트로 전달되어 맞춤형 식단과 영양제가 배송됩니다.

집은 거주 공간이 아니라 24시간 자율 관리하는 능동적 케어 센터가 됩니다. 의료와 주거와 식품이 하나로 연결됩니다.

가상 시나리오 B: 분쟁이 생길 틈을 제거하다

태풍으로 화물선 도착이 지연됩니다. 과거라면 수일간 전화 통을 붙잡고 책임 공방을 벌였을 겁니다. 태풍으로 물류가 지연될 때, 시스템이 스스로 계약서를 읽고 대체편을 예약하며 위약금까지 처리하는 장면은 이제 SF소설이 아닙니다 . 이는 '분쟁이 생길 틈을 제거'하여 경영 리스크를 제로에 수렴하게 만드는 실전 시나리오입니다.

2026년엔 물류 시스템의 인지 자동화 센서가 지연을 감지하는 즉시, 법률 AI 에이전트가 계약서의 불가항력 조항을 분석합니다. 동시에 금융 에이전트는 위약금을 계산해 화주 계좌로 즉시 입금하고 대체 운송편을 예약할 수도 있습니다.

물류가 흔들려도 비즈니스는 멈추지 않는 자율 운영 공급망이 탄생합니다. 여기서 핵심은 《분쟁을 처리하는 플랫폼》이 아니라 《분쟁이 생길 틈을 제거하는 플랫폼》입니다.

이 장면들이 의미하는 것은 한 가지입니다. 산업의 정의가 바뀝니다. '의료'는 병원에만 있지 않고, '주거'는 집안에만 있지 않으며, '물류' 또한 이동에만 있지 않습니다. 운영이 통합되는 순간, 시장 자체가 다시 재설계됩니다.

VI. 인사이트 리더를 위한 제언

이제 질문은 «AI를 도입할까요?»가 아닙니다. 25개 산업 전체를 아우르는 250개 트렌드에서 공통으로 가리키는 것은 하나입니다. 논쟁은 끝났습니다. 이제는 AI라는 거대한 엔진을 비즈니스라는 차체에 어떻게 '용접'하고 짜맞추어 자율 주행 모드로 전환할 것인가의 문제입니다.

첫째, 챗봇 놀이를 멈추고 신경망을 연결하십시오

많은 기업이 AI 도입을 '계정 배포'나 '부서별 파일럿'으로 시작합니다. 그러나 소스 데이터가 파편화된 상태에서의 도입은 장난감에 불과합니다.

AI가 챗봇에서 에이전트로 진화한 지금, 에이전트가 제대로 작동하려면 ERP, CRM, SCM 등 기업 내 데이터가 막힘없이 흘러야 합니다. 리더의 결단은 화려한 툴 구매가 아니라 데이터 사일로 파괴, 전사 데이터 연결에 대한 인프라 투자입니다. 데이터가 연결되지 않은 기업에게 2026년의 AI는 '값비싼 멍청이'가 될 수 있습니다.

둘째, '자율'의 역설을 직시하고 방패를 세우십시오

AI가 자율적으로 판단하고 실행할수록, 리스크는 더 치명적으로 변합니다. 문제는 '실수'가 아닙니다. 설명 불가능한 리스크입니다. AI가 공급망을 변경하거나 잘못된 법률 자문을 제공했을 때 책임은 누구에게 돌아갈까요. 신뢰할 수 있는 AI(Responsible AI)와 거버넌스 체계는 선택이 아닌 생존 조건입니다.

또한 연결된 것이 많아질수록 공격면은 넓어집니다. 특히 제조 현장의 운영기술(OT, 설비·공정 제어 영역)과 IT가 융합되는 지점은 해커들의 주된 타깃이 됩니다. 리더는 제로 트러스트(Zero Trust)—《아무것도 신뢰하지 않고 항상 검증한다》—를 기본 철학으로 삼아야 합니다. AI가 스스로 방어하고 복구하는 사이버 복원력은 이제 '좋으면 좋은 것'이 아니라 '없으면 죽는 것'입니다.

셋째, 켄타우로스 팀을 구축하십시오

과거의 기능 중심 조직은 AI 시대의 속도를 따라잡기 어렵습니다. 파괴해야 할 것은 단순 반복 업무를 수행하는 중간 관리층과 사일로에 갇힌 기능 조직입니다. 정보 전달자로서의 중간 관리자는 점점 설 자리가 줄어듭니다.

이에 맞게 구축해야 할 것은 켄타우로스 팀입니다. 인간의 상체—창의성과 전략—와 말의 하체—AI의 압도적 실행력—가 결합한 형태. 법률가는 아이언맨 슈트를 입고 전략적 판단에 집중하고, 마케터는 AI를 부조종사로 삼아 초개인화 캠페인을 지휘합니다.

그리고 마지막으로, AI를 다루는 엔지니어만큼 중요한 인재가 있습니다. 도메인 지식을 가진 오케스트레이터—현장을 이해하면서 AI에게 정확한 지시를 내리고, AI의 판단을 검증할 수 있는 '통역사'의 역할을 하는 사람—입니다. 이들은 2026년 조직의 핵심 인재가 됩니다.

♣ CEO 및 경영진을 위한 의사결정 포인트

- 데이터 사일로 파괴를 위한 인프라 투자: 단순한 AI 툴 구매가 아니라, 전사 데이터(ERP, CRM, SCM)가 막힘없이 흐를 수 있는 통합 인프라 구축에 자본을 집중하십시오.
- 신뢰 거버넌스 수립: AI가 자율적으로 실행할수록 리스크는 치명적입니다. '신뢰할 수 있는 AI(Responsible AI)'와 '제로 트러스트' 보안을 기업의 핵심 철학으로 선포하십시오.
- 켄타우로스 팀으로의 조직 재편: 단순 반복 업무를 수행하는 사일로 조직을 파괴하고, 인간의 창의성과 AI의 실행력이 결합한 문제 해결 중심 팀을 구축하십시오.

◎ 실무 담당자를 위한 실행 체크리스트

- [ ] 데이터 흐름 점검: 현재 우리 회사의 주요 의사결정 데이터가 실시간으로 AI 에이전트에 공급될 수 있는 구조인가?
- [ ] 사이버 복원력 테스트: AI의 판단 오류나 외부 공격 시 시스템이 스스로 방어하고 즉시 복구할 수 있는 '사이버 복원력'이 갖춰졌는가?
- [ ] 오케스트레이터 육성: 현장 지식을 AI 언어로 번역하고, AI의 결과물을 검증할 수 있는 '도메인 전문가'를 팀별로 확보했는가?

마지막 질문

챕터를 닫으며, 마지막으로 묻겠습니다.

2026년, 당신의 비즈니스는 여전히 인간의 손길을 기다리는 수동적인 '도구'로 남을 예정입니까? 아니면 스스로 판단하고 문제를 해결하며 고객의 삶을 지탱하는 든든한 '동료'가 되기로 하였습니까?
거대한 자율 운영의 파도는 이미 시작되었습니다.

다음 챕터에서 우리는, 이 지능형 시스템이 어떻게 고객 한 명 한 명을 위한 '초개인화된 신뢰'를 구축하는지 더 깊이 들어가 보겠습니다.

1. 생성형 AI와 자율 운영 전환

① 자율형 워크플로우

단순 대화형 챗봇 수준을 넘어, 스스로 계획하고 실행하며 결과를 만들어내는 "에이전트"들이 비즈니스 프로세스 전반을 주도하는 모델입니다.

* [금융] 에이전트 AI / 자산관리 자동화
  자율적으로 판단하고 업무를 완결하는 에이전트 및 PB 서비스의 민주화

* [물류] AI 오케스트레이션
  시스템이 스스로 물류 전 과정을 지휘하는 마에스트로 역할

* [법률] AI 기반 서비스 / 가치 기반 모델
  변호사의 뇌를 확장하고 "시간"이 아닌 "성과"에 집중하는 모델

* [마케팅] 자율 마케팅
  예산 배분 및 캠페인 최적화 등을 독립적으로 관리

* [의료] 운영 효율화 AI
  서류 작업에서 의사를 해방시켜 환자 진료에 집중

* [IT 서비스] 에이전틱 프로세스 자동화
  스스로 계획하고 판단하여 복잡한 과업 수행

② 리스크 제로 시뮬레이션

디지털 트윈과 공간 컴퓨팅을 결합하여 현실의 리스크를 제로화하고, 가상 실험 결과를 토대로 최적의 시나리오를 도출하는 모델입니다.

* [농업] 예측 분석 (디지털 트윈)
  가상 공간에서 미리 농사를 지어 리스크 없는 실험 수행

* [제조] 지능형 자동화 / 디지털 생태계
  예지보전과 가상 두뇌를 통한 혁신 주도

* [IT 서비스] 경계 없는 현실
  디지털 트윈과 공간 컴퓨팅 결합으로 리스크 제로화

* [콘텐츠] AI가 생성하는 현실
  창작·유통 전반의 비용 절감 및 창의성 한계 제거

③ 실시간 반응형 초개인화

일회성 판매에서 벗어나, AI가 사용자의 요구를 실시간 모니터링하고 조정하여 최적의 상태를 유지하는 구독 기반 서비스 모델입니다.

* [뷰티] AI 기반 초개인화
  DNA/라이프스타일 분석을 통한 정밀 진단 및 맞춤형 추천

* [에듀테크] 반응형 콘텐츠
  실시간 콘텐츠 생성 및 개인화된 AI 튜터 제공

* [식음료] 자동화와 푸드테크 / 초개인화
  초효율 매장 구현 및 오직 나만을 위한 영양 솔루션

* [홈/리빙] 통합 AI 스마트홈
  기기들이 응집되어 사용자의 요구를 미리 예측하고 자동화

* [패션] AI 기반 가치 사슬
  기획부터 물류까지 전 과정에 AI가 산소처럼 흐름

* [마케팅] 지능형 콘텐츠 공동창작
  전례 없는 속도로 광고 크리에이티브 생산 및 개인화

④ 지능형 인프라 및 보안

AI 모델 구동에 필요한 막대한 에너지를 최적화하고, 자율 운영 중 발생할 수 있는 보안 위협 및 윤리 이슈를 선제 관리하는 모델입니다.

* [프롭테크] 그린 인프라 / 운영 자동화
  데이터센터 전력망 확보 및 건물의 자율 관리

* [제조] 위험 관리 / 에너지 최적화
  IT/OT 보안 강화 및 실시간 지능형 에너지 관리

* [가전] 온디바이스 AI / 로봇 확산
  개인화된 강력한 지능 가치 제공 및 서비스형 로봇 모델

* [IT 서비스] 거버넌스 / 보안 / 엣지 지능화
  윤리적 책임 보장 및 AI 기반 자동 대응 보안 시스템

Chapter 02. AI · 데이터 기반 초개인화와 신뢰 서비스: 마음을 읽고 신뢰를 얻다

2. 초개인화와 신뢰 서비스

초개인화란 무엇인가요 ?

평균 고객을 버리고 '단 한 사람'의 맥락에 집중하는 것입니다 .

신뢰 자본이란 무엇인가요 ?

데이터 제공의 대가로 안전함과 편리함을 교환하는 것입니다 .

초개인화는 어떻게 발전할까요 ?

단순 '추천' 시스템에서 고객의 삶을 관리하는 '개인 운영체제'로 진화할 것입니다 .

데이터로 고객의 마음을 읽고, 신뢰로 그 마음을 얻다

"편리함"과 "불쾌함" 사이, 당신은 어디에 서 있습니까?

2026년의 아침을 상상해봅시다.

당신이 눈을 뜨기도 전에 AI가 밤사이 피부 수분과 바이오리듬을 해석해 "오늘은 카페인을 줄이고, 이 성분을 15mg 보충하세요"라고 말합니다.

당신의 금융 AI는 소비 패턴을 읽고, 습관처럼 새어나가던 구독 결제를 조용히 정리합니다. 교육 AI는 자녀가 '오늘' 어떤 방식으로 가장 잘 배우는지를 계산해, 딱 그날의 학습 경로를 설계합니다.

초개인화는 단순히 물건을 추천하는 기술이 아닙니다. 고객이 기업에게 자신의 가장 내밀한 삶을 열어줄 것인가를 결정하는 '신뢰의 전쟁'입니다.

기술이 화려할수록 고객은 감시받는 느낌을 받기 쉽습니다. 이제 승부는 "얼마나 정확히 아는가"가 아니라, "얼마나 안전하다고 느끼게 하는가"에서 결정됩니다.

고객이 느끼는 안전함 속의 편리함이 찬탄으로 굳어지면 시장은 열립니다.

하지만 '감시 받는 느낌'이 공포로 번지면, 그 순간 개인화는 정교한 서비스가 아니라 안심 공간에 대한 무례한 침입이 됩니다. 그래서 2026년의 초개인화는 기술의 경연이기에 앞서 신뢰의 설계입니다.

이 챕터가 다루는 질문은 단순합니다.

어떻게 고객 한 사람을 위한 '나만의 지능'을 구현하면서도, 고객이 기꺼이 자신의 데이터를 맡길 만큼의 신뢰 자본(Trust Capital)을 쌓을 것인가.

이 질문에 답하기 위해, 먼저 네 가지 변화의 축을 짚고 넘어가야 합니다. 초개인화와 신뢰는 하나의 기술이 아니라, 서로 다른 축이 동시에 맞물리며 현실이 됩니다. 이 네 축이 기업의 설계를 어디까지 바꾸는지 이해하면, 이후의 사례와 지침이 단순한 트렌드가 아니라 '경영의 필연'으로 읽히기 시작합니다.

첫째, 실시간 온디맨드 초개인화입니다. 고객의 과거가 아니라 지금의 맥락을 읽는 개인화입니다. 개인화는 더 이상 "이 상품을 좋아하실 것 같네요"가 아닙니다. 고객의 현재 기분, 위치, 상황적 맥락을 조합해 서비스 자체가 순간순간 형태를 바꾸는 세계입니다. 콘텐츠와 미디어에서는 추천 목록만 바뀌지 않습니다. 화면의 구성과 톤, 인터페이스의 리듬까지 고객에게 맞춰 재배치됩니다. 사용자가 앱에 적응하는 시대가 끝나고, 앱이 사용자에게 적응하는 시대가 시작됩니다. 유통과 커머스에서도 검색은 점점 사라집니다. 고객이 단어를 입력하기 전에, AI가 구매 주기와 행동 패턴을 읽고 '지금 필요한 것'을 먼저 차려 놓습니다. 쇼핑은 탐색의 노동에서, 선택의 즐거움으로 이동합니다. 관광에서는 날씨와 동선의 변화가 즉시 일정 수정과 예약 변경으로 이어지고, 가전은 고장 난 뒤 수리하는 관계가 아니라 고장 나기 전 케어하는 관계로 고객 접점을 바꿉니다.

둘째, 데이터 기반 웰니스 및 맞춤형 교육입니다. 시장은 평균을 팔지 않고, 단 한 사람을 위한 과학을 제공합니다. "남들에게 좋은 것이 나에게도 좋을까?"라는 질문을 데이터가 해소합니다. 유전자, 마이크로바이옴, 생활 습관 데이터가 결합되면 웰니스는 '연령대용'이 아니라 '한 사람용'으로 정밀해집니다. 이 정밀함은 반려동물 시장에서도 확장됩니다. 말 못 하는 존재의 미세한 신호를 읽어, 개체별 최적의 사료와 케어 솔루션을 설계합니다. 에듀테크는 학생의 문제 풀이 속도나 학습 패턴을 넘어, 어디에서 막히는지까지 구조적으로 해석해 맞춤형 학습 경로를 제시합니다. 의료는 환자 개개인의 특성에 맞춘 정밀 진단과 신약 개발로 치료의 효과를 끌어올리고 R&D의 시간을 단축합니다. 이때 기업이 제공하는 것은 '제품'이 아니라, 한 사람의 상태를 최적화하는 지속적 케어가 됩니다.

셋째, 지능형 데이터 패브릭 및 인프라입니다. 흩어진 데이터를 꿰어야만 초개인화가 현실이 됩니다. 데이터가 산재해 있으면 아무런 힘을 발휘하지 못합니다. 2026년의 기업은 데이터를 모으는 회사가 아니라, 데이터를 연결하고 흐르게 하는 회사입니다. IT 서비스 영역에서 데이터 패브릭은 분산된 데이터를 실시간으로 연결해, AI가 학습하고 실행하기 좋은 형태로 공급합니다. 금융과 핀테크에서는 실시간 데이터 인텔리전스가 마이데이터 2.0의 문을 엽니다. 고객이 결제를 망설이는 그 짧은 순간에 재정 상태를 분석해 최적의 혜택과 조건을 제안할 수 있을 때, 쌓아둔 데이터가 아니라 흐르는 데이터가 돈이 됩니다. 에너지 산업에서는 데이터센터의 전력 수요와 분산 에너지원을 최적화하기 위해 지능형 에너지 관리가 필수 인프라가 되고, 반려동물 분야에서도 기기와 서비스가 연결된 생태계가 끊김 없는 케어 경험을 완성합니다.

넷째, 몰입형 인터페이스 및 신뢰 거버넌스입니다. 기술이 고도화될 수록 인간은 더 직관적인 경험과 더 확실한 안전장치를 원합니다. 제조 현장의 몰입형 인터페이스는 작업자의 눈과 손을 확장해 품질과 교육의 효율을 끌어올립니다. 교육 분야에서는 VR(가상현실) 기반의 '직접 체험하는 학습'을 통해 학습자가 더 빠르고 깊게 이해하도록 돕고, 거기에 정서적 웰빙(마음 건강/정서 안정) 요소를 결합해서 기술 시대에 필요한 '자기조절 능력(집중·감정·습관·충동을 스스로 조절하는 힘)'을 길러줍니다. 의료는 스마트 병원과 자동화로 효율을 높이되, 환자 데이터 보호를 시스템의 중심에 둡니다. 그리고 유통과 커머스에서는 결국 한 가지 질문으로 귀결됩니다. AI가 추천한 상품이 왜 나에게 적합한가. 내 데이터는 어떻게 사용되는가. 이 질문에 투명하게 답할 수 있는 기업만이 믿음직한 브랜드로 선택을 받습니다. 신뢰는 윤리적 구호가 아니라, 브랜드 경쟁력을 만드는 설계입니다.

이 네 축이 하나로 맞물릴 때, 초개인화는 화려한 기능이 아니라 경영의 구조가 됩니다. 이제 그중 첫 번째 축, 개인화의 의미 자체가 어떻게 바뀌는지부터 다시 정의해 보겠습니다.

♣ 이 장을 읽기 위한 핵심 키워드

- **N=1의 시대**: 대중의 통계가 아닌 오직 '단 한 사람'의 현재 기분과 맥락에만 집중하는 초개인화 마케팅의 정점입니다 .
- **신뢰 자본(Trust Capital)**: 데이터 제공의 대가로 고객이 느끼는 안전함과 편리함이 쌓여 형성되는 기업의 새로운 자산입니다.
- **데이터 패브릭**: 분산된 데이터를 실시간으로 연결하여 AI가 학습하고 실행하기 가장 좋은 형태로 공급하는 지능형 인프라입니다.
- **프라이버시-바이-디자인**: 기획 초기 단계부터 개인정보 보호와 보안을 시스템 설계의 중심에 두는 개발 철학입니다.

I. 개인화의 재정의: "추천"에서 "선제적 케어"로

한때 개인화란 이런 문장이었습니다. "이 상품을 좋아하실 것 같네요."

그 시절의 개인화는 과거를 해석하는 기술이었습니다. 구매 이력과 클릭 로그를 기반으로 '비슷한 사람'의 행동을 따라 추천했지요. 그러나 2026년의 초개인화는 과거뿐 아니라 현재의 맥락을 읽습니다. 고객이 어디에 있는지, 어떤 상태인지, 무엇을 주저하는지, 무엇을 미처 말하지 못했는지. 그 미세한 신호를 통합해 고객 자신도 언어화하지 못한 욕구를 먼저 찾아냅니다.

이때 개인화가 다루는 단위는 '상품'이 아니라 고객의 '상태'입니다. 기업이 최적화하는 것은 카탈로그가 아니라 한 사람의 컨디션이며, 설계하는 것은 추천 화면이 아니라 다음 행동의 흐름입니다.

그래서 초개인화의 본질은 고정된 '맞춤'이 아니라 선제적 케어입니다. 고객이 "필요해요"라고 말하기 전에, 서비스가 "지금 필요합니다"라고 조용히 준비하는 세계. 여기서 기업은 단순히 판매자가 아니라 개인의 삶을 지원하는 운영체제가 됩니다.

1장에서 우리는 AI가 기업의 기본 운영체제(OS)가 된다고 말했습니다. 2장에서 그 운영체제는 한 걸음 더 나아갑니다. 기업의 OS에서 고객 개인의 OS로. 그러나 누군가의 운영체제가 되려면, 반드시 통과해야 할 관문이 있습니다.

그 관문이 바로 신뢰입니다.

II. 신뢰가 먼저다: 데이터 경제의 새로운 통화

고객은 자신의 데이터를 그냥 내어주지 않습니다. 정확히는, '아무에게나' 무심히 내어주지 않습니다.

초개인화가 깊어질수록 기업이 다루어야 하는 데이터는 구매 이력 수준이 아닙니다. 건강, 감정, 가정, 경제 상태처럼 한 사람의 삶을 설명하는 내밀한 데이터가 됩니다. 그래서 2025년 현재 데이터 주권에 눈을 뜬 고객들은, 2026년 기업에게 단순한 추천이 아닌 '신뢰할 수 있는 선제적 케어'를 요구하는 것으로 서비스 기대 수준을 높일 것입니다.

데이터가 고객 경험이 되고, 신뢰가 비즈니스의 성패를 가르는 경제. 저는 이것을 '신뢰 기반 초개인화 경제'라고 부르고 싶습니다. 2026년의 신뢰는 도덕적 구호가 아닙니다. 거래를 성립시키는 '가장 강력한 화폐'입니다.

이때 신뢰는 호감이 아니라 장치입니다. 고객의 머릿속에는 늘 세 가지 질문이 떠오릅니다. 왜 나에게 이 제안을 했는가. 내 데이터는 어디까지 쓰이는가. 원하면 언제든 멈출 수 있는가. 이 질문에 즉시 답할 수 있어야 하고, 실제로 멈출 수 있어야 하며, 고객이 요청하면 나중에라도 검증할 수 있어야 합니다. 고객이 기업을 "믿어 주는" 것이 아니라, 시스템을 믿어도 되는 지 "검증할 수 있을" 때 신뢰는 자랍니다.

1장에서 데이터는 자율 운영의 '혈액'이라고 했습니다. 그렇다면 신뢰는 그 혈액이 흐르는 '혈관'입니다. 혈관이 손상된 조직은 어떤 영양도 전달하지 못합니다. 아무리 정교한 AI도, 신뢰의 혈관이 막히면 고객에게 닿지 못합니다.

초개인화 경쟁의 결승선은 결국 한 문장입니다. "당신은 나를 얼마나 정확히 아느냐"가 아니라, "나는 당신을 얼마나 안전하다고 느끼느냐."

III. 프라이버시가 자산이 되는 시장

2026년의 비즈니스 현장은 더 이상 스펙과 가격의 전장이 아닙니다. 보이지 않는 데이터가 실핏줄처럼 연결되어 고객의 욕구를 읽고, 그 과정에서 쌓인 신뢰가 곧 수익으로 치환되는 초정밀의 전장입니다. 서로 달라 보이는 산업들이 한 깃발 아래 모입니다. 펫, 금융, 리테일, 의료. 이들은 다른 언어를 쓰지만, 같은 욕망을 겨냥합니다. 《고객 한 사람 한 사람을 더 깊이 이해하고, 더 오래 곁에 머무르게 하라.》

펫: 감(感)에서 과학으로

반려동물 케어는 오랫동안 추측의 산업이었습니다. "오늘 기분이 안 좋아 보이네." "사료가 안 맞나?" 인간의 언어로 말할 수 없는 존재를 돌보는 주인은 늘 불안합니다. 그래서 펫 산업에서 초개인화는 곧 불안을 제거하는 기술이기도 합니다.

웨어러블과 센서가 심박, 활동량, 수면 패턴을 읽고, AI가 행동의 미세한 변화를 해석합니다. '아프다'고 말하기 전에 '징후'를 포착하는 순간, 펫 케어는 직관에서 데이터 과학으로 이동합니다. 여기서 신뢰는 "우리가 너를 이해한다"는 선언이 아니라 "이 신호가 어떤 조치를 낳는지"에 대한 설계입니다. 데이터가 진단으로 이어지는 경로, 오탐일 때의 안전장치, 개체별 기준선의 설명이 분명할수록 보호자는 더 많은 데이터를 맡깁니다.

금융: 기록에서 실시간 지능으로

금융 데이터는 한때 창고에서 보관비만 나가는 재고처럼 '쌓이면 비용'이었습니다. 그러나 2026년엔 '흐르면 자산'이 됩니다. 결제 순간의 맥락을 이해해 최적 혜택을 제안하고, 불필요한 지출을 차단하며, 더 유리한 조건으로 제안 내용을 자동 전환합니다. 금융은 단순 상품 판매가 아니라 사람들의 일상을 굴려주는 생활 운영 서비스로 진화합니다.

다만 금융의 초개인화가 유독 위험한 이유는 간단합니다. 추천이 '조언'처럼 보이지만, 실제로는 사람의 선택지를 바꿔버리기 때문입니다. 그래서 금융에서 신뢰는 말이 아니라 절차로 증명되어야 합니다. 편향 점검, 설명 가능성, 동의 관리, 감사 로그 같은 장치가 없다면, 초개인화는 편리함이 아니라 차별로 해석되고, 결국 규제와 불매로 되돌아옵니다. 즉, 금융은 신뢰가 '브랜드 이미지'가 아니라 '리스크 모델'을 통해 구현되는 산업입니다.

리테일: 노출 경쟁에서 윤리적 예측 경쟁으로

과거의 리테일은 "더 많이 진열하라"는 논리였습니다. 이제는 "덜 보여주되 더 정확히 하라"가 승리합니다. 고객이 피곤해하는 것은 선택의 다양성이 아니라 과잉 노출(빈도와 밀도)입니다.

그래서 리테일에서 결정적 변수는 추천 정확도만이 아닙니다. 소비자는 플랫폼들의 데이터 수집에 지쳤습니다. 그럼 어떤 플랫폼에서 지갑을 열까요. '내 데이터를 안전하게, 윤리적으로 쓰는 곳'입니다. 그래서 투명성은 마케팅 문구가 아니라 생존 조건이 됩니다. 리테일의 신뢰는 결국 하나의 감각으로 귀결됩니다. 이 추천이 진정성있게 나를 돕는가, 아니면 나를 조종하는 쪽으로 이끄는가. 그 경계선을 고객이 직접 확인하고 조절할 수 있게 설계한 기업만이 장기적으로 살아남습니다.

의료: 고비용 수작업에서 환자 중심 효율로

의료는 늘 인간의 헌신으로 굴러갔습니다. 그 헌신 자체는 위대하지만 사람의 희생만으로 버티는 시스템은 취약합니다. 겉보기엔 강해 보여도, 사실은 가장 쉽게 무너집니다. 2026년의 스마트 병원은 기록 요약, 보험 청구, 예약 최적화를 자동화해 의료진을 서류의 늪에서 구합니다. 그리고 환자는 더 많은 '의사의 시선'을 돌려받습니다.

의료에서 신뢰는 가장 비싼 자산입니다. 의료 데이터는 유출되는 순간 되돌릴 수 없습니다. 그래서 의료 초개인화의 핵심은 "더 많이 수집하자"가 아니라 "더 적게 수집하되, 더 안전하게 연결하자"입니다. 프라이버시-바이-디자인이 없으면, 의료의 초개인화는 혁신이 아니라 재앙이 됩니다. 의료는 결국 이렇게 묻습니다. "정확한가?"보다 먼저 "안전한가?"를.

IV. 미래를 먼저 훔친 BM들

서로 다른 산업이 하나의 울트라 메가 트렌드로 수렴하는 이유는 간단합니다. 비즈니스의 기본 단위가 바뀌기 때문입니다.

N=1의 완성

시장은 '평균 고객'을 버리고 '단 한 사람'을 향해 수렴합니다. 교육, 헬스케어, 일반의약품, 금융, 리테일. 모두가 같은 질문을 던집니다. "이 고객에게, 지금, 가장 필요한 다음 행동은 무엇인가?"

초개인화는 결국 데이터에서 해석으로, 해석에서 실행으로 이어지는 파이프라인입니다. 추천을 내놓는 것에 머물지 않고, 실행을 설계하고 때로는 실행을 대행하는 쪽으로 이동합니다. 1장에서 말한 자율 운영이 기업의 내부를 바꾸는 힘이었다면, 초개인화는 그 자율 운영이 고객 한 사람에게 닿는 방식입니다.

신뢰 자본의 구축

데이터가 혈액이라면, 신뢰는 혈관입니다. 혈관이 손상된 조직은 어떤 영양도 전달하지 못합니다. 고객이 요구하는 것은 기술적 완벽함이 아니라 도덕적 투명성입니다. "당신은 무엇을 수집했고, 왜 수집했고, 어디에 쓰며, 언제 삭제하는가." 이 질문에 대답하는 기업만이 초개인화의 다음 단계로 갈 수 있습니다.

초개인화 시대의 승자는 기능이 아니라 결핍을 정확히 찌르는 설계를 합니다. 산업이 달라도 같은 공식으로 움직입니다. 결핍을 포착하고, 데이터로 해석하며, 실행을 대행하고, 신뢰장치를 설계해 수익화합니다.

혜택 최적화 큐레이터: 금융의 반전

사람들은 할인과 포인트를 좋아합니다. 하지만 더 자주 느끼는 감정은 이것입니다. "지금 최적의 카드로 결제한 걸까?" 이것은 단순 불편이 아니라 최적화 실패에 대한 불안입니다.

혜택 최적화 큐레이터는 정보를 나열하는 대신, 결제 직전에 고객의 이익을 위해 카드를 자동 전환해주는 '행동 대행' 서비스를 제공합니다. 고객 동의 하에 결제 수단을 자동 전환하거나, 더 유리한 요금제로 갈아타게 합니다. 여기서 신뢰장치는 단순합니다. 바꾼 근거를 즉시 보여주고, 언제든 되돌릴 수 있게 하며, 변경 이력을 남깁니다. 금융은 더 이상 상품이 아니라 심리적 안심을 판매합니다.

N=1 스킨 인사이트 구독: 뷰티의 진화

"남들이 좋다는 제품이 왜 나에게는 트러블을 일으키나?" 이 질문은 제품의 문제가 아니라 개별성이 무시될 때 생기는 분노입니다.

N=1 스킨 인사이트는 피부를 분류하지 않습니다. 하나의 사람을 연구합니다. 중요한 것은 화장품의 종류가 아니라 루틴의 설계입니다. 고

객이 구독하는 것은 제품이 아니라 시행착오 없는 경험입니다. 여기서 신뢰는 "민감 데이터를 얼마나 적게, 얼마나 명확한 목적 아래 다루는가"로 측정됩니다.

데이터 라이선스 펫 웰니스: 펫테크의 혁신

"우리 아이가 스트레스 받는 건 아닐까?" 말 못 하는 가족을 키우는 사람들의 불안은 소통의 부재에서 옵니다.

웨어러블이 쌓은 생체 신호를 AI가 분석해 스트레스 수준을 시계열로 정량화합니다. 그리고 이 데이터를 비식별화해 연구기관, 펫푸드 기업, 보험사에 라이선스로 제공합니다. 다만 여기서 신뢰는 '기술력'이 아니라 '오해를 막는 장치'입니다. 비식별화, 재식별 방지, 사용 목적 제한, 복지 기준이 먼저 서야 데이터 비즈니스가 성립합니다.

소비자 ESG 스캔 앱: 리테일의 신뢰

"이 제품, 정말 친환경일까?" 그린워싱이 만연한 시장에서 소비자의 결핍은 정보가 아니라 검증 가능한 진실입니다.

QR을 스캔하면 원료 출처, 탄소 발자국, 인증 정보가 제3자 검증 데이터로 표시됩니다. 기업의 주장이 아닌 제3자 검증 데이터를 통해 '검증 가능한 진실'을 판매합니다. 이 모델에서 신뢰는 비용이 아닙니다. 수익 엔진입니다.

이 사례들이 가리키는 바는 하나입니다. 기술은 과시가 아니라 고객의 결핍을 치유하는 도구가 될 때만 돈이 됩니다. 그리고 그 치유가 지속되려면, 신뢰의 혈관이 먼저 열려 있어야 합니다.

V. 데이터가 흐를 때, 산업은 사라진다

데이터는 물과 같습니다. 고여 있으면 썩고, 흐르면 에너지가 됩니다. 2026년의 가장 큰 기회는 '나'를 이해하는 데이터가 산업의 벽을 넘어 새로운 엔진을 돌릴 때 탄생합니다.

가상 시나리오 A: 내 심장박동이 금리가 되는 세상

금융과 헬스케어가 만나면 무슨 일이 벌어질까요? 건강 데이터가 실시간으로 리스크 모델에 반영됩니다. 수면 질과 운동 패턴이 신용의 일부가 되고, 기대 수명과 질병 리스크가 금융 조건을 재설계합니다. 건강관리는 소비가 아니라 자산을 키우는 행위가 됩니다.

그러나 이 세계가 열리는 조건은 하나입니다. 고객이 그것을 혜택으로 느끼느냐, 협박으로 느끼느냐. 그 감각을 가르는 것은 '데이터 주권과 통제의 체감'입니다. 고객이 스스로 조절할 수 있고, 언제든 빠져나

올 수 있으며, 나중에라도 검증할 수 있을 때, 바이오-핀테크는 비로소 '새로운 계약'의 묶음으로 진화합니다.

이 모델이 강한 이유는 단순합니다. 참여자 모두의 결핍을 동시에 해결합니다. 고객은 동기를, 금융사는 데이터를, 헬스케어 사업자는 고객 락인을 얻습니다. 그 연결의 재료가 '신뢰할 수 있는 데이터'일 때, 플랫폼은 중개자를 넘어 라이프스타일 통제 센터로 진화합니다.

가상 시나리오 B: 보이지 않는 돌봄

집에 혼자 있는 반려견의 걸음걸이가 느려지고, 식사량이 줄어듭니다. 센서와 카메라가 신호를 포착하고, 펫 AI가 관절 통증의 초기 징후를 의심합니다. 주인의 승인 정책에 따라 수의사 검증 리스트에서 셀렉션된 맞춤 영양제와 사료가 자동 주문되고, 퇴근 무렵 문 앞에 증상을 개선하기 위한 케어 키트가 도착합니다.

이 정도면 보통의 쇼핑은 넘어섭니다. 데이터가 만든 보이지 않는 돌봄의 영역입니다. 펫과 리테일과 스마트홈이 서로에게 녹아듭니다. 그리고 이 돌봄이 가능한 회사는 결국 하나밖에 없습니다. 가장 똑똑한 회사가 아니라, 가장 믿을 수 있는 회사.

VI. 인사이트 리더를 위한 제언

초개인화와 신뢰는 단지 기술부서만의 프로젝트가 아닙니다. '어떻게 팔고, 어떻게 책임지고, 어떻게 운영할지'를 바꾸는 경영 혁신입니다. 이제 기업은 제품을 파는 회사가 아니라, 고객에게 데이터로 검증된 '최적 상태'를 제공하는 서비스 회사가 되어야 합니다. 거버넌스를 신경쓰면서 동시에 기획 초기부터 데이터 과학자, 프로덕트, 컴플라이언스가 함께 설계하는 프라이버시-바이-디자인이 필요합니다.

첫째, '평균'을 폐기하고 N=1 집착을 시스템화하십시오

가장 먼저 지워야 할 단어는 평균 고객입니다. 이제 기업은 제품을 파는 회사가 아니라, 고객에게 데이터로 검증된 '최적 상태'를 제공하는 서비스 회사가 되어야 합니다.

핵심은 고객 데이터를 '기록'하는 것에 머물지 않고 '행동'으로 전환하는 파이프라인입니다. 무엇을 샀는지에서 시작해, 왜 샀는지로 내려가고, 다음에 무엇이 필요할지로 올라가며, 결국 무엇을 대신 실행할지로 이어져야 합니다. 이때 성과지표도 바뀝니다. 전환율보다 중요한 것은 '추천 → 실행 → 만족 → (동의의 유지·갱신)'이 끊기지 않는 순환입니다. 동의가 유지되고 확장되는 회사만이 개인화의 선순환을 갖습니다.

둘째, '소름 끼치는 개인화'의 경계선을 먼저 그으십시오

초개인화는 한 번의 실수로 신뢰를 잃습니다. 고객은 편리함을 원하지만, 감시받는 느낌을 받는 순간 떠납니다. 가끔 모바일 광고를 보다보면 스마트폰이 평소의 내 대화를 듣고 있는게 아닌가 느낄 때의 그 감정 말입니다. 그래서 리더의 두 번째 결단은 거버넌스입니다.

원칙은 간단합니다. 동의는 일회성 서명이 아니라, 고객이 언제든 확인하고 조절할 수 있는 투명한 설정판이어야 합니다. 고객이 "내 데이터가 왜 쓰이는가"를 묻기 전에, 기업은 언제든 멈추고 검증할 수 있는 '데이터 사용 내역서'를 제공해야 합니다. 또한 로그는 사고 발생 시 경위를 재구성해 진실을 확인할 수 있는 '블랙박스'여야 합니다. 2026년의 신뢰는 감성의 영역이 아닙니다. 검증 가능한 기술로 구현됩니다.

셋째, 조직을 재설계하십시오

기능 조직의 사일로로는 초개인화가 완성되지 않습니다. 데이터 활용과 규제 준수는 이제 한 몸입니다. 기획 초기부터 데이터 과학자, 프로덕트, 컴플라이언스가 함께 설계하는 프라이버시-바이-디자인이 필요합니다. 그리고 1장에서 말한 켄타우로스 팀을 기억하십시오. AI는 도구가 아니라 새로운 팀원입니다. 반복 작업을 위임하고, 인간은 판단, 윤리, 전략에 집중하는 구조가 조직의 기본형이 됩니다.

- 신뢰를 비즈니스 통화로 인식: 2025년 데이터 주권 인식이 강화되면서, 2026년에는 투명하게 검증 가능한 신뢰 시스템만이 초개인화 거래를 성립시킬 것입니다.
- N=1 전략의 시스템화: '평균 고객'의 환상을 버리고 단 한 명의 현재 맥락에 실시간으로 반응하는 구조적 체질 개선을 지휘하십시오.

◎ 실무 담당자를 위한 실행 체크리스트

- [ ] 선제적 케어 루프 구축: 과거 이력 추적을 넘어, 고객이 인지하기 전 필요를 먼저 채우는 피드백 시스템이 설계되었는가?
- [ ] 사용자 통제권 보장: 고객이 데이터 활용 범위를 언제든 확인하고 스스로 조절할 수 있는 직관적 인터페이스를 제공하는가?
- [ ] 프라이버시-바이-디자인: 기획 초기부터 보안과 맞춤화가 충돌하지 않도록 법무·기술 부서가 통합 설계하고 있는가?

마지막 질문

"데이터는 거짓말을 하지 않지만, 신뢰 없는 데이터는 아무것도 말해주지 않습니다." 2026년, 당신의 기업은 고객 데이터를 열심히 모으기만 하는 수집가입니까? 아니면 데이터에 안전과 가치를 입혀 되돌려주는 정원사입니까?

초개인화된 경험을 팔고 싶다면, 먼저 고객이 자신의 내밀한 데이터를 맡길 수 있는 신뢰의 그릇을 준비해야 합니다. 그 그릇이 완성되는 순간, 비즈니스의 경계는 사라지고 융합의 공간이 열립니다.

1장에서 우리는 산소를 이야기했습니다. AI가 기업의 혈관을 흐르는 산소가 된다고. 2장에서 우리는 그 혈관 자체를 이야기했습니다. 신뢰라는 혈관이 없으면, 아무리 풍부한 산소도 고객에게 닿지 못합니다.

이제 우리는 신뢰와 데이터를 발판 삼아, 물리적 공간과 디지털 공간이 하나로 합쳐지는 더 큰 파도로 나아갑니다.

2. AI·데이터 기반 초개인화와 신뢰 서비스

① 실시간 온디맨드 초개인화

소비자의 현재 기분, 상황, 맥락을 실시간으로 파악하여 UI/UX부터 상품 추천까지 "그 순간"에 가장 적합한 경험을 즉각 생성하여 제공하는 모델입니다.

* [콘텐츠·미디어] 초개인화된 온디맨드 경험
  상황에 맞춰 UI까지 실시간으로 바꿔주는 마법 같은 기술

* [유통·커머스] 개인화 AI 커머스
  소비자의 필요를 미리 예측하고 선제적 상호작용을 제공

* [관광] 데이터 기반 초개인화
  여행 전 과정에 걸쳐 진정한 1:1 맞춤형 서비스 제공

* [가전] 증강 창의성 (생성형 AI)
  선제적 문제 진단과 능동적 소통으로 브랜드 신뢰도 제고

② 데이터 기반 웰니스 및 맞춤형 교육

학습자의 속도, 유전적 특성, 반려동물의 상태 등 고유 데이터를 정밀 분석하여 신체적 건강뿐 아니라 정서적·지적 성장을 돕는 맞춤 솔루션 모델입니다.

* [에듀테크] AI 기반 개인화 / 통합적 분석
  학습 스타일과 참여 패턴을 360도 분석하여 맞춤 교육 제공

* [의료] AI 기반 진단 및 신약 개발
  진단 정확도를 높이고 치료를 개인화하여 R&D 기간 단축

* [건강기능식품] 논리적·데이터 기반 개인화
  유전자, 장내 미생물 등 개인 고유 데이터 기반 "N=1" 웰니스 구현

* [퍼스널·홈케어] 웰니스 경험 통합
  신체 관리를 넘어 정신적, 감성적 웰빙까지 포괄하는 리추얼의 확장

* [반려동물] AI 기반 정밀 개인화
  개체별 특성에 맞는 데이터 기반의 과학적 분석 및 관리

③ 지능형 데이터 패브릭 및 인프라

흩어져 있는 데이터를 논리적으로 연결하고 실시간으로 분석하여 에너지 효율을 극대화하거나 금융 가치를 창출하는 기반 시스템 모델입니다.

* [IT 서비스] 지능형 데이터 패브릭
  분산된 데이터를 실시간 연결하여 AI 학습에 최적화된 양질의 데이터 공급

* [금융·핀테크] 실시간 데이터 인텔리전스
  마이데이터 2.0 시대, 고객이 원하는 순간에 최적의 가치 제안

* [에너지] 지능형 에너지 관리
  데이터센터 수요 대응 및 복잡한 에너지 시스템 최적화

* [반려동물] 연결된 생태계 및 펫테크 통합
  기기, 앱, 서비스가 유기적으로 연동되는 통합 관리 플랫폼화

④ 몰입형 인터페이스 및 신뢰 거버넌스

AR/VR을 통한 실감형 경험으로 인간의 능력을 확장하고, AI 의사결정 과정의 투명성과 윤리를 보장하여 소비자 신뢰를 확보하는 모델입니다.

* [제조] 몰입형 인터페이스
  AR/VR을 활용한 조립, 품질 검사, 교육 훈련 현장의 혁신

* [에듀테크] 체험형 학습 / 정서적 웰빙
  AR/VR 기반의 몰입형 학습 경험 및 사회·정서 학습(SEL) 지원

* [의료] 스마트 병원 및 자동화
  AI, IoT, 로봇을 통합하여 초효율적인 데이터 기반 임상 환경 구축

* [유통·커머스] 거버넌스 기반 AI와 신뢰
  AI 기반 의사결정 시대에 소비자 신뢰를 유지하는 윤리적 경영

Chapter 03. 스마트 인프라와 현장 기술의 증강: 침묵하던 현장이 데이터로 말을 걸다

3. 스마트 인프라와 현장 증강

스마트 인프라와 현장 증강은 무엇인가요 ?

물리적 자산이 센서를 통해 디지털 신경망에 연결되어 '각성'하는 것입니다 .

뉴칼라 인재는 무엇인가요 ?

기술로 증강된 인간이 '몸의 노동'에서 '판단의 노동'으로 전환하는 것입니다 .

스마트 인프라와 현장 증강의 효과는 무엇인가요 ?

불확실성 비용 감소 및 예측 가능한 현장 운영입니다 .

침묵하던 현장이 데이터로 말을 걸기 시작하다

물리적 세계의 지능화, 사물이 스스로 판단하고 행동하다

만약 2026년의 당신이 입고 있는 옷이 단순한 섬유가 아니라, 심박수와 스트레스를 읽고 환경에 반응하는 '제2의 피부'라면 어떨까요? 혹은 당신이 밟고 있는 도로가 자율주행차, 신호등, 도시 네트워크와 실시간으로 대화하며 교통 흐름을 조율하는 거대한 '지능형 유기체'라면요?

공상과학 영화의 한 장면처럼 들리지만, 이것은 먼 미래가 아닙니다. 지금 이 순간, 우리가 발 딛고 서 있는 현장(Field)에서 벌어지는 변화입니다.

기술은 더 이상 차가운 서버실이나 모니터 화면 속에 갇혀 있지 않습니다.

그것은 옷깃으로 내려오고, 건설 현장의 콘크리트 속으로 스며들며, 도시의 도로 위를 따라 흐릅니다. 물리적 세계가 '각성(Awakening)'하는 시간입니다.

25개 산업을 가로지른 분석에서 여러 개의 산업이 동시에 이 변화를 가리켰습니다. 서로 다른 무수한 신호가 하나의 흐름으로 연결되며 시너지를 낸다는 사실은, 이것이 단순한 유행이 아니라 2026년 비즈니스 생태계의 새로운 표준임을 말해줍니다.

이 울트라 메가 트렌드의 핵심은 두 가지입니다. 첫째, 보이지 않던 기술의 실체화—지능이 화면을 벗어나 물질 속으로 들어갑니다. 둘째, 인간 능력의 증강(Augmentation)—로봇이 인간을 대체하는 것이 아니라, 인간을 '업그레이드'합니다.

1장에서 우리는 AI가 기업의 '산소'가 된다고 말했습니다. 2장에서 우리는 신뢰가 그 산소를 고객에게 전달하는 '혈관'이라고 말했습니다. 3장에서 그 산소와 혈관은 마침내 물리적 현장으로 뻗어나갑니다. 콘크리트와 아스팔트, 섬유와 장비, 계약서와 밸브—죽어 있던 사물들이 디지털 신경망에 연결되어 깨어납니다.

이제 질문은 "기술이 가능하냐"가 아닙니다. 질문은 이것입니다.

2026년, 당신의 비즈니스는 물리적 현장과 디지털 지능이 만나는 접점에 서 있는가? 그리고 그 접점을 '수익'으로 바꿀 준비가 되었는가?

이 접점을 수익으로 바꾸는 기업들은 공통적으로 다섯 가지 축에서 움직입니다. 기술은 여전히 복잡하지만, 경영자가 봐야 할 것은 기능 목록이 아니라 '현장의 설계 원리'입니다.

첫째, 물리적 현장 로보틱스와 작업 자동화입니다.

인구 절벽은 미래 예측이 아니라 이미 현재형이고, 농장과 건설 현장, 물류 센터는 이미 사람의 빈자리를 겪고 있습니다. 여기서 로봇은 인간을 대체하는 존재가 아니라, 인간이 기피하거나 감당하기 벅찬 물리적 한계를 기술로 넘어서는 새로운 노동력입니다. 무인 농장은 트랙터 한 대의 자동화가 아니라, 다수의 소형 로봇이 군집으로 파종부터 수확까지 나눠 수행하는 방식으로 현실에 나옵니다. 건설에서는 위험한 고공 작업과 반복 시공이 로봇의 일로 옮겨가고, 자율주행 물류는 고속도로의 중간 운송과 도심의 마지막 배송을 부드럽게 연결합니다. 나아가 노인을 위한 실버 에이징 산업에서는 집 자체가 낙상을 감지하고 환경을 조정하는 '살아있는 공간'으로 변합니다. 인력난을 비용으로만 보던 기업과, 시스템 설계로 전환하는 기업의 격차가 여기서 벌어집니다.

둘째, 블록체인 기반 가치 투명성과 자격 증명입니다.

디지털이 확장될수록 편리하면서도 위조, 조작이 쉽다는 특성 때문에 역설적으로 '진짜'를 증명하는 비용이 커집니다. 그래서 블록체인은 코인하면 떠오르는 투기의 언어가 아니라 신뢰를 자동화하는 인프라의 언어로 돌아옵니다. 농산물은 QR 하나로 생산·유통의 여정을 위변조 불가능한 데이터로 증명하며, 투명성 자체가 프리미엄이 됩니다. 콘텐츠 시장에서는 원본과 권리, 수익 배분의 기준을 세워 무한 복제의 홍수 속에서 창작자의 가치를 지켜냅니다. 실물자산 토큰화는 거래 단위를 쪼개 유동성을 만들고, 스마트 계약은 조건이 충족되는 순간 중개 없이 실행되는 '코드로 보증되는 거래'를 확산시킵니다. 신뢰의 기준이 사람의 말에서 시스템의 기록으로 옮겨가는 순간입니다.

셋째, 신체 능력 증강과 인터페이스 혁신입니다.

기술은 점점 더 몸쪽으로 내려오고, 인터페이스는 눈앞의 시야에서 사라집니다. 물류 현장의 웨어러블 로봇은 작업자의 근력을 보조하고 근골격계 질환을 줄이는 안전장치가 됩니다. 섬유에는 센서와 제어가 녹아들어, 옷은 단순한 디자인이 아니라 사용자 상태를 읽고 환경에 반응하는 '지능형 의류'로 진화합니다. 자동차의 계기판, 집의 음성·앰비언트 인터페이스는 사용자의 조작을 요구하지 않는 방향으로 발전합니다. 결국 경쟁의 핵심은 '기술을 더 넣는 것'이 아니라 '기술을 덜 보이게 만드는 것'으로 이동합니다.

넷째, 지능형 인프라 연결과 리스크 제어입니다.

연결되지 않은 인프라는 고립된 섬과 같습니다. 2026년의 도시는 도로, 건물, 차량, 에너지망이 실시간으로 대화하는 거대한 신경망으로 진화합니다. V2X(차량-사물 통신)는 차량과 신호등, 도로를 연결해 사고를 줄이고 교통 흐름을 최적화합니다. 물류는 위치 추적을 넘어, 기상·지정학적 리스크까지 감지해 대체 경로를 제안하는 '디지털 보디가드'가 필요해집니다. 문제는 연결이 늘수록 공격 표면도 함께 늘어난다는 점입니다. 그래서 제로 트러스트—《아무것도 신뢰하지 않고 항상 검증한다》—는 보안팀의 구호가 아니라 초연결 사회의 기본 안전벨트가 됩니다.

다섯째, 기술 패러다임 전환과 전문성 심화입니다.

제조의 본질이 바뀌고 있습니다. 하드웨어의 시대가 가고, 소프트웨어와 바이오가 제품의 가치를 정의하는 시대로 이동합니다. 모빌리티는 소프트웨어 정의 생태계로 전환되며, 자동차는 출고 순간 완성되는 물건이 아니라 무선 업데이트로 계속 진화하는 플랫폼이 됩니다. 헬스케어에서는 합성생물학이 바이오 제조를 바꾸며, 설계된 미생물이 필요한 물질과 약물을 생산하는 방식이 산업의 생산 논리를 재편합니다. 현장 기술의 증강은 결국 보이는 '무거운 물질' 위에 보이지 않는 '가벼운 지능'을 얹어 새로운 부가가치를 만드는 과정입니다.

이 다섯 축이 동시에 맞물릴 때, 물리적 세계는 더 이상 침묵하지 않습니다. 이제 그 각성이 어떻게 산업의 언어 자체를 바꾸는지부터, 변화의 현장으로 들어가 보겠습니다.

♣ 이 장을 읽기 위한 핵심 키워드

- **BIM(건축정보모델링)**: 건물을 짓기 전 가상 공간에 디지털 쌍둥이를 만들어 자재와 일정, 비용 등 모든 정보를 관리하는 기술입니다 .

- **V2X(차량-사물 통신)**: 차량이 신호등, 도로 인프라, 보행자 등 주변 사물과 실시간으로 대화하며 정보를 교환하는 기술입니다 .

- **SDV(소프트웨어 정의 차량)**: 하드웨어가 아닌 소프트웨어 업데이트(OTA)를 통해 차의 성능과 가치를 지속적으로 높이는 미래형 차량입니다 .

- **뉴칼라(New Collar)**: 학력보다 실무적인 IT 기술과 현장 데이터 리터러시를 겸비한 새로운 유형의 기술 인재입니다 .

I. 잠들었던 물질의 거대한 각성

과거 산업이 땀과 근육, 물리적 자산의 크기로 승부하던 '중력의 시대'였다면, 2026년의 현장은 데이터가 물질에 신경망처럼 뻗어 말 못하고 움직임 없던 사물을 깨우는 '각성의 시대'입니다.

사물은 더 이상 수동적 자산이 아닙니다. 센서와 연결을 통해 상태를 말하고, 위험을 경고하고, 스스로 최적화합니다. 공장의 설비가 고장 전에 《나 아파요》라고 말하고, 건설 현장의 자재가 《여기 있어요》라고 위치를 알리며, 작업자의 유니폼이 《지금 쉬세요》라고 권고합니다.

여기서 중요한 변화가 하나 있습니다. 경쟁의 기준이 바뀝니다. 과거의 현장은 《얼마나 많이 가졌는가》—장비, 인력, 면적—가 핵심이었습니다. 지금의 현장은 《얼마나 민감하게 감지하고, 얼마나 빠르게 대응하는가》—신경망의 민감도—가 핵심입니다.

이 변화는 근본적으로 경영의 언어를 바꿉니다. 손실은 더 이상 '사후 처리 비용'이 아니라, 사전에 줄이거나 제거할 수 있는 '불확실성(리스크) 비용'입니다. 안전은 더 이상 '지켜야 할 원칙'이 아니라, 데이터로 측정돼 비용과 조건에 반영되는 값이 됩니다. 생산성은 '사람을 혹사'해서 올리는 게 아니라, 현장의 병목을 없애도록 일을 재설계하는 데서 나옵니다.

1장에서 자율 운영이 기업 내부의 '불확실성 비용'을 줄인다고 했습니다. 3장에서 그 자율 운영은 물리적 현장으로 확장됩니다. 사고가 나기 전에 멈추고, 고장이 나기 전에 고치며, 지연이 생기기 전에 우회합니다. 현장이 침묵하는 회사는 비용과 리스크만 늘어나는 회사가 됩니다. 현장이 말하는 회사는 예측 가능성이라는 무기를 얻습니다.

II. 사물과 공간이 스스로 말하는 시대

물류와 건설: 아이언맨과 디지털 장인의 탄생

가장 먼저 변한 곳은 가장 느려 보이던 곳입니다.

물류 창고와 건설 현장은 오랫동안 인간의 육체적 한계를 시험하는 공간이었습니다. 무거운 짐, 위험한 자재, 비효율적 동선. 건설업 생산성은 수십 년간 정체되어 왔고, 인력난은 만성 질병이었습니다.

2026년의 현장은 다릅니다. 인력난이 만든 공백은 로봇과 증강 장비가 메우고 건설현장의 내비게이션, BIM(건설정보모델링)과 디지털 트윈이 '감'의 현장을 '측정 가능한 현장'으로 바꿉니다. 핵심은 장비 목록이 아니라 피드백 루프입니다. 현장이 데이터를 만들고, 시스템이 해석하며, 현장이 즉시 바뀌는 구조. 현장 기술의 증강은 결국 "현장이 스스로 학습하는 구조"를 만드는 일입니다.

모빌리티: 마력에서 처리 능력으로

자동차의 정의도 바뀝니다.

과거의 자동차는 이동 수단이었고, 경쟁의 척도는 마력(Horsepower)이었습니다. 2026년의 모빌리티는 도시와 대화하는 지능형 유기체입니다. 경쟁의 척도는 "얼마나 빨리 달리냐"가 아니라 "얼마나 똑똑하게 상황을 처리하고 사용자 경험을 설계하느냐"—처리 능력(Processing Power)—로 이동합니다.

도로 위의 수다쟁이, V2X(차량-사물 간 통신)는 자동차를 도시 신경망의 일부로 만듭니다. 차량은 신호등, 보행자, 다른 차량과 실시간으로 정보를 교환하며 도로 자체를 지능형 시스템으로 바꿉니다. 자동차는 더 이상 쇳덩어리가 아니라 움직이는 센서이자 이동하는 생활 공간입니다.

그리고 이 변화는 모빌리티 기업의 경쟁 상대를 자동차 회사에서 데이터·플랫폼 기업으로 바꿔버립니다.

그리고 자동차는 이제 '출고 순간 완성되는 물건'이 아니라, 업데이트로 진화하는 소프트웨어 플랫폼이 됩니다. 바퀴 달린 스마트폰이라 불리는 소프트웨어 정의 차량(SDV)으로의 전환은 모빌리티를 제조업에서 운영업으로 바꾸고, 경쟁의 무대는 철판과 엔진에서 데이터와 배포 속도로 이동합니다. 현장 인프라는 더 이상 도로 위에만 있는 것이 아니라, 차량 내부의 코드와 배포 체계에도 존재합니다.왜냐하면 차량의 안전·성능·규정 준수·장애 대응이 소프트웨어 업데이트와 운영 체계에 의해 실시간으로 결정되기 때문입니다.

법률과 농업: 신뢰가 사람에서 시스템으로

가장 보수적이었던 법률과 가장 전통적인 농업에서도 신뢰는 사람의 말에서 시스템의 기록으로 이동합니다. 스마트 계약은 조건이 충족되는 순간 거래를 자동 실행하고, 온체인 추적성은 생산과 유통의 여정을 위변조 불가능한 데이터로 바꿉니다. 불투명성과 중개인의 영역이 줄어들수록, 신뢰는 관리 대상 비용이 아니라 거래와 협업을 위한 인프라가 됩니다.

2026년의 법률은 "코드가 곧 법(Code is Law)"의 문턱을 어느 정도 넘습니다. 조건이 충족되면 자동 실행되는 스마트 계약이 거래의 번거로움을 줄이고, 블록체인은 위변조 불가능한 신뢰의 기록을 제공합니다. 1장에서 말한 '자율 협상 공급망'이 여기서 현실이 됩니다. 물류가 흔들려도 법률 AI가 계약서를 분석하고 금융 AI가 배상을 실행하던 그 장면, 그것을 가능하게 하는 인프라가 바로 스마트 계약입니다.

농업 역시 QR 하나로 파종부터 물류, 판매까지의 이력이 연결되는 '농산물 디지털 제품 여권(생산·유통 이력)'이 프리미엄의 조건이 됩니다. 2장에서 말한 '검증 가능한 진실'이 농산물에도 적용됩니다. 신뢰는 더 이상 사람의 말이 아니라 데이터가 보증하는 시스템으로 이동합니다.

패션: 입는 인터페이스의 시대

과거의 옷은 천 조각이었습니다. 2026년의 패션은 제2의 피부입니다.

지능형 의류는 착용자의 상태를 감지하고 환경에 반응하며, 때로는 건강관리의 전초기지가 됩니다. 패션이 헬스케어 디바이스가 되는 순간, 산업의 경계는 무너집니다. 패션 기업은 디자인 기업이 아니라 데이터 기업이 되기 시작합니다.

2장에서 '집이 곧 주치의가 되는' 시나리오를 그렸습니다. 스마트홈 센서가 수면 데이터를 읽고, 의료 AI가 진단을 내리며, F&B(식음료)에이전트가 맞춤 식단을 배송하던 장면. 지능형 의류는 그 시나리오의 또 다른 접점입니다. 집 안에서만 작동하던 케어가 이제 옷을 통해 24시간 따라다닙니다.

III. 물리적 세계에 흐르는 디지털 신경망

  서로 달라 보이는 산업들이 하나로 묶이는 이유는 간단합니다. 로봇, 신뢰 인프라, 증강 인터페이스, 초연결 네트워크, 소프트웨어·바이오 제조라는 다섯 축이 현장을 하나의 디지털 신경망으로 재편하고 있기 때문입니다.

  1장에서 데이터는 자율 운영의 '혈액'이라고 했습니다. 2장에서 신뢰는 그 혈액이 흐르는 '혈관'이라고 했습니다. 3장에서 그 혈관은 물리적 현장 구석구석으로 뻗어나가 '신경망'에 연결됩니다. 산소가 혈관을 타고 신경망 끝까지 닿을 때, 비로소 조직 전체가 살아 움직입니다.

  이 흐름이 한 번 생기면, 세 가지 변화가 동시에 일어납니다. 예측 가능성—사고, 고장, 지연이 '갑작스러운 사건'이 아니라 사전 경고로 바뀝니다. 증강 생산성—숙련자의 감이 데이터로 복제되고, 초보자의 실력은 시스템으로 보정됩니다. 불신 비용의 감소—추적, 증명, 검증이 자동화되며 분쟁과 협상의 비용이 줄어듭니다.

그리고 반대로 말하면, 이 디지털 신경망이 뻗어 나가지 않는 조직은 2026년에 동맥경화처럼 멈춰 섭니다.

IV. 미래를 먼저 훔친 BM들

스마트 인프라는 차가운 장치가 아닙니다. 스스로 생각하고 위험을 감지하며 인간의 한계를 조용히 확장시키는 '보이지 않는 동료'입니다. 여기 세 가지 모델은 현장의 고질적 결핍을 기술로 메우고 수익 구조로 바꿔낸 사례입니다.

현장 나침반 AR: 직감의 현장을 시야로 바꾸다

현장은 늘 '찰나'에 패배합니다. 사고는 대개 정보가 늦게 도착하는 곳에서 발생합니다. 보이지 않는 위험, 숙련공의 감에 의존하는 작업, 생산성과 안전의 딜레마—이것이 제조와 건설 현장의 고질적 결핍입니다.

현장 나침반 AR은 정보를 눈앞에 가져옵니다. 작업자가 고개를 돌리면 배관 위에 압력 수치가 겹쳐 보이고, 위험 구역에 다가가면 시야에 경고가 켜집니다. 웨어러블 센서가 생체 신호와 위치를 읽고, AI가 피로 누적을 감지해 《지금은 휴식》을 권고하거나 《B구역으로 우회》를 지시합니다.

핵심은 정보 제공이 아닙니다. 예방으로의 전환입니다. 현장의 의사결정이 '사후 수습'에서 '사전 예방'으로 이동합니다. 수익 구조는 하드웨어가 아니라 '안전한 생산성'을 파는 것입니다. 연 구독, 디바이스 관리 수수료, 데이터 컨설팅이 수익원이 됩니다.

스마트 현장 관제 PaaS: 공사장을 디지털 트윈으로 복제하다

중소형 건설 현장의 문제는 기술 부족이 아닙니다. 가시성의 부재입니다. 파편화된 데이터, 깜깜이 공정률, 공기 지연과 예산 초과. 보이지 않으니 관리할 수 없습니다.

스마트 현장 관제 PaaS(현장 관제 플랫폼을 서비스로 제공)는 현장을 '측정 가능한 공간'으로 만듭니다. 드론이 매일 현장을 스캔하고, 센서와 로봇이 데이터를 모읍니다. BIM(건축정보 모델링)과 연동되어 실시간 대시보드로 구현되며, 오차, 지연, 위험이 '완공 후 발견되는 하자'가 아니라 '지금 수정 가능한 변수'로 바뀝니다.

건설은 경험산업에서 데이터산업으로 이동합니다. 수익 구조는 가볍게 시작하더라도 무겁게 확장합니다. 월 구독으로 기본 관제를 제공하고, 안전, 자재 추적, 드론 매핑 등 모듈별로 과금합니다.

AquaOEM 파트너스: 밸브에 AI의 뇌를 이식하다

하드웨어는 만들지만, 기후 변화에 대응할 '지능'이 없는 관개 시스템 제조사들. 그들에게 필요한 것은 새로운 공장이 아니라 소프트웨어 역량입니다.

AquaOEM 비즈니스모델은 직접 밸브를 만들지 않습니다. 기존 제조사에게 화이트라벨 AI 관개 제어 솔루션을 제공해, 밸브가 토양 습도와 기상 예보를 분석해 스스로 물을 조절하도록 만듭니다. 제조사는 R&D 부담 없이 스마트 제품군을 확보하고, 농가는 물 부족 리스크를 줄입니다.

수익 구조는 하드웨어가 아닌 '뇌'를 과금합니다. 기기당 라이선스, 설치·통합 수수료, 데이터 인사이트 수익이 수익원입니다. 죽은 인프라가 신경망의 일부로 깨어나는 순간입니다.

세 모델의 공통 공식은 명확합니다. 물리적 실체(Body)에 디지털 지능(Brain)을 결합하고, 그 결합이 만든 데이터 루프로 안전, 생산성, 불확실성 비용을 수익으로 전환합니다.

V. 스마트 인프라가 충돌할 때

가상 시나리오 A: 입는 순간 계약이 이행된다

건설 작업자의 조끼가 심박수와 피로도를 측정해 디지털 트윈 관제 센터로 보냅니다. 기존의 안전수칙 준수 데이터와 함께 안전 상태·이상 징후와 조치 이력 데이터가 기록되고, 그 기록이 블록체인에 남는 순간 스마트 계약이 작동합니다. 안전 인센티브가 즉시 지급되고, 보험료는 실시간으로 조정됩니다.

건설과 패션과 법률이 하나로 융합됩니다. 물리적 행위가 법적 이행으로 자동 변환되는 세계입니다.

이 모델의 수익 논리는 단순합니다. 사고를 '처리'하는 비용보다, 사고를 '예방'해 보험료를 낮추는 비용이 훨씬 쌉니다. 규제 리스크가 큰 산업일수록, '예방'은 비용이 아니라 투자가 됩니다. 작업자 1인당 안전 구독료, 보험료 절감 성과 수수료, 익명화 데이터 라이선스가 수익원이 됩니다.

가상 시나리오 B: 에너지를 수확하고 물류를 충전한다

태양광 패널로 덮인 스마트팜은 농산물과 전력을 동시에 생산합니다. 수확 시기가 되면 자율주행 전기 트럭이 들어와 농산물을 싣는 동시에 잉여 전력을 급속 충전합니다. 농장은 식량 기지이자 주유소가 되고, 트럭은 운송 수단이자 에너지 운반체가 됩니다.

에너지와 농업과 모빌리티가 서로 연결됩니다. 물류와 에너지가 하나의 인프라 안에서 순환하는 자급자족 생태계입니다.

이전 장에서 물류가 '마에스트로'가 되고 데이터가 산업의 벽을 넘을 때 융합의 영토가 열린다고 했습니다. 이제 그 융합은 물리적 인프라 위에서 현실이 됩니다.

VI. 인사이트 리더를 위한 제언

이제 경영자의 질문은 도입 기술이 아니라 현장의 통제를 향해야 합니다. 당신의 공장 설비, 배송 트럭, 건설 자재, 직원 유니폼까지—이 물리적 자산들이 당신에게 말을 걸고 있습니까, 아니면 침묵하고 있습니까?

첫째, 죽은 자산에 센서를 부여하십시오

첫 번째 지침은 단순합니다. 연결되지 않은 것을 전수 조사하십시오. 그리고 거창한 시스템을 먼저 도입하지 마십시오. 현장의 말단(Endpoint)을 디지털 신경망에 연결하는 작업부터 시작하십시오. 옷깃의 센서든, 트럭의 타이어든, 밸브든, 계약서든 상관없습니다. 물리적 실체가 신호를 보내기 시작할 때, 당신은 '예측 가능성'이라는 무기를 얻게 됩니다.

《현장을 통제한다》는 말은, 결국 《현장을 가시화(Visualize)한다》는 말과 같습니다.

둘째, 연결의 역설을 경계하십시오

모든 것이 연결된다는 것은, 모든 것이 뚫릴 수 있다는 뜻입니다. 해커들의 표적은 이제 은행 계좌가 아니라 공장 제어망, 물류 시스템, 스마트 시티 인프라가 됩니다. 연결이 늘수록 공격 표면은 기하급수적으로 넓어집니다.

1장에서 말한 제로 트러스트(Zero Trust)를 기억하십시오. «아무것도 신뢰하지 않고, 항상 검증한다.» 이것은 IT 슬로건이 아니라, 스마트 인프라 시대의 생존 규칙입니다.

또 하나의 함정이 있습니다. 스마트 계약이 확산될수록 «코드가 곧 법»이 되지만, 자동화된 실행은 되돌리기 어렵습니다. 알고리즘 오류나 예기치 못한 변수가 막대한 손실을 만들 수 있습니다. 그래서 반드시 휴먼인더루프(Human-in-the-loop)—인간 개입이 가능한 안전장치—를 설계해야 합니다. 자동화는 '재량과 권한'이 아니라 '기준과 절차'로 관리되어야 합니다.

셋째, 화이트칼라와 블루칼라의 경계를 파괴하십시오

스마트 인프라 시대의 경쟁력은 현장에 있습니다. 그런데 현장을 여전히 '노무'로 취급하면, 당신은 기술을 도입해도 성과를 얻지 못합니다.

현장 인력을 현장 테크니션으로 격상시키십시오. AR, 웨어러블, 데이터 교육은 복지가 아니라 생산성 투자입니다. 도메인 지식과 데이터 리터러시를 겸비한 뉴칼라(New Collar) 인재를 핵심 코어로 두십시오.

1장에서 말한 켄타우로스 팀, 2장에서 말한 프라이버시-바이-디자인 조직을 기억하십시오. 여기에 한 가지를 더합니다. 법무에는 규제만 보는 사람이 아니라 데이터, 자동화, 거버넌스를 이해하는 사람이 필요합니다. 농업에는 작물만 아는 사람이 아니라 센서와 AI를 다루는 테크 농부가 필요합니다.

　결국 2026년의 승자는 가장 큰 인프라가 아니라, 가장 민감한 신경망을 가진 기업입니다. 현장의 작은 떨림까지 데이터로 포착해 즉각 대응하는 조직—그 조직이 시장을 가져갑니다.

♣ CEO 및 경영진을 위한 의사결정 포인트

- 사물의 지능화 수용: 2025년 물리적 자산의 데이터 연결은 2026년 모든 현장이 스스로 말하는 '각성의 시대'를 표준으로 고착시킬 것입니다.
- 불확실성 비용의 수익화: 현장의 '침묵'을 비용으로 규정하고, 데이터를 통해 리스크를 사전에 예방하여 생산성을 자산화하십시오.

◎ 실무 담당자를 위한 실행 체크리스트

- [ ] 비연결 자산의 가시화: 현재 운영 중인 주요 자산 중 데이터 신호를 보내지 않는 '사각지대'가 전수 조사되었는가?
- [ ] 실시간 피드백 루프: 현장 데이터가 현업의 의사결정에 반영되기까지의 시차가 '사전 예방'이 가능할 만큼 짧은가?
- [ ] 증강 기술의 현업 적용: 현장 인력의 물리적 한계를 보완하고 전문성을 강화할 인터페이스 기술이 도입되었는가?

마지막 질문

2026년, 당신의 비즈니스 현장은 침묵하는 콘크리트입니까? 아니면 데이터를 말하고 가치를 거래하는 거대한 지능형 유기체입니까?

1장에서 우리는 산소를 이야기했습니다. AI가 기업의 혈관을 흐르는 산소가 된다고. 2장에서 우리는 혈관을 이야기했습니다. 신뢰라는 혈관이 없으면 산소가 고객에게 닿지 못한다고. 3장에서 우리는 신경망을 이야기했습니다. 그 산소와 혈관이 물리적 현장 구석구석으로 뻗어나가 사물을 깨운다고.

이제 우리는 각성한 물리적 세계를 넘어, 가상과 현실이 뒤섞이며 욕망을 자극하는 다음 파도로 나아갑니다.

3. 스마트 인프라와 현장 기술의 증강

① 물리적 현장 로보틱스 및 작업 자동화

인력난과 인구 소멸에 대응하여 농장이나 건설 현장 등 물리적 공간에 로봇을 투입, 인간의 개입을 최소화하고 생산성을 높이는 운영 구조입니다.

* **[농업] 자율 운영**
  로봇 군단(Swarm Robotics)을 통한 무인 농장 구현 및 인력난 해결

* **[모빌리티] 자율주행 물류 및 운송**
  화물 트럭(미들마일)과 배송 로봇(라스트마일)을 통한 상업용 물류 혁명

* **[프롭테크] 건설 기술 (Con-Tech)**
  BIM 설계, 로봇 시공 등을 통한 건설 현장 디지털화 및 생산성 혈관 확보

* **[실버 에이징] 스마트 적응형 주거 공간**
  낙상을 감지하고 스스로 변화하여 사용자를 지켜주는 살아있는 집

③ 신체 능력 증강 및 인터페이스 혁신

웨어러블 로봇이나 지능형 의류를 통해 작업자의 능력을 확장하고, 보이지 않는(Ambient) 인터페이스를 통해 사용자의 노력을 최소화하는 구조입니다.

* **[물류] 차세대 인력 증강 기술**
  웨어러블 로봇과 AR 안경을 통해 작업자를 슈퍼히어로급으로 강화

* **[패션] 웨어러블 기술/스마트 패브릭**
  기술이 섬유 자체에 녹아들어 건강을 체크하고 반응하는 지능형 의류

* **[가전] 음성 및 앰비언트 인터페이스**
  기술이 효과적으로 보이지 않게 되어 사용자의 노력을 최소화하는 생태계

* **[모빌리티] 초개인화된 콕핏**
  사용자의 상태와 선호도에 따라 실시간 변화하는 지능형 디지털 생활 공간

* **[실버 에이징] 인간 중심 디지털 인터페이스**
  고령층 등 소외 계층을 위해 말로 조작하는 등 친절하고 쉬운 디지털 접근성

⑤ 기술 패러다임 전환 및 전문성 심화

합성생물학 같은 신기술과 소프트웨어 중심(SDV) 생태계로의 전환에 맞춰 조직의 인재 구성과 업무 방식을 근본적으로 재편하는 구조입니다.

* **[헬스케어] 합성생물학**
  DNA 설계를 통해 미생물이 약물을 생산하게 만드는 바이오 제조 혁명

* **[모빌리티] 소프트웨어 정의 생태계 (SDV)**
  하드웨어를 넘어 무선 업데이트(OTA)로 지속 진화하는 차량 생태계

* **[제조] 미래형 인재 전환**
  자동화 시대에 필요한 인재 역량 강화 및 신기술 인재 부족 대응

* **[법률] 새로운 인재/업무 패러다임**
  데이터 과학자 등 비법률 전문가 협업 및 법률 서비스의 민주화

② 블록체인 기반 가치 투명성 및 자격 증명

데이터 위변조가 불가능한 분산 원장 기술을 활용해 제품의 여정, 창작물의 권리, 실물 자산의 지분 등을 투명하게 기록하고 증명하는 구조입니다.

* **[농업] 온체인 추적성**
  디지털 여권(블록체인)을 통한 농산물 전 여정 투명화 및 신뢰 확보

* **[콘텐츠·미디어] 탈중앙화 콘텐츠 체인**
  창작자의 가치를 보호하고 팬들에게 투명한 가치를 전달하는 신뢰의 기술

* **[프롭테크] 실물자산 토큰화 (STO)**
  빌딩 자산을 쪼개 누구나 소액으로 사고파는 부동산 투자의 유동성 파도

* **[법률] 스마트 계약 및 블록체인 도입**
  조건 충족 시 자동 실행되는 코드로 신뢰를 자동화하고 번거로운 절차 제거

* **[에듀테크] 차세대 자격증명**
  디지털 배지 등을 통해 특정 기술과 역량을 증명하는 대안적 자격 수단

④ 지능형 인프라 연결 및 리스크 제어

사물과 인프라(V2X)를 실시간으로 연결하여 가시성을 확보하고, 제로 트러스트 보안을 통해 외부 위협으로부터 시스템을 보호하는 구조입니다.

* **[모빌리티] 운동성 인프라 통합 (V2X)**
  차량과 도로 인프라가 실시간 소통하여 도시 자체가 데이터를 주고받는 센서가 됨

* **[물류] 공급망 가시성 및 리스크 관리**
  실시간 화물 확인 및 사이버 공격/자연재해를 미리 감지하는 디지털 보디가드

* **[핀테크] 보안 대전환 (Zero Trust)**
  네트워크 경계 없이 모든 접속을 검증하는 제로 트러스트 보안 전략

* **[법률] 규제 기술 및 데이터 중심주의**
  규제 준수 업무 자동화 및 데이터를 통한 승소 확률 예측 등 데이터 기반 법률 시장

* **[프롭테크] 도시 재생**
  노후 인프라에 IoT 센서를 달아 관리하는 스마트한 도시 재생 모델

PART 2. 시장의 재편: 소유에서 '몰입'으로

Chapter 04. 피지털 생태계와 경험의 재편: 소비는 이제 '사건'이 된다

4. 피지털 생태계와 경험 재편

피지털 생태계란 무엇인가요?

소비 여정의 심리스한 통합을 통해 단순 '구매' 행위를 브랜드 세계관 속의 '사건'으로 재정의하는 것입니다.

XLA란 무엇인가요?

기술 지표보다 '경험의 질'을 우선하는 협약입니다.

피지털 생태계의 아키텍처는 어떻게 설계되어야 하나요?

디지털 산소를 입힌 물리 공간에서 유동적 자아를 만족시키는 설계가 필요합니다.

경계가 소멸된 세상, 소비는 '사건'이 된다

쇼핑하러 가십니까, 놀러 가십니까?

2026년, 물건을 사는 행위는 더 이상 단순한 '구매'가 아닙니다. 브랜드가 설계한 세계관 속으로 들어가 나의 정체성을 확인하는 하나의 '사건(Event)'입니다. 온라인의 편리함과 오프라인의 질감이 결합된 '피지털(Phygital, 물리와 디지털의 합성어)' 생태계는 이제 선택이 아닌 리테일의 새로운 표준입니다.

진열대는 줄었고, 대신 조명이 공간을 연출합니다. 직원은 «이 제품이 좋다»를 설명하지 않습니다. 당신이 어떤 사람인지, 어떤 하루를 살고 싶은지 묻습니다.

당신은 옷을 '입어보지' 않습니다.

AR 미러 앞에 서면 수십 벌이 몇 초 만에 당신의 몸 위로 지나갑니다. 마음에 드는 순간, 결제는 물건만을 향하지 않습니다. 결제와 동시에 실물보다 먼저, 디지털 아이템(디지털 트윈)의 소유권이 당신에게 이전됩니다. 가상 세계의 당신—아바타—가 그 옷을 먼저 입습니다. 실물 의류는 당신이 지정한 시간과 장소로 도착합니다.

30분 뒤든, 내일 아침이든, 당신의 캘린더에 맞춰 옵니다.

이동도 비슷합니다. 당신은 차를 '소유'하지 않습니다. 그날의 기분과 목적에 맞는 차량을 구독 형태로 접속합니다. 오늘은 조용한 회의가 필요하니 방음이 좋은 캡슐형 PBV(목적 기반 모빌리티)를, 내일은 가족과의 외출이니 넓은 실내와 엔터테인먼트가 준비된 모델을 고릅니다. 이제 지불 대상은 단순한 운송료나 제품 가격만을 의미하지 않습니다. 당신이 산 것은 끊김 없이 이어진 '경험의 가치'입니다.

이 장면은 공상과학이 아닙니다. 물리와 디지털이 합쳐지며 경계가 무너진 피지털(Phygital) 생태계가 2026년의 새로운 표준으로 자리를 잡아가고 있습니다. 온라인이 오프라인을 보조하던 시대는 끝났습니다. 이제 두 세계는 서로를 '대체'하지 않습니다. 서로를 증폭시키며, 고객의 삶을 24시간 감싸는 거대한 체험의 장(場)이 됩니다.

그리고 여기서부터, 소비의 본질이 바뀝니다.

피지털 시대의 소비는 '구매'가 아니라 사건(Event)입니다. 한 번의 결제가 아니라, 브랜드와 나 사이의 기억과 정체성과 관계와 시간을 재편하는 사건입니다.

그렇다면 이 '사건으로서의 소비'는 어떤 설계 원리로 작동할까요. 현장은 화려해 보이지만, 승부는 의외로 단순한 다섯 축에서 갈립니다. 하나는 공간, 하나는 정체성, 하나는 소유의 방식, 하나는 신뢰, 그리고 마지막 하나는 유연한 생태계입니다.

첫째, 피지털 몰입 공간과 다감각 상호작용입니다.

클릭 한 번이면 집으로 배송되는 시대에 고객이 굳이 매장을 찾는 이유는 물건이 아니라 감각입니다. 매장은 판매처가 아니라 브랜드의 세계관을 오감으로 체험하는 테마파크가 됩니다. 패션 매장에서는 스마트 미러와 AR로 '입어보는 행위'가 놀이가 되고, 뷰티에서는 가상 메이

크업이 단지 재미를 넘어 기업의 연구개발까지 바꿉니다. 식음료는 미각 위에 시각과 서사를 올려 '먹는 시간'을 콘텐츠로 만들고, 콘텐츠 산업의 버추얼 프로덕션은 이동 없이도 시공간을 구현하며 창작의 공간을 재정의합니다. 부동산은 더 이상 고정된 용도가 아니라, 시간대·계절·유행·수요에 맞춰 공간의 쓰임을 계속 바꾸는 '가변형 공간'이 됩니다.

둘째, 디지털 가상 자산과 브랜드 세계관의 확장입니다.

소비자의 정체성은 더 이상 물리적 옷장에만 머물지 않습니다. 가상 공간의 아바타 역시 하나의 '나'가 되고, 그 세계에서의 옷과 소유물은 취향과 지위를 표현하는 언어가 됩니다. 디지털 패션은 현실을 보조하는 장식이 아니라, 아바타·플랫폼 안에서 현실과 나란히 작동하는 '독립 시장'으로 성장합니다. 콘텐츠에서는 크리에이터가 플랫폼의 부품이 아니라 팬덤과 데이터를 가진 독립 기업가로 진화하고, IP는 웹툰에서 드라마로, 다시 게임과 커뮤니티로 확장되며 팬이 365일 머무는 생태계를 구축합니다. 브랜드는 제품보다 먼저 세계관을 팔고, 세계관이 다시 제품을 팔게 됩니다.

셋째, 소유권 탈피와 접속 중심의 서비스 플랫폼입니다.

"왜 비싼 돈을 들여 소유하나, 필요할 때 접속하면 되는데." 시장은 소유에서 접속으로, 제품에서 서비스로 무게중심을 옮깁니다. 모빌리티는 차량을 자산이 아니라 서비스로 소비하게 만들고, 성과 지표는 가동률이 아니라 이동 시간 전체의 만족도, 즉 경험 수준 협약으로 진화합니다. 물류에서는 자산을 소유하지 않고도 데이터로 화주와 차주를 연결하는 플랫폼이 부상하고, 콘텐츠는 슈퍼 번들 전략으로 소비자의 '구독 피로'를 줄이며 라이프스타일 전체를 관리하는 파트너가 되려 합니다. 고객이 사는 것은 물건이 아니라, 끊김 없는 경험의 접근권입니다.

넷째, 신뢰와 투명성을 담은 가치 소비 경험입니다.

가짜 뉴스와 그린워싱이 넘치는 시대에, 진실함과 투명성은 가장 강력한 프리미엄이 됩니다. 뷰티는 성분의 출처와 생산 과정을 공개하며 철학을 증명하고, 패션은 중고와 순환 경제를 통해 "싸게 사서 버리는" 소비 대신 "제대로 사서 오래 쓰고 다시 파는" 소비를 제안합니다. 가전은 전 생애주기 지속가능성과 수리할 권리로 신뢰를 쌓고, 콘텐츠는 알고리즘이 아니라 진정성과 투명성으로 독자를 설득합니다. 이 장에서 말하는 경험은 결국 신뢰 위에 세워진 경험입니다. 신뢰가 무너지면, 경험은 감동이 아니라 '불쾌감'으로 바뀝니다.

다섯째, 유연한 생태계 구축과 포용적 사용자 대응입니다.

시장은 매일 변하고 고객의 모습은 다양합니다. 따라서 경험 산업의 승자는 더 빨리 제품을 시장에 내놓는 회사가 아니라, 더 빨리 경험을 개선하는 회사입니다. 금융의 오픈 아키텍처는 거대한 시스템을 조립 가능한 블록으로 바꾸고, IT 서비스의 오케스트레이션과 클라우드 네이티브 전환은 혁신의 속도를 올립니다. 패션의 포용적·적응형 디자인은 표준화된 미의 기준을 넘고, 리테일 미디어 혁명은 유통을 고수익 미디어 플랫폼으로 바꿉니다. 식음료는 글로벌화와 소비 양극화, 인구구조 변화에 맞춰 '간편식의 고급화' 같은 새로운 포지션을 만들어냅니다. 결국 경험은 단단한 제품에 국한하지 않고, 넓고 유연한 생태계에서 자랍니다.

이 다섯 축이 동시에 맞물릴 때, 피지털은 화려한 무대가 아니라 고객의 삶을 24시간 감싸는 새로운 산업의 막이 됩니다. 이제 왜 '경험'이 표준이 되는지, 그 욕망의 근원부터 짚어보겠습니다.

- **피지털(Phygital)**: 온라인의 편리함과 오프라인의 질감을 결합하여 가상과 현실의 경계가 사라진 새로운 소비 생태계입니다.
- **PBV(목적 기반 모빌리티)**: 사용자의 용도(사무실, 카페 등)에 따라 실내외 구성을 자유롭게 바꿀 수 있는 맞춤형 이동 수단입니다.
- **XLA(고객 경험 수준 협약)**: 시스템 성능 수치(SLA)보다 사용자가 느끼는 실제 만족도와 경험의 질을 우선순위에 두는 지표입니다.
- **EaaS(경험형 서비스)**: 단순히 제품을 파는 것을 넘어 고객이 제품을 사용하는 전 과정에서의 '경험' 자체를 관리해 주는 구독 서비스입니다.
- **경험 아키텍처**: 사용자가 제품을 만나는 첫 순간부터 마지막까지 겪는 모든 과정과 감정을 기업의 비즈니스 전략 및 기술 구조와 촘촘하게 연결하여 설계하는 방식입니다.

I. 왜 지금 '경험'이 표준이 되는가

사람들은 종종 변화의 원인을 기술에서 찾습니다. AR/VR, NFT, 메타버스, XR⋯. 그러나 피지털 전환의 동력은 기술 그 자체가 아닙니다. 기술은 도구일 뿐이고, 진짜 원인은 소비자의 욕망이 바뀌었다는 데 있습니다.

2026년의 소비자는 더 이상 단순한 구매자가 아닙니다. 그들은 가치 기반(Value-Driven)으로 선택합니다. 싸서가 아니라, 《내가 믿을 만한가》로 고릅니다. 소유보다 접속(Access)을 중시합니다. 물건을 '가지고' 싶은 욕망이, 시간과 경험을 '누리고' 싶은 욕망으로 이동합니다. 윤리적이고 투명한 스토리에 반응합니다. 그 스토리가 데이터로 검증될 때—출처, 과정, 영향—지갑이 열립니다.

이 변화는 2장에서 말한 '신뢰'와 맞닿아 있습니다. 피지털은 더 많은 데이터를 다루고, 더 많은 접점을 만들며, 더 많은 맥락을 읽습니다.

결국 «더 멋진 경험»은 «더 깊은 데이터»를 요구합니다. 그리고 더 깊은 데이터는 반드시 «더 강한 신뢰»를 요구합니다.

AI가 기업의 '산소'가 되고 신뢰가 그 산소를 고객에게 전달하는 '혈관'이라고 했습니다. 그 혈관이 물리적 현장 구석구석으로 뻗어나가 '신경망'에 닿으면 마침내 고객의 삶 전체를 감싸는 막(膜)이 됩니다. 피지털은 화려한 무대가 아니라, 신뢰 위에 세워진 경험 산업입니다.

II. 하이퍼 경험과 피지털 통합

2026년의 시장은 더 이상 단선적이지 않습니다. 물리적 실체와 디지털의 허상이 뒤섞이고, 소유의 욕망이 경험의 갈망으로 치환되는 거대한 용광로입니다. 각 산업은 서로 다른 언어로 말하지만 같은 방향으로 달립니다. 경험의 재설계라는 하나의 좌표를 향해.

패션: 옷장이 클라우드로 확장되다

한때 패션은 속도전이었습니다. 빠르게 생산하고, 빠르게 진열하고, 빠르게 폐기하는 게임. 하지만 2026년의 패션에서 '옷'은 단순한 섬유가 아닙니다. 정체성의 인터페이스입니다.

현실의 옷장은 여전히 중요하지만, 디지털 공간에서 아바타의 옷장도 점점 중요한 소비 영역이 되고 있습니다. 3장에서 말한 '입는 인터페이스'가 여기서 한 걸음 더 나아갑니다. 지능형 의류가 건강 데이터를 읽는 것을 넘어, 이제 옷 자체가 현실과 가상을 연결하는 브릿지가 됩니다. 브랜드는 제품이 아니라 세계관과 정체성을 판매합니다.

또 하나의 변화가 있습니다. 표준 사이즈라는 폭력적 기준이 흔들립니다. '평균'이 아닌 '나'의 시대, 브랜드는 인클루시브 디자인(다양한 사용자·상황에서도 누구나 쉽게 쓸 수 있게 설계하는 디자인)으로 승부합니다. 새것의 강박이 줄어들면서 중고 거래는 절약이 아니라 취향과 윤리의 표식이 됩니다. 오프라인은 창고가 아니라 무대가 됩니다. 중요한 것은 진열이 아니라 '굳이 가야 하는 이유'입니다. 그래서 패션은 제품이 아니라 정체성을 판매하는 산업으로 재정의됩니다.

모빌리티: 소유의 종말, 여정의 시작

모빌리티의 게임도 바뀝니다. 앞서 자동차의 경쟁 척도가 마력(Horsepower)에서 처리 능력(Processing Power)으로 이동한다고 했습니다. 피지털 시대에 그 변화는 한 걸음 더 나아갑니다. 경쟁의 척도가 '성능'에서 '여정(Journey)'으로 이동합니다.

차는 판매되는 물건이 아니라, 서비스 기간 동안 수익을 창출하는 플랫폼이 됩니다. 이때 성능의 척도는 숫자가 아니라 SLA(기술 지표)에서 XLA(경험 지표)로 바뀝니다. 과거에는 시스템이 얼마나 안 끊기고 잘 돌아가느냐(SLA)가 중요했습니다. 하지만 피지털 시대에는 고객이 그 시간 동안 얼마나 즐거웠고 만족했느냐(XLA)가 기업의 성적표가 됩니다. 예약이 매끄러운가, 차량이 청결한가, 이동 중 몰입이 가능한가, 불편이 생겼을 때 복구가 얼마나 빠른가. 고객이 '이동이라는 시간' 동안 느끼는 총체적 만족이 계약의 내용이 됩니다.

모빌리티는 운송업이 아니라 시간의 질을 설계하는 산업이 됩니다.

식음료: 먹는 행위가 콘텐츠가 되다

F&B(식음료)는 오랫동안 미각 중심이었습니다. 하지만 2026년의

F&B는 공감각적 콘텐츠 산업으로 진화합니다. 음식은 여전히 핵심이지만, 핵심만으로는 부족합니다.

공간은 무대가 되고, 미디어는 연출이 되며, 커뮤니티는 잔향이 됩니다. 사람들은 «맛있었다»로 끝내지 않고, «그 경험이 나를 바꿔놓았다»로 기억합니다.

또 하나의 냉정한 변화가 있습니다. 시장은 양극화됩니다. 초저가 가성비와 고가 프리미엄 경험 사이에서, 어중간한 브랜드가 설 자리를 잃습니다. 2026년의 F&B에서 '중간'은 포지션이 아니라 위험이 됩니다.

콘텐츠와 미디어: 보는 사람에서 사는(Live) 사람으로

콘텐츠는 더 이상 '송출'만 되는게 아닙니다. 그 자체로 구축(Build)됩니다. 하나의 IP가 웹툰, 드라마, 게임으로 확장되며, 팬을 365일 붙잡아두는 '유니버스'가 됩니다. 앞서가는 크리에이터는 플랫폼의 부품이 아니라, 팬덤과 데이터를 소유한 기업가가 됩니다.

딥페이크와 가짜 뉴스가 늘수록, 콘텐츠 시장에서 신뢰는 마이너한 기능이 아니라 사야할 구매 이유가 됩니다. 딥페이크와 가짜 뉴스가 범람할수록, «윤리적이고 투명한 미디어»라는 라벨은 그 어떤 화려한 그래픽보다 강력한 구매 요인이 됩니다. 2장에서 말한 '신뢰 경제'가 콘텐츠에서 가장 노골적으로 드러납니다.

III. 제품이 아닌 시간을 팔아라

　패션, 모빌리티, F&B, 콘텐츠가 한 깃발 아래 모이는 이유는 명확합
니다. 이들은 제품(Product)의 껍질을 깨고, 고객의 시간과 공간을 점
유하는 경험 아키텍처를 구축하고 있습니다. 경험 아키텍처는 단순히
매장을 예쁘게 꾸미는 것이 아닙니다. 고객이 브랜드를 만나는 첫 순간
부터 마지막 기억까지, 그 모든 '시간의 흐름'을 정교하게 설계하는 지
도입니다.

디지털 산소

　물리 자산에 디지털을 공급해 '생명력'을 부여합니다. 디지털 트윈,
SDV(소프트웨어 정의 차량), 피지털 공간 연출은 모두 같은 말입니다.
물리의 세계가 살아 움직이기 위해 필요한 산소가 디지털이라는 뜻입니
다.

AI가 기업의 '산소'라면 피지털에서 그 산소는 고객이 만나는 모든 물리적 접점으로 스며듭니다. 매장의 조명, 차량의 인테리어, 식당의 테이블, 옷의 섬유—모든 것이 디지털 산소를 들이마시며 살아 움직입니다.

유동적 자아

2026년의 소비자는 고정된 존재가 아닙니다. 상황에 따라 자아가 바뀝니다. 어떤 날은 미니멀리스트, 어떤 날은 수집가, 어떤 날은 윤리적 소비자, 어떤 날은 놀이를 원하는 사람. 기업은 이 유동적 자아에 맞춰 서비스의 형태를 바꿀 수 있어야 합니다.

2장에서 말한 'N=1'이 여기서 진화합니다. 초개인화가 '한 사람'을 위한 서비스였다면, 피지털은 '한 사람의 여러 자아'를 위한 서비스입니다. 초개인화가 '한 사람의 취향'을 맞추는 일이라면, 피지털은 '한 사람이 처한 상황'에 맞춰 경험을 즉시 바꾸는 일입니다. 같은 사람도 시간·장소·동행·목적에 따라 '빠른 구매자/탐색자/표현자/절약가'로 모드가 바뀝니다. 예를 들어 같은 고객도 출근길엔 '빨리 고르는 나', 주말엔 '수집가인 나'로 앱에서 룩북·한정판·커뮤니티까지 탐색합니다—피지털은 이 모드 전환에 맞춰 경험을 즉시 바꿉니다. 고정된 페르소나가 아니라 유동하는 맥락에 반응하는 것—피지털은 바로 그 변형 능력입니다.

기억의 설계

결국 승자는 《무엇을 팔았는가》가 아니라, 고객의 삶 속에 어떤 기억을 심었는가로 결정됩니다. 경험은 '좋았다'로 끝나면 이벤트에 불과하지만, '다시 돌아오게 하는 이유'가 되면 자산이 됩니다.

이전 장에서 '재동의'가 데이터의 선순환을 만든다고 했습니다. 피지털에서 재동의는 '재방문'이라는 형태로 나타납니다. 고객이 다시 돌아오는 이유를 설계하는 것—그것이 기억의 설계입니다.

IV. 미래를 먼저 훔친 BM들

피지털 승자들은 기술을 자랑하지 않습니다. 고객의 결핍을 정확히 찌르고, 물리의 깊이와 디지털의 효율을 결합해 대체 불가능한 가치를 만듭니다.

패션 AR 피팅 룸: 불확실성을 세서하면 반품률이 낮아진나
온라인 명품 쇼핑의 적은 가격이 아니라 불확실성입니다. 《내게 어울릴까?》라는 의심이 결제를 막습니다. AR 피팅 룸은 합성 수준을 넘어 재질, 핏, 옷의 주름까지 현실감 있게 구현해 '확신'을 제공합니다. 온라인 쇼핑의 최대 고충인 "내게 어울릴까?"라는 불안을 지워줍니다 . 확신이 생기면 결제 버튼은 더 쉽게 누르고, 반품률은 획기적으로 낮아집니다.

여기서 반전은 소유입니다. 실물을 사면 디지털 트윈 NFT가 함께 제공되고, 아바타가 먼저 입습니다. 브랜드는 옷을 파는 것이 아니라 정체성의 소유권을 판매합니다.

수익 구조는 아이템 판매 수수료, 브랜드 입점(구독형 광고와 프로모션), 디지털 아이템 확장입니다. 핵심 효과는 구매 확신 상승, 반품 감소, 고객 데이터 고도화—취향의 정밀 지도가 그려집니다.

AR 다이닝 클럽: 식사는 공연이고, 멤버십은 신분이 된다

《맛있는 음식만으로는 부족하다.》 AR 다이닝 클럽은 식탁을 무대로 바꿉니다. 요리가 놓이는 순간, 원재료의 여정과 스토리가 테이블 위에 펼쳐지고, 식사는 몰입형 공연이 됩니다.

핵심은 기술이 아니라 폐쇄형 멤버십 커뮤니티입니다. 선별된 멤버만 공유하는 경험은 소속감과 프리미엄을 동시에 만들어냅니다. 수익 구조는 멤버십 구독료, 프라이빗 이벤트, 제휴 브랜드 협찬입니다. 핵심 효과는 재방문을 '할인'이 아니라 '관계'로 만드는 것입니다.

피지털 팝업 엔진: 팝업은 이제 '행사'가 아니라 '데이터 채굴'이다

온라인 네이티브 브랜드의 고민은 단순합니다. 《오프라인에서 고객을 만나고 싶지만 돈도 노하우도 없다.》 피지털 팝업 엔진은 이를 EaaS(-Experience-as-a-Service, 경험형 서비스)로 해결합니다. 팝업 스토어는 이제 단순 행사가 아닙니다. 매장 곳곳의 센서로 고객의 동선과 취향을 수집하여 온라인 마케팅에 즉시 활용하는 '데이터 공장'입니다 . 기획, 디자인, 설치, 운영을 원스톱으로 제공하되, 매장 곳곳에 AR 체험과 센서를 심어 방문객 행동 데이터를 수집합니다.

반전은 구조에 있습니다. 이 모델은 인테리어 대행이 아니라 오프라인 1차 데이터를 온라인 타깃팅으로 연결하는 폐쇄 루프(Closed Loop) 솔루션입니다. 3장에서 말한 '피드백 루프'가 여기서 고객 경험으로 확장됩니다. '현장 경험'이 '온라인 매출'로 이어지는 길을 데이터가 열어 줍니다.

세 사례의 공통점은 하나입니다. 피지털은 기술의 전시가 아니라 결핍 제거의 설계이며, 그 설계가 곧 수익 구조로 귀결됩니다.

V. 산업이 충돌할 때

가상 시나리오 A: 이동하는 미식 극장

저녁 식사는 식당 예약으로 시작하지 않습니다. 집 앞으로 자율주행 다이닝 팟이 도착합니다. 내부는 프라이빗 다이닝 룸이고, 창문은 투명 디스플레이로 바뀝니다. 에피타이저가 나오면 프로방스 들판이 펼쳐지고, 메인 요리가 나오면 심해 풍경이 흐릅니다. 이동 경로는 코스 순서와 동기화되어, 식사가 끝나는 순간 당신은 목적지 앞에 도착합니다.

모빌리티와 식음료와 실감형 콘텐츠가 하나로 모입니다. 이동은 '죽은 시간'이 아니라 경험의 시간이 됩니다.

이 모델의 수익 논리는 명확합니다. 부동산 임대료라는 고정비를 줄이고, 가동률을 극대화하며, 운송료나 음식값이 아니라 결합된 경험의 가치로 프리미엄 가격을 정당화합니다. XLA(고객 경험 수준 협약)를 식음료에 가장 완벽하게 이식한 형태입니다.

가상 시나리오 B: 아바타가 입는 바이오 스킨

게임 속 한정판 강화 슈트를 얻으면, 현실에서도 동일 디자인의 스마트 의류가 배송됩니다. 생체 신호가 스트레스를 감지하면 아바타의 능력치가 변하고, 현실에서 운동해 건강 지표가 좋아지면 게임 속 레벨이 오릅니다.

패션과 게임과 헬스케어가 하나로 융합합니다. 현실의 신체가 디지털 자아를 바꾸고, 디지털 아이템이 현실의 건강을 설계하는 피지털 헬스 패션입니다.

이전 장에서 '집이 곧 주치의가 되는' 시나리오에 '입는 인터페이스'가 건강 데이터를 읽는 그 모든 것이 하나로 융합됩니다. 현실과 가상의 경계가 사라지고, 신체와 아바타가 하나의 피드백 루프로 연결됩니다.

VI. 인사이트 리더를 위한 제언

피지털 시대의 리더가 가장 먼저 버려야 할 환상은 이것입니다. "온라인과 오프라인은 별개다." 경계가 사라진 시장에서 '채널 조직'은 내부 경쟁만 낳습니다. 피지털의 기술은 한 가지로 평가됩니다. 결핍을 줄였는가, 재방문을 만들었는가, 그리고 데이터가 다음 행동으로 순환되는 닫힌 고리를 만들었는가.

첫째, '판매'를 멈추고 '여정'을 관리하십시오

제품을 팔지 말고, 고객의 시간을 설계하십시오. 모빌리티의 XLA(고객 경험 수준 협약)가 말하듯, 고객은 결과가 아니라 '과정의 품질'을 구매합니다. 따라서 반드시 해야 할 첫 작업은 단절된 고객 데이터의 통합입니다. 오프라인 행동 데이터가 온라인 마케팅에 실시간으로 반영되지 않는다면, 피지털은 구호로 끝납니다.

1장에서 말한 '데이터 사일로 파괴'를 기억하십시오. 피지털에서 그 통합은 더욱 절실해집니다. 핵심은 폐쇄 루프입니다. "현장에서 무엇이 일어났는가"가 "다음 행동을 어떻게 바꿔야 하는가"로 즉시 연결되어야 합니다.

둘째, 기술 만능주의라는 달콤한 독배를 경계하십시오

AR/VR, 메타버스, NFT는 '가능'하지만, 목적이 없으면 비용입니다. 피지털의 기술은 언제나 하나의 질문을 통과해야 합니다. "고객의 결핍을 제거하는가?"

AR 피팅은 불확실성을 줄였기에 돈이 됩니다. AR 다이닝은 관계와 소속을 만들었기에 돈이 됩니다. 팝업 엔진은 데이터 폐쇄 루프를 만들었기에 돈이 됩니다.

또 하나의 함정은 신뢰입니다. 피지털은 동선, 취향, 맥락 데이터를 끊임없이 수집합니다. 피지털의 신뢰는 감성이 아니라 장치입니다. 고객이 이해하고, 조절하고, 나중에 검증할 수 있을 때 경험은 감동으로 남습니다.

셋째, 채널을 파괴하고 스쿼드를 구축하십시오

피지털 혁명은 조직도를 다시 그리는 일입니다. CJO(Chief Journey Officer)—고객 여정 전체를 책임지는 C레벨이 필요합니다. 마케팅, 영업, IT, CS를 하나의 여정으로 묶지 않으면, 경험은 끊어집니다.

피지털 아키텍트—공간과 기술을 동시에 이해하는 인재가 필요합니다. "감각"과 "데이터"를 함께 설계할 수 있어야 합니다. 1장에서 말한 오케스트레이터, 3장에서 말한 뉴 칼라 인재가 여기서 '피지털 아키텍트'라는 이름으로 진화합니다.

IT는 지원 부서가 아니라 경험 엔진입니다. 개발자가 인프라에만 묶이지 않도록 유연한 플랫폼을 만들고, 현업이 데이터와 AI 도구를 다룰

수 있도록 민주화를 추진하십시오.

2026년의 승자는 가장 큰 매장을 가진 기업도, 가장 화려한 앱을 가진 기업도 아닙니다. 경계를 지우고, 고객의 삶 속에 가장 자연스럽게 스며들어 대체 불가능한 경험의 시간을 선물하는 기업이 승리합니다.

♣ CEO 및 경영진을 위한 의사결정 포인트
- 경험 아키텍트로의 전환: 2025년 무너진 채널의 경계는 2026년 고객이 머무는 '시간의 질(XLA)'을 경영의 핵심 성과 지표로 만들 것입니다.
- 여정 중심의 자본 배분: 개별 제품 개발비보다 고객이 브랜드를 만나는 전체 여정의 몰입감을 높이는 데 자원을 집중하십시오.

◎ 실무 담당자를 위한 실행 체크리스트
- [ ] 채널 간 데이터 통합: 고객이 온·오프라인을 넘나들 때 정보의 단절이나 중복 없이 여정이 매끄럽게 이어지는가?
- [ ] 다감각 상호작용 설계: 단순히 정보를 주는 수준을 넘어 오감을 자극하여 브랜드의 세계관을 체험할 수 있게 설계되었는가?
- [ ] 경험 수준 협약(XLA) 수립: 기술적 성능(속도 등) 외에 고객이 느끼는 만족과 즐거움을 측정할 구체적 지표를 확보했는가?

마지막 질문

2026년의 비즈니스에서 '경계'는 낡은 단어가 됩니다. 옷이 데이터를 입고, 자동차가 식당이 되며, 경험이 자산이 되는 세계에서—당신은 여전히 '단일 제품'을 파는 세일즈맨으로 남겠습니까, 아니면 고객의 삶을 조각하는 경험의 아키텍트가 되겠습니까?

4장에서 우리는 경험의 막을 이야기했습니다. 산소가 혈관을 타고 신경망 끝까지 흐르고, 그 신경망이 고객의 삶 전체를 감쌀 때—비로소 '살아있는 경험'이 탄생합니다. 피지털은 그 경험의 막입니다. 고객을 24시간 감싸며, 구매가 아닌 사건을, 제품이 아닌 기억을, 거래가 아닌 관계를 만들어내는 막.

이것이 2026년 비즈니스의 새로운 해부학입니다.

4. 피지털 생태계와 경험의 재편

① 피지털 몰입 공간 및 다감각 상호작용

물리적 공간에 가상 기술(AR/VR/XR)을 결합하여 경계 없는 고객 여정을 제공하고, 매장을 단순 판매처가 아닌 브랜드 체험의 테마파크로 재정의하는 모델입니다.

* [뷰티] 확장된 디지털 현실 (Phygital)
  AR/VR/AI를 활용한 온오프라인 연결 및 가상 피팅(VTO)
  데이터 기반 R&D 혁신
* [콘텐츠] 차세대 제작 방식 (VP/XR)
  버추얼 프로덕션을 통해 스튜디오 내에서 실시간으로 가상
  세계(우주, 심해 등) 구현
* [패션] 경험 중심의 피지털 리테일
  매장을 물건 파는 창고가 아닌 브랜드 세계관을 체험하는
  "테마파크"로 변모
* [식음료] 피지털 미식 경험
  오프라인 공간을 물리와 디지털이 융합된 경험 공간으로
  재정의
* [마케팅] 몰입형 경험 경제
  AR/VR 등 디지털 기술과 오프라인 이벤트를 결합한 감성적
  브랜드 경험 설계
* [부동산] 수요응답형 공간 (On-demand)
  시간과 트렌드에 따라 용도를 자유자재로 바꾸는 카멜레온
  같은 공간 운영

② 디지털 가상 자산 및 브랜드 세계관 확장

현실의 옷장만큼 중요해진 디지털 가상 자산을 구축하고, 강력한 IP 세계관과 크리에이터 브랜드화를 통해 팬덤 경험을 디지털 생태계로 확장하는 모델입니다.

* [패션] 디지털 패션과 가상 세계
  물리적 옷장만큼 중요해진 디지털 공간 속 아바타의 옷장 시장
  확대
* [콘텐츠] 브랜드가 된 크리에이터
  팬덤과 데이터를 소유한 독립적인 기업가로서의 크리에이터
  브랜드화
* [콘텐츠] IP 세계관의 확장
  팬들이 365일 머물 수 있는 거대한 세계관(웹툰-드라마-게임
  연결) 구축

③ 소유권 탈피와 접속 중심의 서비스 플랫폼

비싼 소유 비용 대신 필요할 때 원하는 만큼 "접속"하고, 자산 경량화 플랫폼을 통해 기술 지표보다 "경험의 질"을 최우선으로 관리하는 서비스 중심 모델입니다.

* [모빌리티] 공유 및 구독 접근 모델
  자동차 소유 대신 필요할 때 "접속"하며 서비스 기간의
  수익성으로 가치 평가
* [모빌리티] 경험 수준 협약 (XLAs)
  기술 지표(KPI)보다 고객의 총체적 여정 만족도(경험의 질)를
  서비스 기준으로 설정
* [콘텐츠] 가치 기반 구독 모델
  수많은 구독을 하나로 묶어주는 "슈퍼 번들" 서비스 중심의
  생존 전략
* [물류] 자산 경량화 디지털 플랫폼
  실제 자산(트럭, 창고) 없이 데이터로 화주와 차주를 연결하는
  플랫폼화

④ 신뢰 및 투명성을 담은 가치 소비 경험

데이터와 블록체인을 통해 제품의 전 과정을 투명하게 증명하고, 윤리적 미디어와 순환 경제(중고)를 통해 소비자에게 "진정성 있는 가치"를 제공하는 모델입니다.

* [뷰티] 성분 투명성 & 추적성
  블록체인을 통해 원료부터 완제품까지 전 과정을 검증하는
  급진적 투명성 확보
* [가전] 전 생애주기 지속가능성
  "수리할 권리" 대응 및 제조사가 직접 운영하는 "인증 중고"
  시장 창출
* [콘텐츠] 윤리적이고 투명한 미디어
  가짜 뉴스 시대에 "신뢰"를 가장 강력한 브랜딩 상품이자
  마케팅 자산으로 활용
* [패션] 가치 기반 소비 / 중고 및 순환 경제
  "제대로 된 하나"를 선택하는 소비와 중고 거래를 힙한 쇼핑
  방식으로 재정의
* [퍼스널케어] 의무적 규제 준수
  강화된 글로벌 규제를 R&D 및 마케팅을 좌우하는 핵심 전략
  변수로 활용

⑤ 유연한 생태계 구축 및 포용적 사용자 대응

시장 변화에 즉각 대응하는 민첩한 기술 아키텍처(MSA/Cloud)를 갖추고, 모든 체형과 세대를 포용하여 피지털 경험의 대상을 전방위로 확대하는 운영 모델입니다.

* [금융] 오픈 아키텍처
  기능별로 잘게 쪼갠 마이크로서비스(MSA)를 레고처럼
  조립하여 시장에 대응
* [IT 서비스] 오케스트레이션 플랫폼 / 클라우드 네이티브
  내부 개발자 플랫폼(IDP) 인프라 최적화 및 애플리케이션
  현대화
* [마케팅] 리테일 미디어 혁명
  퍼스트파티 구매 데이터를 활용해 고도로 타겟팅된 광고
  플랫폼으로 변모
* [패션] 포용적 및 적응형 디자인
  모든 체형, 나이, 능력을 끌어안는 디자인을 통해 브랜드 가치
  승부
* [식음료] K-푸드 / 간편식 진화 / 인구구조 변화 / 소비
  양극화
  글로벌 주류 편입, 인구 구조(Solo/Silver) 및 소비 패턴
  다변화에 정밀 대응

Chapter 05. 커뮤니티 기반의 몰입형 커머스: 관계가 지배하는 발견형 시장

5. 커뮤니티 기반 몰입형 커머스

이제 고객을 어떻게 새롭게 정의해야 하나요?

단순 구매자를 넘어 비즈니스를 함께 키우는 '주주이자 파트너'로 대우해야 합니다.

물건을 잘 파는 것보다 더 중요한 전략은요?

관계의 '중력장'을 만드는 것입니다. 즐거움 속에서 구매를 '발견'하게 만드세요.

결제 시스템은 어떤 형태로 숨어드나요?

금융과 결제가 일상의 몰입 흐름 속에 투명하게 스며드는 '임베디드' 방식이 됩니다.

소비, 그 이상의 경험을 설계하다

좋은 '경험'은 고객을 오게 하지만, 끈끈한 '관계'는 고객을 머물게 합니다.

2026년의 어느 날, 당신은 대출을 받기 위해 은행 앱을 열지 않았습니다. 그날도 당신은 평소처럼 쇼핑 플랫폼을 구경하고, 여행지를 저장하고, 좋아하는 크리에이터의 라이브를 틀어 둡니다.

그런데 어느 순간, 화면 속에서 "여행 경비가 부담된다면 이 조건으로 나눠 결제해보세요"라는 제안이 자연스럽게 뜹니다. 버튼은 단 하나. 추가 앱 설치도 없이, 간단한 인증 절차만으로 '가능해집니다'.

또 다른 장면. 당신은 크리에이터의 라이브 방송을 봅니다. 예전 같았으면 "구매 링크는 고정 댓글" 정도로 끝났겠죠. 그런데 2026년엔 다릅니다. 그들이 제안하는 브랜드의 신제품이 공개되자, 팬들은 단순히 구매자가 아니라 의사결정에 참여하는 파트너가 됩니다.

한정판 구성, 다음 콜라보, 심지어 가격 정책까지 투표로 정해지고, 일정 조건을 충족한 팬들은 수익을 공유받습니다.

팬덤은 '시장'이 아니라 경제 공동체로 진화합니다.

이것은 먼 미래의 공상과학이 아닙니다. 2026년, 소비는 이제 '필요에 의한 구매(Buying)'를 넘어 '관계와 경험에 의한 발견(Discovery)'으로 바뀌었습니다. 그리고 이 변화의 중심에, 하나의 새로운 표준이 자리합니다.

커뮤니티 기반의 몰입형 커머스. 고객이 물건을 사러 들어오는 곳이 아니라, 고객이 머무는 곳에서 거래가 발생하는 커머스입니다.

앞서 4장에서 물리와 디지털이 섞인 화려한 '무대(경험의 막)'를 만들었다면, 5장에서는 그 무대 위에서 사람들이 서로를 끌어당기는 '중력장(커뮤니티)'을 어떻게 구축할지 다룹니다. 이제 소비자는 단순히 물건을 사러(Buying) 이동하지 않습니다. 평소처럼 즐기고 대화하는 흐름 속에서 자연스럽게 발견(Discovery)하고 결제합니다.

그 중력장을 만드는 힘은 감각이 아니라 구조에서 나옵니다. 2026년의 커머스는 '판매 기술'이 아니라 '공동체 설계'로 움직입니다. 그 구조는 다섯 가지 흐름으로 요약됩니다. 커뮤니티, 발견, 심리스 통합, 하이퍼로컬, 그리고 소유의 재편입니다.

첫째, 커뮤니티 및 팬덤 중심의 경제 공동체입니다.

소비자의 지위가 올라갔습니다. 콘텐츠 산업에서 팬덤은 더 이상 굿즈를 사주는 시장이 아니라 IP의 가치를 함께 키우고 그 과실을 나누는 파트너가 됩니다. 기업은 이제 대중에게 외치는 대신, 가치와 취향을 공유하는 마이크로 팬덤을 발굴하고 키우는 데 집중합니다. 모두를 만족시키려는 순간 아무도 만족시키지 못한다는 명제가, 여기서는 전략이 아니라 생존 규칙이 됩니다. 이 흐름은 관광의 로컬 인게이지먼트(관광을 넘어선 지역과의 참여형 관계 맺기), 반려동물의 오프라인 커뮤니티 매장, 코리빙(주거+관계 기반 공유주거)과 디지털 연결 주거까지 확장되며 '사람이 모이는 자리'가 곧 매출의 원천이 됩니다.

둘째, 발견형 엔터테인먼트 커머스와 경험 경제입니다.

2026년의 구매는 필요의 결과가 아니라 즐거움의 부산물입니다. 살 것이 있어서 쇼핑을 하는 것이 아니라, 놀다 보니 사게 됩니다. 라이브 스트림 커머스는 홈쇼핑이 아니라 크리에이터와 대화하는 예능이 되고, 구매는 그 대화의 자연스러운 결말이 됩니다. 숏폼 쇼퍼빌리티는 '검색'의 시대를 끝내고 '발견'의 시대를 엽니다. 알고리즘이 취향을 저격하는 상품을 우연처럼 보여주고, 소비자는 단순 클릭이 아니라 몰입의 흐름 속에서 결정을 내립니다. 이 경험 경제는 실버와 관광으로도 번지며, 소유보다 활력을, 관람보다 '내 이야기'를 사게 만듭니다.

셋째, 심리스 통합 플랫폼과 임베디드 서비스입니다.

기술은 전면에 나서지 않고 뒤로 숨습니다. 서비스와 서비스 사이의 장벽이 사라지면서, 금융은 보이지 않는 곳으로 스며듭니다. 쇼핑이나 여행 플랫폼 안에서 대출부터 결제까지 물 흐르듯 처리되고, 결제는 별도의 행위가 아니라 과정의 일부가 됩니다. 유통은 고객 데이터를 기반으로 고수익 타겟 미디어 플랫폼으로 변모하고, 광고조차 CTV(커넥티드TV)를 통해 데이터 기반의 정밀 도구가 됩니다. 통합은 에듀테크의 통합 플랫폼, 관광의 온디맨드 슈퍼앱, 가전의 생태계 통합으로 이어지며 '하나의 앱 안에서 모든 여정이 닫히는' 슈퍼 생태계 경쟁을 가속화합니다.

넷째, 하이퍼로컬 초개인화 공간과 물류입니다.

커뮤니티 기반 커머스는 화면 속에만 머물지 않습니다. 라스트마일은 '빠르다'의 경쟁을 넘어 '정확히 내 삶에 들어온다'의 경쟁으로 바뀝니다. 고객은 원하는 시간, 원하는 장소, 심지어 냉장고 안까지 배송되기를 바랍니다. 도심 속 마이크로 풀필먼트 센터는 이를 가능케 하는 혈관이 됩니다. 홈·리빙에서는 고객이 완제품을 "고르는 사람"을 넘어, 취향에 맞게 조합·설계하며 함께 만들어가는 "공동 창작자"가 됩니다. 건강 기능식품에서는 온라인 정보 탐색과 오프라인 상담·체험이 하나로 이어져, 커뮤니티 형성과 구매까지 끊김 없는 통합 경험이 됩니다.

다섯째, 자산 토큰화와 데이터 기반 신시장 대응입니다.

기술은 자산의 형태와 시장의 구조를 바꿉니다. 자산 토큰화는 고가 자산을 쪼개어 커뮤니티 누구나 소액으로 참여하게 만들며 소유의 민주화를 엽니다. 동시에 사용자 정보를 임의로 추적하던 웹브라우저 쿠키가 사용자 통제권이 강화되고나서 줄어든 시대, 기업이 고객과 직접 소통하며 얻는 퍼스트파티 데이터는 새로운 원유가 됩니다. 거대한 대중이 아니라 확실한 취향을 가진 한 사람 한 사람에게 집중해야 하는 이유가 여기서 완성됩니다. 취향은 파편화되고, 시장은 더 작아지지만 관계를 통해 더 단단해집니다.

이 다섯 흐름은 따로 움직이지 않습니다. 커뮤니티가 사람을 붙잡고, 발견이 구매를 만들어내며, 통합이 마찰을 지우고, 하이퍼로컬이 현실의 마지막 1미터를 장악하고, 토큰과 데이터가 새로운 시장의 문을 엽니다. 이제 이 변화가 커머스의 전장을 어떻게 바꿔 놓는지, 본격적으로 들어가 보겠습니다.

♣ 이 장을 읽기 위한 핵심 키워드

- **숏폼 쇼퍼빌리티**: 틱톡/릴스/쇼츠 같은 짧은 영상(숏폼) 안에서 제품을 바로 '발견→클릭→구매'까지 이어지게 만드는 기능/구조 입니다.
- **CTV(커넥티드 TV)**: 인터넷에 연결되어 사용자의 관심사에 맞는 정교한 타겟팅 광고와 쌍방향 콘텐츠를 제공하는 스마트 TV입니다.
- **퍼스트파티 데이터**: 기업이 자사의 접점에서 고객으로부터 직접 수집하여 정확도와 신뢰도가 가장 높은 핵심 데이터 자산입니다.
- **DAO(탈중앙화 자율조직)**: 특정 관리자 없이 구성원들이 정한 디지털 규칙(코드)에 따라 민주적으로 운영되는 블록체인 기반 조직입니다.
- **STO(증권형 토큰 발행)**: 부동산 등 실제 자산을 잘게 나누어 디지털 토큰 형태로 발행함으로써 누구나 소액으로 공동 투자하게 돕는 방식입니다.

I. 모든 곳이 상점이 된다

　과거의 상거래는 정직했습니다. 진열하고, 기다리고, 가격을 비교하게 하고, 결제하게 했습니다. 고객은 쇼핑몰로 '이동'해야 했고, 금융을 위해서는 은행으로 '방문'해야 했습니다. 경계가 분명했죠.

　하지만 2026년의 커머스는 경계를 잃었습니다. 커머스는 엔터테인먼트 속으로 숨어들고, 금융은 서비스의 뒷단으로 스며들며, 결제는 공기처럼 투명해집니다. 결과적으로 고객은 그냥 《사러》 오지 않습니다. 고객은 놀고, 보고, 대화하고, 소속감을 느끼는 과정에서 지갑을 엽니다.

　앞서 기업의 산소인 AI가 모든 물리적 접점으로 스며들어 '경험의 막'을 만든다고 했습니다. 5장에서　그 막 안의 공기가 바뀝니다. 결제는 의식의 전면에서 사라지고, 몰입의 흐름 속에 녹아듭니다. 마치 공기처럼―존재하지만 보이지 않습니다.

　2026년의 커머스는 단순한 '판매'가 아니라 '몰입'의 부산물입니다.

II. 몰입이라는 새로운 중력

이 변화는 특정 산업의 유행이 아닙니다. 미디어, 마케팅, 유통, 금융, 여행, 주거, 펫, 실버—서로 다른 산업이 같은 방향으로 끌려갑니다. 이유는 간단합니다. 고객의 시간은 한정되어 있고, 기업은 그 시간을 점유해야 하기 때문입니다.

미디어와 마케팅: 시청자에서 주주로

팬덤은 단순한 구매자가 아니라 참여하는 사람들입니다. 그리고 그 참여가 정체성으로 자리 잡는 순간, 가장 강력한 매출의 선순환이 만들어집니다.

마케팅은 확성기가 아니라, 고객이 브랜드와 제품을 스스로 발견하게 하는 엔진이 됩니다. 숏폼은 단순한 재미가 아니라 구매의 촉매가 되고, '니치 커뮤니티'는 대중 광고보다 강한 전환율을 가진 부족(Tribe)으로 부상합니다.

핵심은 이것입니다. 광고는 설득이 아니라 참여로, 참여는 클릭이 아니라 정체성으로 이동합니다. 4장에서 말한 '유동적 자아'가 여기서 한 걸음 더 나아갑니다. 2026년의 소비자는 브랜드를 '사용'하는 것이 아니라 브랜드에 '소속'됩니다.

유통과 금융: 보이지 않게 스며드는 투명한 인프라

유통은 이제 물건을 파는 곳이 아니라, 고객 데이터를 기반으로 광고와 커머스를 결합하는 미디어 플랫폼이 됩니다. 오프라인 공간도 마찬가지입니다.

금융은 더 과감합니다. 은행 앱은 전면에서 물러나고, 쇼핑, 여행, 게임 등 고객이 이미 몰입해 있는 곳에 기능으로서 숨어듭니다. 결제는 심리스해지고, 신용, 보험, 투자는 사용자의 '의식' 바깥에서 제안됩니다. 금융은 더 이상 《어디서 받느냐》가 아니라 《어느 순간에 자연스럽게 제공되느냐》로 경쟁합니다.

라이프스타일: 소유에서 존재의 확장으로

여행은 명소를 '찍는' 행위에서 로컬과 '교감'하는 경험으로 진화합니다. 집은 개인적 공간으로 남지만, 주거 경험은 공용공간·입주자 앱·생활 서비스가 결합된 플랫폼으로 확장됩니다. 펫 산업도 제품 판매를 넘어 오프라인 경험과 커뮤니티의 장으로 전환합니다. 실버 시장 역시 물건을 '소유'하는 것보다, 건강·이동·여가·돌봄을 통해 일상의 '활력'을 유지·회복하는 경험과 서비스에 돈을 쓰는 방향으로 이동합니다.

이전에 말한 'N=1'이 여기서 또 한 번 진화합니다. 초개인화가 '한 사람'을 위한 서비스였고, 피지털이 '한 사람의 여러 자아'를 위한 서비스였다면, 커뮤니티 커머스는 '한 사람이 속한 여러 부족'을 위한 서비스입니다.

III. 인터페이스의 소멸, 관계의 중력

서로 다른 산업이 '커뮤니티 기반 몰입형 커머스'로 수렴하는 이유는 두 가지 법칙으로 요약됩니다.

인터페이스의 소멸

과거에는 행위마다 앱이 달랐습니다. 검색 앱, 쇼핑 앱, 결제 앱, 금융 앱. 2026년에는 앱이 아니라 흐름(Flow)이 지배합니다. 사용자는 "구매하러 이동"하지 않고, "즐기다 발견"합니다. 결제는 화면의 중심에서 사라지고 뒤로 물러납니다. 서비스는 존재하지만, 형태는 보이지 않습니다.

디지털 공기처럼—존재하지만 의식되지 않습니다.

관계의 중력

가격은 언제든 비교됩니다. 기능은 복제됩니다. 그러나 관계는 복제되지 않습니다.

팬덤, 로컬 커뮤니티, 취향 공동체가 강한 중력장을 만들면 고객은 떠나지 않습니다. 떠나지 않는다는 것은, 매출보다 더 중요한 자산—시간과 데이터의 연속성—을 의미합니다.

2장에서 신뢰가 데이터의 '혈관'이라고 했습니다. 혈관이 막히면 산소가 닿지 못하듯, 관계가 없으면 고객이 머물지 않습니다. 커뮤니티는 그 관계를 응축시켜 중력장으로 만듭니다. 중력장이 강할수록 고객은 더 오래 머물고, 더 깊이 참여하며, 더 자주 돌아옵니다.

결국 2026년의 커머스 승자는 가장 좋은 물건을 파는 기업이 아니라, 고객이 가장 오래 머물고 싶은 몰입의 생태계를 구축한 기업입니다.

IV. 미래를 먼저 훔친 BM들

이제 사례를 보겠습니다. 이들은 공통적으로 '제품'을 팔지 않습니다. 고객이 몰입할 맥락(Context)을 팝니다.

원샷 쇼핑 드라마: 단절된 욕망을 0.1초로 연결하다

드라마 주인공의 코트를 보고 욕망이 생기는 순간, 과거의 고객은 '검색'이라는 장벽에 부딪혔습니다. 영상을 멈추고, 포털을 열고, 제품을 찾는 그 몇 분 사이에 욕망은 식게 됩니다. 여기서 결핍은 분명합니다. 경험의 단절.

원샷 쇼핑 드라마는 드라마 주인공의 옷이 궁금해 영상을 멈추고 검색하는 수고를 없앴습니다. 몰입이 최고조에 달한 순간, 화면 속 제품을 즉시 구매하게 함으로써 결제 버튼을 '서사의 클라이맥스'로 만들었습니다.

시청자가 몰입한 바로 그 순간, 화면 속 제품을 원클릭으로 구매하게 합니다. 앱 이동도, 재로그인도 필요 없습니다. 콘텐츠의 감동이 구매로 '미끄러지듯' 연결됩니다.

수익 구조는 제품 판매 커미션, 브랜드 협찬, 광고 없는 몰입을 위한 프리미엄 구독입니다. 핵심 통찰은 이것입니다. 구매 버튼은 결제 수단이 아니라 서사의 클라이맥스가 됩니다.

참고로 '원샷 쇼핑 드라마'가 단순한 영상 쇼핑을 넘어 완벽한 몰입 경험이 되기 위해서는 몇가지 기술적·제도적 뒷받침이 필수적입니다. 우선 영상 시청 흐름을 끊지 않는 생체 인증 기반의 고도화된 결제 보안 솔루션, 콘텐츠 제작사, 플랫폼, 브랜드 간의 복잡한 저작권 문제와 고도화된 매출 정산 체계가 필요합니다. 그리고 영상 속 노출 제품과 실제 물류 창고의 재고 데이터가 완벽하게 동기화되어 '품절로 인한 경험의 단절'을 막아야 합니다.

라이브 근거 쇼핑: 불신의 시대를 끝내는 투명한 설명의 라이브

뷰티 시장은 정보가 넘치지만, 소비자는 더 불안합니다. «정말 나에게 맞을까?»라는 신뢰의 결핍 때문입니다.

라이브 전문가 쇼핑은 인플루언서의 '감' 대신, 검증된 근거와 사용 데이터를 바탕으로 정보를 정리해 줍니다. 기능성·성분·연구 결과 같은 공개 근거를 이해하기 쉽게 설명해 구매 판단을 돕습니다. 여기서 혁신은 제품이 아니라 서비스입니다. '추천'이 아니라 정보 큐레이션과 개인별 관리 가이드(자가 체크 기반)가 상품이 됩니다. 핵심은 '진단'이 아니라, 고객이 스스로 선택하고 꾸준히 관리할 수 있도록 근거·도구·체크인을 운영해주는 "선택·관리 운영 서비스"입니다. 수익 구조는 제품 마진, 프리미엄 상담(일반 정보 제공) 티켓, 구독형 멤버십입니다. 핵심 통찰은 이것입니다. 커머스는 '판매'가 아니라 투명한 정보와 기록으로 신뢰를 설계하는 프로토콜이 될 수 있습니다.

그로잉 커뮤니티 도장: 고립을 경작으로 치유하다

도시인은 자연을 원하지만, 혼자 농작물을 키우는 일은 외롭고 어렵습니다. 결핍은 기술이 아니라 지속 가능한 동기와 공동체였습니다.

그로잉 커뮤니티 도장에서 수확을 겨루고 레시피를 공유하며 서로를 응원하는 동안, 농업은 소셜 엔터테인먼트가 됩니다. 혼자 하면 지루한 농사를 '함께하는 대회'로 바꿨습니다. 사람을 붙잡는 것은 화려한 기능이 아니라, 매일 함께 참여하는 '생활의 리듬'임을 보여줍니다.

재배를 노동이 아니라 일종의 '대회(Challenge)'로 만들고, 과정에 경쟁과 협력을 통한 놀이와 소속감을 심었습니다.

수익 구조는 멤버십 구독, 대회 참가비, 재배 키트와 식재료 판매입니다. 핵심 통찰은 이것입니다. 사람을 붙잡는 것은 기능이 아니라, 함께 반복하는 '루틴(리추얼)'입니다.

세 모델을 관통하는 공식

이 사례들은 산업이 달라도 같은 공식을 따릅니다. 몰입(콘텐츠, 놀이, 상담)에서 대화(커뮤니티)로, 대화에서 결제(인터페이스 소멸)로, 결제에서 공유(팬덤, 바이럴)로, 공유에서 재방문(정체성 강화)으로.

이 루프가 한 번 돌아가기 시작하면, 광고비는 줄고, 재방문은 늘며, 브랜드는 '상품 판매자'가 아니라 문화의 운영자가 됩니다.

이전 장에서 '피드백 루프'가 현장을 학습하는 구조라고 했습니다. 5장에서 그 루프는 커뮤니티를 학습하는 구조로 확장됩니다. 현장의 데이터가 시스템을 바꾸듯, 커뮤니티의 참여가 브랜드를 바꿉니다.

V. 커뮤니티가 폭발할 때

가상 시나리오 A: 이동하는 알고리즘 쇼룸

자율주행 차가 '이동 수단'이 아니라 바퀴 달린 넷플릭스이자 아마존이 됩니다. 출근길, 당신은 캠핑 콘텐츠를 보고, 마음에 든 텐트를 음성으로 장바구니에 담습니다. 결제는 임베디드 금융으로 즉시 완료되고, 퇴근 시간에 맞춰 트렁크로 배송됩니다.

모빌리티와 미디어와 커머스가 하나로 연결됩니다. 이동 시간은 버려지는 시간이 아니라 가장 몰입도 높은 쇼핑의 골든타임이 됩니다.

전 장에서 '이동하는 미식 극장'을 그렸습니다. 5장에서 그 이동 공간은 미식을 넘어 모든 커머스의 무대가 됩니다.

가상 시나리오 B: 팬덤이 소유하는 도시

특정 IP의 세계관으로 지어진 호텔의 '주인'이 될 수 있다면 어떨까요?

플랫폼 기반 커뮤니티, 자산 토큰화, 팬덤 생태계가 결합하면 소비자는 투숙객이 아니라 투자자이자 운영자가 됩니다. 팬덤이 주주가 되는 방법은 DAO(탈중앙화 자율조직)로 사장님 한 명이 결정하는 회사가 아니라, 팬들이 직접 투표로 제품 구성이나 가격을 정하는 '우리끼리 운영하는 민주적 상점'입니다. 이를 구성해 테마 호텔을 짓습니다. 고가 자산의 조각 투자 방법은 STO(증권형 토큰)로 이는 혼자 사기 힘든 빌딩이나 호텔을 잘게 쪼개어 커뮤니티 멤버들이 나누어 갖는 '디지털 공동구매' 시스템입니다. 이를 통해 고객은 단순 구매자에서 '공동 주인(투자자)'으로 진화합니다. 지분을 소유하고, 배당을 받으며, 로비의 디스플레이부터 룸서비스 메뉴까지 투표로 결정합니다. 이곳은 숙박 시설이 아니라 팬덤의 성지이자 금융 상품이 됩니다.

참고로 팬덤이 소유하는 도시나 호텔 시나리오는 유사한 토큰화·조각투자 모델이 이미 실행·검증된 상태이지만, 실질적인 성공은 정교한 규제 아키텍처 설계에 달려 있습니다. 현재, 한국을 포함한 주요 국가들은 STO(토큰증권)를 제도권 안으로 편입하여 발행과 유통에 관한 명확한 법적 기틀을 마련한 상태입니다. 다만, 자본시장법과 부동산 집합투자 규제가 요구하는 투자자 보호 및 신뢰 거버넌스 기준이 매우 엄격합니다. 따라서 이 모델을 추진하는 기업은 인가받은 중개업자나 플랫폼과의 협업을 고려하고, 초기 단계부터 법률적 적합성을 비즈니스 구조의 핵심 변수로 설계해야 합니다.

다시 이야기로 돌아와서 이 모델의 수익 논리는 강력합니다. 커뮤니티가 곧 고객이므로 고객 확보 비용이 '0'에 수렴하고, 팬은 잘 떠나지 않으니 고객 생애 가치가 높으며, 초기 자본 조달이 커뮤니티에서 일어납니다. 소비자가 구매자에서 투자자, 마케터, 운영자로 변할 때, 자본주의는 한 단계 다른 형태로 진화합니다.

다만 이 모델은 화려한 만큼 규제, 신뢰, 공시, 분쟁 조정 등 거버넌스 설계가 성패를 가릅니다. 2장에서 말한 '신뢰의 혈관'이 여기서 가장 절실해집니다. 그리고 이것이 다음 챕터의 주제—윤리—로 이어지는 이유입니다.

VI. 인사이트 리더를 위한 제언

커뮤니티 기반 몰입형 커머스는 마케팅 기법이 아닙니다. 조직 설계입니다. 이제 리더가 해야 할 일은 물건을 더 잘 파는 것이 아니라, 고객이 머물 세계를 짓는 것입니다.

첫째, 판매를 잠시 멈추고 맥락을 설계하십시오

2026년의 고객은 무턱대고 쇼핑몰에 들어오지 않습니다. 콘텐츠를 즐기고, 커뮤니티에서 말하고, 취향을 발견하다가 구매합니다.

구매를 전면에 두지 말고, 맥락 속에 숨기십시오. 마케팅 예산의 목적을 '노출'에서 관계 형성으로 바꾸십시오. 숏폼과 라이브에서 구매 버튼을 '옵션'이 아니라 클라이맥스로 설계하십시오.

성과지표도 바뀌어야 합니다. 전환율만 보면 늦습니다. 몰입형 커머스의 성과지표는 시간, 재방문, 참여, 기여입니다. 《얼마나 샀는가》가 아

니라 «얼마나 오래 머물렀고, 얼마나 자주 돌아왔는가»가 선행지표가
됩니다.

둘째, 신뢰라는 살얼음판을 기억하십시오

커뮤니티는 배를 띄우는 축복이지만, 동시에 배를 뒤집는 폭풍이 되
기도 합니다. 진정성을 잃는 순간 팬덤은 가장 무서운 안티 세력이 됩니
다.

또한 몰입형 커머스는 동선, 취향, 대화 데이터를 끊임없이 수집합니
다. 이때 데이터가 '타깃팅'으로만 사용되면, 고객은 곧 «감시당한다»는
감정을 느낍니다. 편리함은 찬탄이 될 수도 있고 공포가 될 수도 있습니
다. '소름 끼치는 개인화의 경계선'은 커뮤니티 커머스에서도 유효합니
다.

리더가 해야 할 방어는 명확합니다. 퍼스트파티 데이터는 고객과 기업
간의 가치 교환이어야 합니다—분명한 혜택, 콘텐츠, 편의를 제공해야
합니다. 더불어 뒷광고와 그린워싱을 막는 명시적 가이드라인과 상시
모니터링을 갖춰야 합니다. 커뮤니티 운영은 '관리'가 아니라 '윤리 거
버넌스'까지 봐야 합니다.

셋째, 부족장의 조직을 구축하십시오

사일로 조직(마케팅, 영업, IT, CS)으로는 몰입의 루프를 만들 수 없
습니다. 필요한 것은 '채널'이 아니라 '경험 단위'의 팀입니다.

커뮤니티 아키텍트—게시판 관리자가 아니라 문화 설계자가 필요합
니다. 콘텐츠-커머스 하이브리드 팀—제작자, MD, 데이터 분석가가 한
팀이 되어야 합니다. CXO/CJO급 리더십—고객 여정 전체를 통합 조
율하는 지휘자가 필요합니다.

이전 장에서의 오케스트레이터, 뉴 칼라 인재, 피지털 아키텍트가 여
기서 '커뮤니티 아키텍트'라는 이름으로 진화합니다.

결론적으로 2026년의 리더는 상인이 아니라 부족장입니다. 제품을 진열하는 사람이 아니라, 사람들이 모여 살 세계와 세계관을 운영하는 사람입니다.

♣ CEO 및 경영진을 위한 의사결정 포인트
- 경제 공동체로서의 팬덤: 2025년 태동한 팬덤 경제는 2026년 고객을 비즈니스의 단순 구매자가 아닌 공동 설계자이자 파트너로 진화시킬 것입니다.
- 관계의 중력장 형성: 광고를 통한 노출보다 취향 공동체가 자발적으로 머물고 소통할 수 있는 생태계 구축에 주력하십시오.

◎ 실무 담당자를 위한 실행 체크리스트
- [ ] 발견형 동선 최적화: 고객이 상품을 '찾지' 않아도 콘텐츠의 즐거움 속에서 우연히 발견하게 하는 흐름이 설계되었는가?
- [ ] 상호호혜적 가치 교환: 고객의 데이터나 참여에 대해 그들이 실질적으로 체감할 만한 유대적/경제적 보상을 제공하는가?
- [ ] 커뮤니티 진정성 관리: 상업적 의도가 소통의 본질을 훼손하지 않도록 윤리적 거버넌스와 가이드라인이 작동하는가?

마지막 질문

2026년, 커머스의 미래는 《무엇을 파느냐》가 아니라 《누구와 함께, 어떤 세계를 짓느냐》에 달려 있습니다. 바야흐로 소비자가 구매자(Buyer)에서 브랜드의 이해관계자(Stakeholder)로 진화하는 순간을 목격하고 있습니다.

당신의 브랜드는 아직도 고객을 《물건을 사주는 사람》으로만 대하고 있습니까? 아니면 함께 비즈니스를 키워갈 파트너로 초대할 준비가 되어 있습니까?

이제 산소가 혈관을 타고 신경망 끝까지 흐르고, 그 신경망이 고객의 삶을 감싸는 막이 되었습니다. 이제 그 막 안에서 커뮤니티라는 중력장이 형성됩니다. 고객을 붙잡고, 머물게 하며, 함께 세계를 짓게 하는 힘. 그 중력장이 강한 기업만이 고객의 시간을 점유하고, 고객과 함께 진화합니다.

이제 시선을 돌려, 소비자가 '가치'와 '신념'을 구매하는 더 정교하고 윤리적인 시장으로 들어갑니다.

5. 커뮤니티 기반의 몰입형 커머스

① 커뮤니티 및 팬덤 중심 경제 공동체

팬덤이 수동적 소비자를 넘어 IP 가치를 함께 키우는 경제 공동체가 되고, 특정 취향의 니치 커뮤니티가 마케팅과 주거 모델의 핵심이 되는 운영 방식입니다.

* **[콘텐츠·미디어] 팬덤 기반 생태계**
  팬덤이 IP 생애주기의 파트너로 진화하여 수익을 나누는 공동체 형성

* **[마케팅·광고] 니치 커뮤니티의 융합**
  광범위한 타겟 대신 특정 가치를 공유하는 초세분화된 팬덤 발굴 및 육성

* **[관광] 로컬 인게이지먼트**
  정형화된 관광을 넘어 현지인과 교감하며 지역 문화에 깊이 관여하는 경험

* **[반려동물] 리테일 및 서비스 경험 혁명**
  오프라인 공간을 커뮤니티의 장으로 진화시켜 펫 중심 서비스 확장

* **[홈·리빙] 코리빙과 디지털 연결 주거**
  개인 공간 공유와 디지털 플랫폼을 통한 커뮤니티 서비스 제공 주거 모델

③ 심리스 통합 플랫폼 및 임베디드 서비스

파편화된 도구들을 하나의 생태계로 통합하고, 금융이나 광고 등 필수 서비스를 플랫폼 내부로 매끄럽게 결합하여 사용자 이탈을 방지하는 운영 방식입니다.

* **[에듀테크] 통합 플랫폼**
  LMS, 평가 등 파편화된 도구를 통합하여 "앱 과부하" 문제 해결

* **[금융·핀테크] 임베디드 금융 / 심리스 결제**
  쇼핑·여행 플랫폼 안에서 금융을 소비하고, 결제가 보이지 않는 실시간 정산 시대

* **[관광] 온디맨드 슈퍼앱**
  계획부터 예약, 공유까지 전체 가치 사슬을 하나의 앱에 통합

* **[가전] 생태계 통합**
  경쟁 축이 하드웨어에서 소프트웨어와 지능형 서비스로 완전히 이동

* **[유통·리테일] 초개인화 타겟 미디어**
  고객 데이터를 활용해 고수익 미디어 플랫폼으로 변모하는 유통업

* **[마케팅·광고] 거실 스크린의 패권 (CTV)**
  TV의 몰입감과 디지털 광고의 타겟팅이 결합된 OTT 스트리밍 채널 활용

⑤ 자산 토큰화 및 데이터 기반 신시장 대응

실물 자산을 디지털 토큰화하여 유동성을 창출하고, 기업이 직접 수집한 데이터를 자산화하며 변화하는 인구 구조(나홀로 여행 등)를 공략하는 운영 방식입니다.

* **[금융·핀테크] 자산 토큰화 (STO)**
  부동산, 미술품 등을 디지털 토큰으로 변신시켜 자본 시장에 유동성 공급

* **[마케팅·광고] 퍼스트파티 데이터 필수 시대**
  쿠키 대신 기업이 직접 수집한 데이터와 고객이 공유한 제로파티 데이터 중심 전환

* **[관광] 원격 라이프스타일 / 진화하는 나홀로 여행**
  위케이션, 디지털 노마디즘 및 자기 발견을 위한 개인 맞춤형 나홀로 여행 대응

② 발견형 엔터테인먼트 커머스 및 경험 경제

쇼핑과 엔터테인먼트의 경계가 사라지며, 숏폼과 라이브 스트리밍, 다감각적 공간 경험을 통해 소비자에게 기억에 남는 가치와 발견의 즐거움을 제공하는 운영 방식입니다.

* **[콘텐츠·미디어] 라이브 스트림 커머스의 융합**
  라이브 방송이 물건 판매처를 넘어 콘텐츠를 즐기는 "놀이터"로 진화

* **[유통·리테일] 엔터테인먼트 주도형 커머스 / 공간적 경험**
  발견 지향적 쇼핑으로의 전환 및 오프라인 매장의 경험/커뮤니티 허브화

* **[마케팅·광고] 숏폼 쇼퍼빌리티 / 몰입형 경험 경제**
  알고리즘 추천을 통한 즉흥적 구매 영감 제공 및 감성적 브랜드 경험 설계

* **[실버 에이징] 경험 중심 소비**
  소유보다 여행, 취미 등 삶의 활력을 주는 경험 수집에 우선순위를 둠

* **[관광] 경험 경제의 심화**
  능동적 참여와 개인적 성장이 있는 "이야기"가 담긴 순간을 소비

④ 하이퍼로컬 초개인화 공간 및 물류

고객의 집 안까지 파고드는 극단적인 개인화 배송과 개인의 라이프스타일에 맞춘 제품·공간의 공동 창작이 일어나는 현장 중심의 운영 방식입니다.

* **[물류] 라스트마일 초개인화 / 지능형 창고**
  원하는 시간/장소/방식(냉장고 안까지) 배송 및 도심 속 마이크로 풀필먼트(MFC) 운영

* **[홈·리빙] 공간과 제품의 초개인화 / 피지털 리테일**
  소비자가 공동 창작자가 되어 라이프스타일에 부합하는 결과물 도출

* **[건강기능식품] 온라인 & 옴니채널 생태계**
  디지털 채널이 정보 탐색과 커뮤니티 형성이 이뤄지는 통합 생태계로 진화

Chapter 06. 가치 중심의 윤리적 소비 확산: 신념이 화폐가 되는 시대

6. 가치 중심의 윤리적 소비

2026년 소비자가 요구하는 가장 큰 기준은요 ?

가성비를 넘어선 '급진적 투명성 '입니다 . 드러내야 신뢰받는 '오픈북 경영 '의 시대입니다 .

장바구니가 '투표함 '이 된다는 게 무슨 뜻이죠 ?

소비가 자신의 신념을 표출하는 '투표 '가 되고 , 윤리가 실질적 '가격표 '가 됩니다 .

비즈니스 운영의 핵심 전환 포인트는요 ?

'소유 '에서 '접근 '으로 , 제품의 전 생애주기를 책임지는 순환 경제 플랫폼이 되는 것입니다 .

신념이 화폐가 되는 시대

장바구니는 '구매'가 아니라 '투표'가 된다

2026년의 아침, 당신은 커피를 주문합니다. 메뉴는 같고 가격도 비슷합니다. 그런데 계산대 옆 작은 QR 하나가 당신의 손을 멈추게 합니다. 스캔하자 원두의 산지, 운송 경로, 탄소 배출 추정치, 그리고 농장의 노동 인증까지 한 화면에 펼쳐집니다. 어떤 브랜드는 정보를 숨기고, 어떤 브랜드는 과할 정도로 드러냅니다. 그 차이를 보는 순간, 당신은 깨닫습니다.

지금 당신이 고르는 것은 커피가 아니라 기업의 태도라는 사실을.

우리는 오랫동안 '가성비'가 소비의 최종 판결문이라 믿어왔습니다. 그러나 시장은 조용히, 그러나 완강하게 그 믿음을 뒤집고 있습니다.

소비는 이제 《내가 어떤 사람인가》를 드러내는 선택이 되었고, 친환경은 선택적 CSR이 아니라 규제와 생존의 언어—'그린 임퍼러티브'—로 고정되고 있습니다.

여기서 기업이 마주하는 질문은 바뀝니다. "얼마나 싸게 만들 것인가?"가 아니라, "얼마나 올바르게 만들 것인가?" 그리고 더 냉정한 질문이 뒤따릅니다. "그 올바름을, 말이 아니라 데이터로 증명할 수 있는가?"

커뮤니티가 '어디에 소속될 것인가'의 문제라면, 윤리는 '어떤 세상을 지지할 것인가'의 문제입니다. 앞선 5장에서 취향이 맞는 사람들끼리 모여 노는 법을 다뤘다면, 6장에서는 그들이 왜 굳이 더 비싼 값을 치르더라도 특정 브랜드를 선택하는지, 그 '신념'의 메커니즘을 해부합니다. 이제 소비자는 단순히 '좋은 물건'이 아니라, 데이터로 자신의 올바름을 증명해 주는 '정직한 기업'에 투표합니다.

윤리적 소비는 '착한 사람'의 취미가 아닙니다. 정보가 투명해지면서 숨길 수 없게 된 시장의 구조 변화입니다. 그리고 이 변화는, 이제 막 속도를 내기 시작했습니다.

이제까지 AI가 기업의 '산소'가 되고 그 산소가 혈관을 타고 신경망으로 뻗어나가 경험의 막을 만들고, 중력장이 고객을 붙잡았습니다. 그런데 이 모든 시스템이 건강하게 작동하려면 무엇이 필요할까요? 바로 정화 장치입니다. 오염된 공기—거짓 정보, 그린워싱, 불투명한 데이터—는 시스템 전체를 병들게 합니다. Chapter 6의 윤리적 투명성은 이 유기체의 정화 장치입니다.

그렇다면 '윤리적 소비'는 무엇을 바꾸고 있는 걸까요. 이 흐름은 감정의 유행이 아니라, 비즈니스 설계 원리를 다섯 축에서 재배치합니다. 소유의 방식, 투명성의 수준, 소비의 의미, 생산의 형태, 그리고 인구 구조를 읽는 렌즈가 동시에 바뀝니다.

첫째, 순환 경제 기반의 소유권 재정의입니다.
소비자는 더 이상 "사고, 쓰고, 버리는" 부담을 원하지 않습니다. 그래서 기업은 판매로 끝나는 관계가 아니라, 제품의 생애주기를 끝까지 관리하는 모델로 이동합니다. 가전에서는 화려한 기능보다 내구성, 수리 용이성, 유지보수 편의성이 R&D의 우선순위가 됩니다. 홈과 리빙은 소유권에서 접근권으로 이동하며 구독과 렌탈이 표준이 되고, 회수된 제품은 리퍼비시되어 다시 시장으로 돌아옵니다. 유통과 리테일은 리세일의 성장을 통해, 중고가 절약의 상징이 아니라 종종 '힙한' 라이프스타일이 되는 순간을 맞이합니다. 핵심은 단순한 재활용이 아니라, 제품이 쓰레기가 되지 않게 설계하는 비즈니스입니다.

둘째, 전 과정 투명성과 신뢰 경영입니다.

그린워싱에 지친 시장은 이제 무늬뿐인 선의를 요구하지 않습니다. 증거를 요구합니다. 투명성은 성분표 공개를 넘어, 원료의 출처부터 제조, 유통, 폐기까지 공급망 전체를 유리알처럼 보여주는 오픈북 경영으로 진화합니다. 퍼스널·홈케어는 원료 소싱과 제조 과정의 투명한 공개를 신뢰 전략의 핵심으로 삼고, 건강기능식품은 클린 라벨(성분표가 깔끔하고 투명한 제품)과 지속가능한 생산을 구매의 전제 조건으로 끌어올립니다. 이 요구는 기업간 거래인 B2B 제조에도 그대로 전이됩니다. 회복탄력적 공급망과 친환경은 선택이 아니라 생존의 기본값이 되고, 가전 역시 제품 사양만큼이나 윤리적 배경이 구매 결정의 중요한 요소가 됩니다. 마케팅은 더 이상 "잘 말하는 기술"이 아니라 "투명하게 근거를 제시해 소통하는 일"에 가까워집니다.

셋째, 소비로 말하는 신념 체계입니다.

소비는 점점 더 개인의 정체성과 가치관을 드러내는 언어가 됩니다. 이제 장바구니에 담는 행위를 통해 자신의 가치관을 세상에 적극적으로 드러내는 게 트렌드입니다. 소비자는 자신의 신념과 일치하는 브랜드에는 지지를 보내고, 그렇지 않은 브랜드에는 냉정하게 등을 돌립니다. 식음료에서 저탄소 식단과 동물복지는 '니치'라기보다 구매 판단의 중요한 기준으로 확산되고 있으며, 신념 소비는 맛·가격에 더해 기업의 태도와 근거(투명한 정보)를 함께 평가하는 흐름으로 커지고 있습니다. 마케팅은 품질과 가격에 사회적 책임과 정체성 표현이 더해진 새로운 가치 방정식을 따라가야 합니다. 펫 산업의 프리미엄화도 결국 윤리로 귀결됩니다. "반려동물에게도 좋고, 함께 사는 사람에게도 좋은 것"이라는 욕망은 곧 "지구와 동물을 해치지 않는 방식으로"라는 조건을 함께 요구합니다. 관광 역시 지속가능한 여정을 넘어 지역사회에 긍정적 영향을 남기는 재생 여행으로 진화합니다.

넷째, 지속가능한 생산 및 서비스 혁신입니다.

윤리적 소비를 지탱하려면 생산 방식도 바뀌어야 합니다. 대량 생산과 대량 폐기의 공식을 깨고, 필요한 만큼만 만들고 오래 쓰도록 돕는 제조업의 서비스화가 가속화됩니다. 제조는 일회성 판매 수익에서 벗어나 유지보수와 케어 같은 지속 관계로 이동하고, 맞춤형 생산기술은 다품종 소량 생산을 가능하게 하며 재고를 줄입니다. 유통의 초고속 배송 경쟁도 이제는 물류 효율화와 에너지 절감이라는 '지속가능한 속도'의 기준을 함께 요구받습니다. 속도는 여전히 중요하지만, 그 속도가 남기는 다양한 흔적까지 계산되는 시대입니다.

다섯째, 개인화된 가치 중심의 인구구조 대응입니다.

2026년의 소비자는 나이와 성별 같은 고정된 인구통계보다 취향과 가치관으로 더 정확히 설명됩니다. 가성비와 취향, 저가와 고가를 상황에 따라 넘나드는 취향의 경계를 허무는 '잡식성 소비자'가 시장을 주도합니다. 이들은 특정 가격대나 장르에 갇히지 않고, 자신의 가치관에 맞다면 명품과 중고 거래를 동시에 즐기는 유연한 소비자들입니다. 이들을 사로잡기 위해 유통은 재정의된 인구통계를 기반으로 더 정교한 타겟팅을 요구받고, 건강기능식품은 멘탈과 마이크로바이옴 같은 세분화된 웰니스 니즈에 맞춰 제형과 효능을 다양화합니다. 펫의 프리미엄화는 가족화된 감정이 고부가가치 시장을 만들고, 가전은 1인 가구와 시니어 같은 특정 문제를 해결하는 특화 제품으로 시장을 쪼개 새로 키웁니다. 관광은 초긴축과 가심비가 공존하는 양극화된 패턴으로 흘러가며, 기업에 더 정밀한 가치 제안을 요구합니다.

이 다섯 축이 동시에 작동할 때, 윤리적 소비는 캠페인이 아니라 운영 체제가 됩니다. 이제 이 전장이 어떻게 재편되는지, 그리고 가치가 승패를 가르는 새로운 가격표가 어떻게 만들어지는지부터 들어가 보겠습니다.

♣ 이 장을 읽기 위한 핵심 키워드
- **그린 임퍼러티브**: 환경 보호가 선택 사항이 아니라 기업 생존을 위해 무조건 따라야 하는 절대적인 규칙임을 의미합니다 .
- **CSR(기업의 사회적 책임)**: 기업이 이익 창출을 넘어 법규 준수, 공정 거래, 환경 보호 등 사회 구성원으로서 마땅히 해야 할 도리를 다하는 경영 방식입니다.
- **클린 라벨**: 불필요한 합성첨가물을 최소화하고, 소비자가 이해하기 쉬운 원료·성분과 제조 정보를 투명하게 공개한 제품을 뜻합니다.
- **마이크로바이옴**: 인체 내외에 서식하며 면역력과 건강에 깊이 관여하는 미생물 생태계로, '제2의 유전자'로 불립니다 .
- **급진적 투명성**: 원료 출처부터 폐기까지 전 과정을 유리알처럼 공개하여 고객의 신뢰를 얻는 기업의 전략적 태도입니다.

I. 가치가 승패를 가르는 새로운 가격표

2026년의 비즈니스 전쟁터에서 윤리는 감성의 영역이 아닙니다. 윤리는 제품의 스펙처럼 비교되고, 서비스의 수준 협약처럼 계약되며, 위반하면 벌점이 아니라 매출 하락으로 처벌받습니다. 시장이 요구하는 것은 선의가 아니라 증거입니다.

윤리적 소비가 폭발하는 이유는 크게 세 가지로 요약됩니다.

정보의 비대칭이 붕괴했다

예전에는 《모른다》가 면죄부였습니다. 공급망은 길고 복잡했고, 소비자는 알 방법이 없었습니다. 이제는 다릅니다. QR, 데이터 플랫폼, 제3자 인증, AI 검증이 결합하면서, 제품의 배경이 하나의 구체적 이미지로 요약됩니다. 이제 무엇을 숨겼는지가 아니라, 왜 숨겼는지가 질문이 됩니다.

'검증 가능한 진실', 예를 들어 소비자 ESG 스캔 앱이 QR을 찍으면 원료 출처, 탄소 발자국, 인증 정보가 제3자 검증 데이터로 표시되던 장면. 그것이 2026년에는 수많은 산업의 표준이 됩니다.

규제와 금융이 윤리를 가격에 반영한다

탄소, 인권, 자원순환 관련 규제가 강화될수록, 윤리적 실패는 《이미지 손상》을 넘어 지속적인 비용 상승으로 직결됩니다. 공급망 리스크는 보험료와 조달 금리에도 반영됩니다. 윤리는 마케팅의 영역을 지나서 재무의 영역으로 이동했습니다.

2장에서 '바이오-핀테크' 시나리오를 그렸습니다. 건강 데이터가 금융 조건을 재설계하던 그 메커니즘이, 이제 윤리 데이터에도 적용됩니다. 윤리적 선택이 금리를 낮추고, 비윤리적 공급망이 보험료를 높입니다.

소비자는 의미에 지갑을 연다

소비는 점점 더 《나의 정체성 관리》가 됩니다. 단순히 '좋은 물건'이 아니라 '좋은 선택'을 하고 싶어합니다. 어떤 날은 미니멀리스트, 어떤 날은 윤리적 소비자―상황에 따라 자아가 바뀌고, 그 자아에 맞는 선택을 합니다.

문제는 이 욕망이 오래가지 못한다는 겁니다. 윤리적 소비가 지속되려면 죄책감에 기대는 캠페인이 아니라, 편의, 보상, 소속감까지 설계된 시스템이 필요합니다.

이 챕터의 핵심은 바로 여기입니다. 윤리적 소비는 도덕이 아니라 설계입니다. 설계가 되면 돈이 됩니다.

II. 혀끝에서, 집에서, 공장에서, 밥그릇에서

윤리적 소비는 특정 산업의 변덕이 아닙니다. 서로 다른 산업이 동시에 같은 방향으로 끌려갑니다. '가치'는 이제 모든 산업에서 경쟁의 공통 언어가 되었기 때문입니다.

식음료와 헬스케어: 맛은 기본, 철학이 결정타

식탁은 가장 개인적인 장소입니다. 그리고 가장 빠르게 '가치'가 드러나는 무대이기도 합니다.

2026년의 식품 브랜드는 맛과 영양을 넘어, 출처와 과정의 정직함으로 평가받습니다. 《유기농》이라는 단어보다 《어떤 토양에서, 어떤 방식으로, 어떤 이동 경로로》가 더 설득력이 있습니다.

헬스케어는 더 민감합니다. 내 몸에 들어오는 것은 곧 신뢰의 문제입니다. 소비자는 성분표를 넘어서, 제조 공정의 윤리성과 포장, 폐기까지 확인하려 합니다. 그리고 한 번 신뢰를 얻은 브랜드는 가격 경쟁에서 자유로워집니다.

이전 장에서 '신뢰가 비즈니스의 성패를 가른다'고 했습니다. 식음료와 헬스케어에서 그 명제는 가장 노골적으로 드러납니다. 윤리적 근거는 여기서 프리미엄의 논리가 됩니다.

리테일과 홈리빙: 소유의 종말, 순환의 시작

한때 '새것'은 경제의 엔진이었습니다. 그러나 2026년, 새것은 더 이상 자동으로 칭찬받지 않습니다. 리세일, 렌탈, 리퍼브, 리필 모델이 확장됩니다.

여기서 중요한 변화는 단순한 절약이 아니라 제품의 생애주기 설계입니다. 기업은 제품을 《판매》하는 회사가 아니라, 제품이 끝까지 살아남는 경로를 《운영》하는 회사가 됩니다.

앞서 '반품을 자원으로 재정의하는' 리버스 물류 최적화 플랫폼을 말했습니다. 이 장에서 그 개념은 더 확장됩니다. 리테일 매장은 판매 공간이 아니라 회수, 리필, 수리, 중고 인증이 일어나는 순환의 허브로 바뀝니다. 오프라인이 다시 의미를 갖는 이유는 '경험' 때문이 아니라, 순환의 물리적 접점이기 때문입니다.

제조와 가전: 스펙 경쟁에서 증명 경쟁으로

제조업의 경쟁은 오랫동안 생산능력과 원가였습니다. 2026년에는 생산능력만큼 중요한 능력이 하나 더 생깁니다. 증명능력입니다.

소비자는 묻습니다. 《어디에서 만들었나? 어떤 부품이 들어갔나? 그 공급망은 윤리적인가?》 여기에 제대로 답하지 못하면, 어떤 고성능도 불신의 벽을 넘기 어렵습니다.

따라서 제조업의 과제는 '좋은 제품을 만드는 것'에서 끝나지 않습니다. 좋게 만들었다는 사실을, 변경 불가능한 기록과 표준화된 데이터로 보여주는 것까지가 제품입니다.

'신뢰가 사람에서 시스템으로 이동' 하듯이 블록체인이 위변조 불가능한 기록을 제공하던 그 메커니즘이, 제조업의 윤리 증명에도 적용됩니다.

펫 산업: 사랑은 프리미엄이 되고, 프리미엄은 윤리를 요구한다

반려동물 시장의 프리미엄화는 '사치'가 아니라 '가족화'의 결과입니다. 가족에게는 더 좋은 것을 주고 싶습니다. 그런데 2026년의 프리미엄은 성분과 효능만으로 완성되지 않습니다.

동물복지, 지속가능한 원료, 과대 포장 감소 같은 윤리적 요소가 프리미엄의 필수 조건이 됩니다. 애정은 결국 '무엇을 고르느냐'로 드러나고, 그 선택은 근거와 투명한 데이터를 요구합니다.

펫 산업의 데이터 비즈니스는 '기술보다 윤리 프레임이 먼저'이고 그 명제는 이제 산업 전체로 확장됩니다.

III. 시스템의 정화 장치

서로 다른 산업이 하나의 깃발 아래 모이는 이유는 급진적 투명성에 대한 시대적 요구 때문입니다.

과거에는 감춰진 정보가 이익을 지켜주었습니다. 2026년에는 감추는 순간 의심받고, 드러내는 순간 신뢰받습니다.

초개인화가 데이터의 깊이를 요구했다면, 윤리적 소비는 데이터의 정직함을 요구합니다. 초개인화 관련 «당신은 무엇을 수집했고, 왜 수집했고, 어디에 쓰며, 언제 삭제하는가»라는 질문은 «당신은 무엇을 만들었고, 어떻게 만들었고, 어디서 왔으며, 어디로 가는가»로 확장됩니다.

결국 기업의 경쟁력은 «우리가 무엇을 했다»를 검증 가능한 형태로 보여주는 능력에 달려 있습니다.

여기서 중요한 구분이 하나 있습니다. 투명성은 «모든 걸 다 공개하라»가 아닙니다. 투명성은 고객이 가장 불안해하는 질문에 대해, '검증 가능한 답'을 제공하는 것입니다.

AI는 기업의 '산소'이고 산소는 깨끗해야 합니다. 오염된 산소—거짓 데이터, 과장된 주장, 검증 불가능한 약속—는 조직 전체를 병들게 합니다. 급진적 투명성은 그 산소를 정화하는 필터입니다. 필터가 작동해야 혈관이 막히지 않고, 신경망이 건강하게 뻗어나가며, 경험의 막이 고객을 감쌀 수 있습니다.

그래서 윤리적 소비 시대의 승자는, '착한 말'이 아니라 검증 가능한 기록(이력)으로 말하는 기업입니다.

IV. 미래를 먼저 훔친 BM들

윤리적 소비를 비용으로 다루는 기업은 늘 늦습니다. 반대로 윤리를 제품의 주변이 아니라 제품의 중심으로 옮긴 기업은 같은 시장에서 전혀 다른 속도로 성장합니다.

아래 모델들은 공통적으로 같은 공식을 가집니다. 불신, 죄책감, 불편(결핍)을 포착하고, 데이터로 증명(확신)하며, 행동을 보상(지속)하고, 커뮤니티로 습관화(확장)합니다.

가치스토리 구독 박스: 철학을 배송하다

마트의 사과 한 알은 익명입니다. 익명은 결국 가격 경쟁을 부릅니다. 가치스토리 구독 박스는 식재료와 함께 생산자의 기록, 탄소 데이터, 농법, 운송 과정까지 '스토리 패킷'으로 묶어 배송합니다. 소비자는 《내 선택이 의미 있다》는 효능감을 얻고, 기업은 구독 지속률로 안정적인 매출을 만듭니다.

이 모델은 음식을 파는 것이 아니라 연대의 감각을 팝니다. 수익 구조는 월 구독료, 프리미엄 라인(저탄소, 희귀 품종), 생산자 브랜드 콜라보 수수료입니다.

그린포인트 반품 보상: 반품을 ESG의 기회로 바꾸다

반품은 손실의 상징이었습니다. 그린포인트 모델은 반품을 장려하는 대신, '낭비를 줄이는 반품 방식'에만 보상을 붙여 반품을 순환의 시작점으로 전환합니다. 반품 자체에는 포인트를 주지 않고, 친환경 회수 옵션을 선택하거나 재판매가 가능한 상태(포장·훼손 최소)로 반품했을 때만 추가 포인트를 제공합니다. 고객은 죄책감 대신 기여를 체감하고, 기업은 물류 최적화, 폐기 비용 절감, 로열티 상승을 동시에 얻습니다.

수익 구조는 물류 비용 절감분, 리퍼브 재판매 마진, 파트너 브랜드 공동 캠페인 수익입니다.

트레이서블리 가전: 탄생 과정을 팔다

QR을 찍으면 부품 원산지, 조립 공장, 유통 경로, 노동 인증, 수리 이력까지 확인됩니다. 이 가전은 《좋다》라고 말하지 않습니다. 보여줍니다. 결과적으로 투명성은 감성의 장식이 아니라 프리미엄의 논리가 되고, 브랜드는 가격 경쟁에서 한 발 벗어납니다. 수익 구조는 프리미엄 가격(신뢰 프리미엄), 연장 보증과 수리 구독, 인증 데이터 라이선스(B2B)입니다.

제로펫 리필하우스: 플라스틱 없는 사랑

반려용품 포장재는 사랑의 부산물이 아니라 마음의 짐이었습니다. 리필하우스는 《내용물만 가져가라》는 단순한 행동을, 커뮤니티 경험으로 바꿉니다. 리필을 '불편한 미션'이 아니라 '생활의 리듬'으로 만들면, 윤리적 소비는 지속됩니다.

'사람을 붙잡는 것은 기능이 아니라 함께 하는 일상적 루틴'이라고 했는데 리필하우스는 그 명제의 윤리적 버전입니다. 수익 구조는 리필 멤버십, PB상품(리필 전용), 오프라인 커뮤니티 이벤트와 제휴입니다.

인증 리세일 마켓: 중고를 검증 통해 프리미엄화하다

중고 시장의 최대 문제는 신뢰입니다. «정품인가? 상태는 어떤가?» 인증 리세일 마켓은 중고 거래의 불안함을 AI 검수와 수리 이력 데이터로 해결합니다. 이는 단순한 절약이 아니라 '자원 순환'이라는 가치에 '데이터 신뢰'를 얹어 프리미엄 수수료를 정당화하는 모델입니다. AI 검수, 수리 이력 데이터, 교환과 수선 서비스까지 묶어 '중고'를 '검증된 자산'으로 격상시킵니다.

여기서 윤리는 '절약'이 아니라 자원 순환의 합리성으로 작동합니다. 수익 구조는 거래 수수료, 인증과 검수 수수료, 수선 구독, 브랜드 공식 리커머스 위탁입니다.

탄소회계 SaaS: 윤리를 자동화하는 인프라

대기업만 ESG를 하는 시대는 끝납니다. 공급망 전체가 요구받습니다. 탄소회계 SaaS는 윤리를 지키는 것이 막막한 중소기업들에게 탄소 배출량을 자동으로 계산해 수는 도구를 제공합니다 . 이는 '착한 마음'에 호소하는 것이 아니라, '수출 입장권'이라는 생존 필수품을 판매하는 비즈니스입니다.

윤리가 시장에 확산될수록, 윤리를 '실행 가능하게 만드는 도구'가 필수 인프라가 됩니다. 수익 구조는 B2B 구독, 보고서와 검증 패키지, 파트너(은행, 보험) 연동 수수료입니다.

이 여섯 모델이 말하는 바는 같습니다. 윤리는 캠페인이 아니라 운영체제(OS)입니다. OS가 깔리면, 윤리는 비용이 아니라 수익이 됩니다.

V. 윤리가 자산이 될 때

　윤리적 소비의 진짜 폭발은, 다른 산업의 자본과 결합할 때 일어납니다. 《좋은 선택》이 《실질적 이익》으로 환산되는 순간입니다.

가상 시나리오 A: 내 식단이 혜택이 되는 세상
　저탄소, 비건 구매 데이터가 '그린 크레딧'으로 적립되고, 그 크레딧이 금리 인하, 보험료 할인, 멤버십 업그레이드로 환원됩니다.
　F&B(식음료)와 핀테크가 하나로 모입니다. 신념이 혜택으로 환산되는 순간, 윤리는 취향이 아니라 인센티브가 됩니다.
　이전 장에서 '건강 데이터가 금융 조건을 재설계하는' 바이오-핀테크 시나리오를 그렸다면 이제 그 메커니즘은 '윤리 데이터'로 확장됩니다. 건강한 선택이 신용이 되듯, 윤리적 선택도 신용이 됩니다.

가상 시나리오 B: 집 자체가 리필 스테이션

아파트와 코리빙 단지에 리필 시스템이 빌트인 되고, 반려 가구가 자연스럽게 '제로 웨이스트'를 실천하는 구조.

홈리빙과 펫과 커뮤니티가 하나로 녹아듭니다. 윤리는 개별 선택이 아니라 생활 인프라가 됩니다.

'물리적 현장이 디지털 신경망에 연결'되고 그 신경망은 '순환의 인프라'로 확장됩니다. 집이 케어 센터가 되듯, 집이 리필 스테이션이 됩니다.

이 장이 제시하는 결론은 단순합니다. 윤리적 행위를 데이터화하고, 그 데이터를 자산화하는 플랫폼이 다음 표준이 됩니다.

고객은 «좋은 선택»의 기록을 쌓고, 플랫폼은 그 기록을 신뢰 가능한 형태로 검증하며, 금융, 보험, 리테일 파트너는 그 고객에게 혜택을 제공하고, 그 연결 고리에서 새로운 수익원이 만들어집니다.

윤리적 소비자는 우량 고객입니다. 그리고 우량 고객을 확보하기 위해, 시장은 기꺼이 비용을 지불합니다. 이것이 '윤리'가 수익 엔진으로 전환되는 메커니즘입니다.

VI. 인사이트 리더를 위한 제언

윤리적 소비 시대에 리더는 단지 "착하게만 보이는 회사"를 만들면 안됩니다. "검증 가능한 회사"를 만들어야 합니다.

첫째, '말'이 아니라 검증 가능한 '기록'을 설계하십시오

광고 카피보다 강한 것은, 고객이 열람할 수 있는 기록입니다. 제품, 공급망, 탄소, 노동, 수리 이력까지 '디지털 제품 여권' 형태로 구성하고, 변경 이력까지 남기십시오.

'현장을 측정 가능한 공간으로' 만드는 일도 윤리의 영역으로 확장됩니다. 윤리적 브랜드 스토리는 이제 종이 위 문장이 아니라 고객이 항상 열람 가능한 데이터 위에 그려져야 합니다.

둘째, 그린워싱의 부메랑을 피하려면 검증 구조를 먼저 세우십시오

윤리를 내세우는 순간, 검증의 조명이 더 강해집니다. 따라서 내부 주장보다 외부 검증—제3자 인증, 표준화 지표, 감사 가능한 로그—이 우선입니다.

윤리의 시대 리스크는 침묵이 아니라 과장에서 터집니다.

셋째, CSR을 부서로만 남기지 말고 밸류체인 전반에 내재화하십시오

CSR과 ESG가 전담 조직에만 머물면 윤리는 부가적인 비용으로 취급되기 쉽습니다. R&D, 구매, 생산, 마케팅, CS의 성과지표에 지속가능성과 책임 지표를 함께 포함시키십시오.

예를 들어 구매팀에는 '공급망 인증률', 제품팀에는 '수리 가능성', 물류팀에는 '회수율과 리퍼브 전환율' 같은 지표가 들어가야 합니다. 그때 윤리는 구호가 아니라 프로세스가 됩니다. 이제 파괴해야 할 개념의 사일로는 동떨어진 'ESG 부서'입니다. 윤리가 성과지표에 녹아들 때, 비로소 윤리도 운영체제의 일부가 됩니다.

넷째, 윤리의 UX(사용자 경험)를 설계하십시오

윤리적 행동이 확산되려면 사용자가 "착해서"가 아니라 "합리적이어서" 선택해야 합니다. 포인트, 멤버십, 커뮤니티 배지, 할인, 금융 혜택 같은 인센티브를 결합해 윤리적 행동이 가장 쉬운 행동이 되도록 만들어야 합니다.

몰입에서 대화로, 대화에서 결제로, 결제에서 공유로, 공유에서 재방문으로. 이제 그 루프에 '윤리'가 삽입됩니다. 지속가능성은 강요가 아니라 브랜드의 세심한 디자인입니다.

♣ CEO 및 경영진을 위한 의사결정 포인트

- 윤리의 수익 엔진화: 2025년 강화된 투명성 요구는 2026년 윤리적 증명을 거래의 거래의 기본 조건으로 확정할 것입니다. 윤리는 이제 비용이 아닌 수익 자산입니다.

- 전 과정 투명성 지휘: 원료부터 폐기까지 핵심 지표와 근거를 표준화해, 이해관계자가 필요할 때 언제든 검증할 수 있는 수준의 '오픈북 운영'을 구축하십시오.

◎ 실무 담당자를 위한 실행 체크리스트

- [ ] 검증 가능한 로그 구축: 외부의 주장 대신 데이터가 스스로 말하게 하는 불변의 여정 기록(디지털 여권 등)을 확보했는가?

- [ ] 순환 비즈니스 로직 설계: 판매로 관계를 끝내지 않고 회수, 재활용, 수리 과정까지 포함한 전체 생애 주기를 운영하는가?

- [ ] 인센티브의 UX 설계: 윤리적 행동이 도덕적 의무가 아니라 사용자에게 이익과 즐거움을 주는 '합리적 선택'이 되게 구성했는가?

마지막 질문

2026년, 당신의 장바구니에 담긴 것은 식료품이 아니라 당신의 신용이자 미래의 화폐입니다.

산소가 깨끗해야 조직이 살듯, 데이터가 투명해야 신뢰가 작동합니다. 혈관이 막히지 않아야 산소가 흐르듯, 거짓이 걸러져야 가치가 전달됩니다. 급진적 투명성은 이 유기체 전체를 건강하게 유지하는 정화 장치입니다. 정화 장치가 작동할 때, 시스템은 병들지 않고, 고객은 떠나지 않으며, 윤리는 비용이 아니라 수익이 됩니다.

이제 다음 장에서 같은 질문을 좀 더 깊게 밀어붙일 것입니다. 윤리적 소비자가 '삶의 길이'와 '생애 주기' 자체를 어떻게 재설계하는가.

6. 가치 중심의 윤리적 소비 확산

① 순환 경제 기반의 소유권 재정의

제품을 영구 소유하기보다 필요할 때 유연하게 접근하고, 수명 주기를 연장하여 리세일 시장을 활성화하는 운영 모델입니다.

* **[가전] 소유 개념의 재정의**
  R&D 우선순위가 내구성, 수리 용이성, 유지보수 등으로 이동하며 일회성 판매 공식 파괴

* **[홈·리빙] 소유에서 접근으로, 순환 경제로의 전환**
  제품을 영구 소유하는 대신 렌탈, 구독으로 접근하고 수명 주기를 연장하는 모델

* **[유통·리테일] 새로운 순환 경제**
  지속가능성이 비즈니스 모델 혁신을 이끄는 핵심 동력이 되며 리세일 시장의 폭발적 성장 견인

② 전 과정 투명성 및 신뢰 경영

원료 수급부터 공급망 전체의 윤리성을 오픈북처럼 투명하게 공개하여 소비자의 신뢰를 확보하는 운영 모델입니다.

* **[가전] 공급망 회복탄력성 및 윤리성**
  공급망의 경쟁력이 제품의 가격표나 기능만큼 중요한 구매 결정 요인이 되는 시대 진입

* **[제조] 필수 생존 전략, 친환경**
  친환경을 비용이 아닌 새로운 경쟁력의 원천으로 인식하는 전략

* **[제조] 회복탄력적 공급망**
  효율성 중심 공급망의 취약성을 보완하고 외부 충격에 강한 공급 체계 구축

* **[마케팅·광고] E-윤리적 투명성 의무**
  데이터 프라이버시, 그린워싱 방지 등 극도의 투명성과 높은 윤리 기준 준수

* **[퍼스널·홈케어] 완전한 투명성 경영**
  원료 조싱부터 제조 전 과정을 투명하게 공개하여 소비자 신뢰 구축

* **[건강기능식품] 윤리적 & 친환경 소비**
  투명한 성분(클린 라벨)과 지속가능한 생산 방식을 중요한 구매 기준으로 설정

③ 미닝아웃(Meaning-out) 신념 소비

소비가 개인의 가치관과 정체성을 표현하는 수단이 됨에 따라 브랜드의 철학과 진정성을 강조하는 운영 모델입니다.

* **[식음료] 지속가능한 미식**
  기후 위기 인식 고조로 맛과 가격만큼 제품의 윤리적 배경이 필수 생존 요건이 됨

* **[식음료] 신념 소비**
  소비가 가치관 표현 수단이 되며 단순 제품이 아닌 브랜드의 철학과 진정성을 구매

* **[마케팅·광고] V- 새로운 가치 방정식**
  가치 정의가 품질을 넘어 사회적 책임, 경제적 혜택, 정체성 표현의 복합체로 재구성

* **[펫] 지속가능성 및 윤리적 소비**
  환경, 사회, 동물복지에 미치는 영향을 고려하여 구매를 결정하는 트렌드

* **[관광·여행] 지속가능한 여정**
  지역사회와 환경에 긍정적 영향을 미치는 능동적인 "재생 여행"으로의 진화

④ 지속가능한 생산 및 서비스 혁신

일회성 판매를 넘어 고객 관계를 지속시키는 서비스 모델로 전환하고, 수요에 맞춘 유연한 생산을 지향하는 모델입니다.

* **[제조] 제조업의 서비스화**
  일회성 판매 수익에서 벗어나 지속적인 고객 관계를 구축하는 혁신

* **[제조] 맞춤형 대량생산**
  3D 프린팅 기술로 다품종 소량 생산을 가능하게 하여 전통적인 규모의 경제 무력화

* **[유통·리테일] 자동화된 나우 커머스**
  초고속 배송의 보편화로 모든 카테고리에서 속도와 편의성에 대한 기대치 재설정

⑤ 개인화된 가치 중심 인구구조 대응

고정관념에서 벗어나 개인의 취향(옴니보어)을 공략하고 정밀한 웰니스 가치를 제공하는 대응 모델입니다.

* **[가전] 세분화된 인구구조 대응**
  특정 문제를 해결하는 특화 제품을 통해 고부가가치 프리미엄 시장 창출

* **[건강기능식품] 멘탈 & 마이크로바이옴 웰니스**
  장-뇌 연결축 이론에 기반하여 스트레스, 수면 등 인지 기능 개선 목표 시장 급성장

* **[건강기능식품] 부가 가치 & 신규 제형**
  구미, 분말, 필름 등 혁신적 제형을 통해 섭취 경험 향상 및 부가가치 창출

* **[펫] 전례 없는 프리미엄화**
  생존 필수재를 넘어 감성적 만족감을 추구하는 럭셔리 소비 문화 투영

* **[유통·리테일] 재정의된 인구통계**
  취향의 조합으로 소비 패턴이 정의되는 "옴니보어" 소비자의 출현

* **[유통·리테일] 사려 깊은 가치 추구**
  가치 중심의 신중한 소비로 전환하며 브랜드 충성도보다 가성비와 실리를 추구

* **[관광·여행] 합리적 가치 탐험**
  초긴축 여행과 가심비 소비가 공존하며 지불 비용 대비 만족도를 정교하게 계산

PART 3. 삶의 혁명: 건강한 백년의 설계

Chapter 07. 장수 과학과 바이오 메디컬 혁신: 시간을 해킹하는 비즈니스

7. 장수 과학과 바이오 혁신

장수 과학 비즈니스의
궁극적 목표는 무엇인가요 ?

단순 수명 연장을 넘어 '좋은 상태 '를
연장하는 '건강수명 ' 관리 시스템입니다 .

구체적으로 어떤 운영
로직이 작동하나요 ?

생체 데이터를 측정 ·해석하여 세포
단위로 정밀 개입하는 '재생의 피드백
루프 '입니다 .

이제 건강을 어떤 관점으로 바라봐야
할까요 ?

비용이 아닙니다 . 금융 혜택과 직결되는
가장 강력한 '수명 자본 (Asset)'입니다 .

시간을 거스르는 기술, '건강수명'의 시대를 열다

거울이 '생체 나이'를 말해주는 아침

만약 2026년의 당신이 매일 아침 거울을 보며 단순히 늘어난 주름을 세는 것이 아니라, 간밤에 웨어러블 기기가 분석한 세포 단위의 '생체 나이'를 확인하고 그날의 컨디션에 완벽히 맞춰진 맞춤형 영양제와 '디지털 알약'을 처방 받는다면 어떨까요?

지금까지 우리가 알고 있던 '노화'는 피할 수 없는 자연의 섭리였습니다. 그러나 2026년의 비즈니스 현장에서 노화는 관리 가능하고 법적/윤리적 합의가 선행되어야 하지만 심지어 일부 되돌릴 수 있는 '치료 대상'으로 재정의되고 있습니다.

우리는 지금 인류의 가장 원초적인 욕망인 '무병장수'가 데이터와 바이오 기술을 만나 비즈니스의 거대한 표준으로 자리 잡는 변곡점에 서 있습니다. 과거의 헬스케어가 아픈 사람을 치료하는 수동적 '식 케어 (Sick Care)'에 머물렀다면, 다가올 미래는 건강한 사람이 죽을 때까지 활력을 유지하는 '건강수명(Healthspan)'의 연장에 모든 역량을 집중하는 능동적 시대로 전환됩니다. 이는 삶의 양이 아닌 삶의 질을 관리하는 시장이 생겼다는 의미입니다.

그리고 이 전환은 의료 산업만의 이야기가 아닙니다. 뷰티, OTC, 가전, 실버 산업까지―서로 다른 산업이 한 가지 목표를 향해 같은 방향으로 달리고 있습니다. 《고객의 수명을 늘리는 것이 아니라, 고객의 '좋은 상태'를 늘리는 것.》 이 새로운 목표가, 지금 기업들의 제품 정의와 수익 구조를 동시에 바꾸고 있습니다.

이 모든 것의 궁극적 목적은 무엇일까요? 바로 재생(Regeneration)입니다. 유기체가 건강하게 작동할 때, 그것은 스스로를 재생합니다. 이 장에서 다루는 장수 과학은 이 재생의 과학입니다.

그 재생을 비즈니스로 만들기 위해 시장은 다섯 가지 축에서 동시에 구조를 바꾸고 있습니다. 세포 단위의 개입, 24시간 예측, 분산형 케어, 과학적 신뢰를 기반으로 한 전인적 웰니스, 그리고 액티브 에이징을 담는 주거와 라이프스타일의 재설계입니다.

첫째, 세포 수준의 바이오 해킹과 정밀 치료입니다.

변화의 해상도가 '기관'이 아니라 '세포'로 내려왔습니다. 의료와 뷰티는 겉모습을 가꾸는 수준을 넘어, 생물학적 시간을 되돌리는 개입에 집중합니다. 피부 과학은 장수 과학과 결합해 노화의 원인이 되는 세포 메커니즘을 직접 겨냥하고, 제약·바이오에서는 ADC, GLP-1 같은 새로운 치료 모달리티가 치료의 문법을 바꿉니다. 여기에 디지털 치료제가 합류하면서 '약'은 화학물질만이 아니라, 처방된 앱과 프로토콜로 확장됩니다. 이제 치료는 먹는 것과 하는 것이 동시에 됩니다.

둘째, 데이터 기반 상시 예측 및 예방 시스템입니다.

"아프고 나서 병원에 간다"는 문장이 바뀌어 갑니다. 웨어러블과 센서가 심전도, 혈당, 수면 같은 생체 데이터를 24시간 스트리밍하며, 몸은 항공기처럼 나름의 블랙박스를 갖게 됩니다. 실버 케어에서는 침대

밑 센서가 호흡 이상을 감지하고, 활동량 저하가 보이면 낙상 위험을 경고하며, 응급조치 활동도 '대응'에서 '예방'으로 이동합니다. 핵심은 검사 결과라는 '점'이 아니라, 연속 데이터라는 '선'입니다.

셋째, 분산형 유비쿼터스 케어와 환자 주권입니다.

병원은 공간이 아니라 서비스가 됩니다. 한국에서는 원격의료가 법적 규제로 아직은 매우 제한적입니다. 하지만 글로벌 차원에서는 원격의료는 집과 회사, 여행지 어디에서든 의료진을 연결하고, 가정 내 의료 생태계는 케어를 분산시킵니다. 동시에 주도권이 이동합니다. 환자는 수동적 환자가 아니라 자신의 데이터를 활용하고 서비스를 선택하는 신소비자로 진화하며, 건강관리마저 '헬시플레저'의 영역으로 끌어옵니다. 그에 따라 보상 체계도 일부 영역에서 가치 기반 의료(성과·결과 연동)를 확대하는 방향으로 움직입니다. 즉 '진료량'만이 아니라 결과·경험·총비용을 함께 반영하려는 시도가 늘고 있습니다.

넷째, 과학적 신뢰 기반의 전인적 뷰티·웰니스입니다.

뷰티와 웰니스의 경계는 사라지고, 아름다움은 바르는 것에서 먹고 느끼는 총체적 경험으로 확장됩니다. 뉴로 글로우는 피부와 감정의 루프를 관리하고, 향과 텍스처는 멘탈 케어의 인터페이스가 됩니다. 푸드메틱스는 먹는 화장품을 일상화합니다. 이때 시장이 요구하는 것은 인플루언서의 확신이 아니라 임상 데이터와 전문가 검증이라는 과학적 신뢰입니다. 신뢰는 취향이 아니라 근거 위에 쌓입니다.

다섯째, 라이프스타일 맞춤형 주거와 액티브 에이징입니다.

장수 과학은 치료만이 아니라 삶의 무대를 바꿉니다. 시니어는 퇴장하는 세대가 아니라 창업하고 배우며 자아실현을 이어가는 액티브 에이징 세대가 됩니다. 주거는 지역사회 통합 돌봄과 결합해 '내 집에서 나이

들기'가 가능해지는 환경으로 진화합니다. 그리고 유전자부터 생활 습관까지 생애주기 데이터가 통합 관리될 때, 개인에게 가장 적합한 개입이 지속적으로 업데이트됩니다. 결국 목표는 하나입니다. 수명을 늘리는 것이 아니라 '좋은 상태'를 늘리는 것.

이 다섯 축이 한꺼번에 맞물릴 때, 장수는 소망이 아니라 설계가 됩니다. 이제 데이터로 생명의 설계도를 다시 쓰는 전장으로 들어가 보겠습니다.

♣ 이 장을 읽기 위한 핵심 키워드
- **건강수명(Healthspan)**: 단순히 오래 사는 것을 넘어 질병 없이 건강하게 일상생활을 유지하며 살아가는 기간을 뜻합니다.
- **식 케어(Sick Care)**: 질병이 발생한 뒤에 증상 완화나 치료에 집중하는 사후 처방 중심의 전통적 의료 방식입니다.
- **ADC(항체-약물 접합체)**: 암세포만 정밀 타격하도록 설계되어 부작용을 줄인 차세대 항암제입니다.

- **GLP-1**: 혈당 안정 및 식욕 조절 효과가 있어 최근 비만 치료제로 각광받는 호르몬 유사 물질입니다.
- **헬시플레저**: 건강을 챙기되, '참는 건강'이 아니라 '즐기는 건강'을 추구하는 소비/라이프스타일 트렌드입니다.
- **가치기반 의료**: 진료 횟수가 아닌 실제 건강 개선 결과에 따라 의료비와 보상금을 결정하는 시스템입니다.
- **뉴로글로우**: 내면의 심리적 안정이 외면의 아름다움으로 이어진다는 정신과 신체의 연결 개념입니다.
- **푸드메틱스**: 천연 식재료의 영양 성분과 감성을 담아내어 피부에 건강한 느낌을 주는 뷰티 제품입니다.
- **액티브 에이징**: 노년을 수동적으로 보내지 않고 왕성한 활동을 통해 삶의 질을 스스로 높여가는 과정입니다.
- **지역사회 통합 돌봄**: 노인이 시설이 아닌 살던 곳에서 필요한 서비스를 받으며 생활하는 체계입니다.
- **치료 모달리티**: 환자 치료를 위해 선택하는 구체적인 수단이나 기술의 유형(알약, 주사, 앱 등)입니다.
- **바이오마커**: 단백질이나 DNA 등 우리 몸의 건강 상태를 수치로 보여주는 객관적인 생물학적 지표입니다.
- **레그테크(RegTech)**: 복잡한 법규와 규제를 IT 기술로 실시간 모니터링하여 효율적으로 지키게 돕는 시스템입니다.
- **옴니케어 스쿼드**: 진단, 처방, 관리가 단절 없이 이어지도록 서로 다른 직군의 전문가들이 유기적으로 협업하는 고객 경험 중심의 통합 팀입니다.
- **바이오 스킨 엔진**: 피부의 생물학적 메커니즘을 데이터화하여 노화를 예측하고 개개인에게 최적화된 재생 솔루션을 제공하는 지능형 시스템입니다.

I. 데이터로 다시 쓰는 생명의 설계도

2026년의 비즈니스 전장에서 '장수 과학과 바이오 메디컬 혁신'은 단순한 기술 유행이 아닙니다. 이는 인간의 생애를 '치료의 시간'이 아닌 '관리의 시간'으로 바꾸는, 시장의 규칙 자체를 바꾸는 흐름입니다.

이 변화가 드라마틱한 이유는 단순합니다. 기업의 경쟁이 «무엇을 만들까»에서 «어떤 상태를 유지시킬까»로 바뀌기 때문입니다. 소비자는 이제 묻지 않습니다. "효과가 좋나요?" 대신 묻습니다. "내 몸에서 숫자로 증명되나요?"

이전 장에서 시장이 '평균 고객'을 버리고 '단 한 사람'을 향해 수렴한다고 했는데 그 N=1은 가장 본질적인 영역인 생명 자체로 확장됩니다. «이 고객에게, 지금, 가장 필요한 다음 행동은 무엇인가»라는 질문이, «이 고객의 몸에서, 지금, 가장 필요한 개입은 무엇인가»로 진화합니다.

II. 노화를 관리 가능한 변수로 바꾸는 전선

뷰티와 코스메틱: 미적 욕망에서 생체 데이터로

과거의 뷰티는 '보이는 것'을 중심으로 움직였습니다. 피부 타입은 건성, 지성, 복합성 같은 단순 분류로 나뉘고, 브랜드는 «광채», «탄력» 같은 감성적 언어로 설득했습니다.

그러나 2026년의 뷰티는 '피부를 건강의 디스플레이'로 재해석합니다. 피부는 미용의 캔버스가 아니라, 스트레스, 수면, 호르몬, 염증 상태가 드러나는 가장 즉각적인 생체 지표이기 때문입니다.

이제 핵심은 «좋아 보인다»가 아니라, «내 생체 상태와 연결된다»입니다. 피부 진단은 사진 몇 장이 아니라, 웨어러블의 수면 데이터와 식단, 활동 로그, 심박 변이도(HRV)와 같은 생체 신호까지 함께 반영하는 종합 분석으로 확장됩니다.

'뉴로-글로우(내면의 심리적 안정이 외면의 아름다움으로 연결)'에서 보듯이 감정과 피부의 상호작용, 즉 스트레스가 염증을 키우고 염증이 피부 장벽을 무너뜨리는 생물학적 루프를 끊어주는 것이 뷰티의 새 역할이 됩니다.

뷰티가 '화장품'에서 '컨디션 관리 솔루션'으로 이동하는 순간, 고객의 지갑은 더 오래 열려 있게 됩니다. 한 번 사는 제품이 아니라, 상태를 유지하는 구독이 되기 때문입니다.

헬스케어와 의료: 병원은 장소를 넘어 케어 네트워크가 된다

건강수명 시대의 의료는 병원 안에만 머물지 않습니다. 2026년의 경쟁력은 병원을 대체하는 것이 아니라, 대면 진료를 중심으로 진료 전후가 끊기지 않는 '연속성(Continuity)'을 만드는 것입니다. 진짜 혁신은 로봇 자체가 아니라, 연속 데이터가 이상 신호를 조기에 포착해 의료진의 개입을 앞당기는 체계입니다.

AI가 행정·기록 같은 잡무를 줄여 의료진이 환자에 집중하게 하고, 웨어러블·홈 센서·원격 모니터링은 환자 상태 정보를 일회성 '점'에서 연속적인 '흐름'으로 바꿉니다. 중요한 건 시스템이 24시간 '진료'하는 것이 아니라, 데이터가 변화를 감지해 알리고 의료진이 판단·조치하는 연결입니다.

건강 데이터가 생활 속 시계열로 축적되면, 의료는 더 정밀해질 여지가 커지고 관리도 더 예측적으로 설계될 수 있습니다. 병원은 치료의 장소를 넘어, 동의와 안전장치를 바탕으로 진료·모니터링·사후관리가 이어지도록 조정하는 케어 오케스트레이션 허브가 됩니다.

OTC(일반의약품)와 건강기능식품: 성분 경쟁에서 근거 경쟁으로

OTC와 건강기능식품 시장은 오랫동안 마케팅의 영향이 큰 영역이었습니다. 성분 하나가 유행하면 시장이 흔들리고, 소비자는 스스로 조합을 만들어 복용하기도 합니다. 다만 건강수명 시대에 들어서면서 소비자는 막연한 기대보다 근거와 투명성을 더 자주 요구하기 시작했습니다.

2026년의 OTC 시장에서 두드러지는 흐름은 데이터를 활용한 맞춤형 제안과 관리 서비스의 확산입니다. 《40대 남성에게 좋다》 같은 넓은 문구보다, 개인의 생활 데이터(수면·활동·식단 등)에 근거해 선택 기준과 섭취 가이드를 제시하는 방식이 설득력을 얻고 있습니다.

여기서 중요한 변화는 두 가지입니다. 첫째, 제품은 단순한 알약을 넘어, 언제·얼마나·어떤 상황에서 사용할지까지 포함한 '사용 프로토콜(가이드)'과 함께 제공되기 시작합니다. 둘째, 고객의 지불은 성분 자체보다 측정과 피드백(체크인·리마인더·변화 추적) 같은 운영 가치에 더 민감해집니다. 의약품의 온라인 구매는 법규상 여전히 불가능한 반면에 건강기능식품은 '맞춤형 건강기능식품 소분·판매'가 제도화되면서 단품 판매만이 아니라 검사(또는 자가 체크)−상담/가이드−관리가 이어지는 구독형 모델이 확대되고 있습니다. 고객이 매달 결제하는 것은 캡슐만이 아니라, 내 몸의 변화를 '확인할 수 있다'는 확신입니다.

가전과 실버 산업: 집이 예방형 케어 환경으로

고령화는 실버 산업만의 기회가 아닙니다. 장수는 필연적으로 '돌봄'을 동반하고, 돌봄은 필연적으로 '공간'을 바꿉니다. 그 공간이 바로 집입니다.

2장에서 '집이 곧 주치의가 되는' 시나리오를 그렸습니다. 스마트홈 센서가 수면 데이터를 읽고, 의료 AI가 진단을 내리며, F&B(식음료) 에이전트가 맞춤 식단을 배송하던 장면. 7장에서 그 시나리오는 실버 케어로 확장됩니다.

2026년의 가전은 편의의 도구를 넘어, '일상 속 상시 돌봄'의 인터페이스가 됩니다. 집 안의 센서, 침대와 욕실의 미세 신호, 냉장고의 식단 패턴, 조명과 온도의 리듬이 결합되면, 주거는 생활의 배경이 아니라 건강을 관리하는 환경이 됩니다.

실버 케어의 핵심은 단순합니다. 《요양시설로 보내지 않고, 가능한 오래 집에 머물게 하는 것(Aging in Place)》 이 목표는 개인의 존엄을 지키는 동시에, 사회 전체의 비용을 절감합니다. 그래서 이 시장에서 승리하는 기업은 가장 비싼 기기를 파는 기업이 아니라, '가족의 불안'을 줄이고 '응급 상황'을 줄이는 시스템을 만든 기업입니다.

III. 재생의 피드백 루프

이 네 산업은 서로 달라 보이지만, 같은 질문을 공유합니다. 《노화를 어떻게 '관리 가능한 변수'로 바꿀 것인가?》

건강수명 경제에서 기업이 만드는 것은 제품이 아니라, 고객의 상태를 해석하고 개입하는 피드백 루프입니다. 측정—생체 나이, 수면, 스트레스, 염증, 활동량. 해석—AI가 신호를 읽고 위험을 예측. 개입—영양, 운동, 수면, 치료, 환경 조정. 검증—개선을 다시 숫자로 증명.

'현장이 스스로 학습하는 구조' 즉 현장이 데이터를 만들고, 시스템이 해석하며, 다시 현장이 즉시 바뀌는 피드백 루프는 인간의 몸으로 들어옵니다. 몸이 데이터를 만들고, 시스템이 해석하며, 다시 몸에 개입합니다.

이 루프를 닫을 수 있는 기업이, 2026년의 장수 시장에서 신뢰를 얻고 반복 매출을 얻습니다. 반대로 이 루프가 끊긴 기업은 《좋다더라》 수준의 주장에 갇혀 가격 경쟁으로 밀려납니다.

산소가 혈관을 타고 신경망 끝까지 흐르고, 정화 장치가 그 산소를 깨끗하게 유지할 때—비로소 유기체는 스스로를 재생할 수 있습니다. 장수 과학은 그 재생의 메커니즘을 비즈니스로 설계하는 일입니다.

IV. 미래를 먼저 훔친 BM들

장수 과학의 전장은 '기술 자랑'이 아니라 '결핍 해결'입니다. 고객은 오래 살고 싶어서라기보다는, 건강 관련 덜 불안하게 살고 싶어서 지갑을 엽니다. 아래의 모델들은 바로 그 불안을—데이터와 구조로—잠재운 사례들입니다.

생체나이 관리 구독 서비스: 내 몸의 시간을 매달 리포트로 받는다

건강에 관심이 많은 사람조차 막막합니다. 운동을 해도, 영양제를 먹어도, "내가 제대로 하고 있는지" 확인할 방법이 없습니다. 노력은 있지만 검증이 없는 상태—이것이 건강수명 시장의 가장 큰 결핍입니다.

이 모델은 건강 관리를 '의지'에서 '시스템'으로 바꿉니다. 고객은 주기적으로 생체 나이(또는 노화 관련 바이오마커)를 측정하고, 결과에 맞춘 맞춤형 개입을 제안받습니다. 핵심은 측정이 아니라, 측정을 기반으로 한 행동 설계입니다. 고객의 생활 리듬에 맞춰 복용, 수면, 운동의 미세 조정을 제안하고, 다음 측정에서 개선이 확인되면 고객은 확신을 얻습니다. 확신은 곧 구독의 지속입니다.

수익 구조는 월 구독료(리포트, 코칭, 맞춤형 조합), 프리미엄 검사 상향 판매(정밀 패널, 유전자, 마이크로바이옴 등), 제휴 수익(맞춤형 제품과 서비스 연동)입니다.

고객이 구매하는 것은 영양제가 아니라, 내 몸이 좋아지고 있다는 '증거'입니다. 이 시장에서 신뢰는 《의사가 말했다》가 아니라 《내 데이터가 보여준다》로 이동합니다.

화이트레이블 바이오-스킨 파트너십: 화장품 회사가 피부 데이터 회사가 된다

뷰티 브랜드의 가장 큰 한계는 개인화의 벽입니다. 고객은 《나에게 맞는 제품》을 원하지만, 브랜드는 대량 생산 구조 안에서 평균을 팔 수밖에 없습니다. 개인화가 깊어질수록 제조, 재고, 고객지원 비용이 폭증합니다. 개인화는 매력적이지만 비싸다—이 역설이 결핍입니다.

화이트레이블 '바이오-스킨 파트너십'은 브랜드가 '모든 것을 직접' 하려는 욕망을 내려놓게 합니다. 핵심은 제조가 아니라 분석 엔진—피부 데이터, 알고리즘, 처방 로직—을 플랫폼화해 여러 브랜드가 붙게 만드는 것입니다.

브랜드는 독자적인 앱과 라벨을 유지한 채, 뒤에서는 동일한 바이오-스킨 엔진을 사용합니다. 한 회사가 만든 똑똑한 피부 분석 엔진을 여러 브랜드가 공유해서 각자의 개성으로 고객에게 제공함으로써 개인화 비용은 낮추되, 고객 경험은 각 브랜드의 세계관으로 포장됩니다.

수익 구조는 브랜드 대상 B2B 라이선스(월/연 단위), API 호출 기반 과금(진단, 처방, 리포트 생성), 공동 연구와 데이터 패키지(비식별화 기반)입니다.

뷰티의 개인화는 한 브랜드만으로 모두 감당하기보다, 파트너·데이터·채널이 연결된 생태계에서 더 효율적으로 구현됩니다. 그래서 2026년에는 감각적인 캠페인만으로는 부족하고, 개인화 인프라를 표준화해 빠르게 적용할 수 있는 '엔진'을 가진 기업이 더 유리해집니다.

사이드케어 홈: 병원의 담장을 넘어, 집을 안전지대로

만성질환자와 고령자 가정의 공포는 동일합니다. 《응급 상황이 오면 어쩌지?》 병원은 치료는 하지만, 환자의 일상 시간까지 보호하지 못합니다. 퇴원 이후가 비어 있습니다. 이 공백이 가족의 불안을 키우고, 불안은 과잉 진료, 불필요한 응급실 방문, 의료비 상승으로 이어집니다.

사이드케어 홈은 '집'을 케어의 최전선으로 바꿉니다. 센서, 웨어러블, 원격 모니터링으로 위험 신호를 조기에 포착하고, 필요할 때 병원, 보험, 가족에게 동시에 알립니다. 핵심은 기술이 아니라 '연결된 대응 체계'입니다. 알림만 보내는 서비스는 금방 지칩니다. 반면, 이 모델은 《누가 무엇을 언제 어떻게 할지》까지 설계합니다.

수익 구조는 기본 월 구독료 외에도, 의료진 공유 리포트나 가족 대시보드 같은 프리미엄 기능을 통해 수익을 창출합니다. 환자에게는 심리적 안정을, 병원에는 불필요한 응급실 방문을 줄여주는 효율성을 동시에 제공합니다.

이 모델이 파는 것은 기기가 아니라 《밤에도 안심할 수 있는 일상》입니다. 장수 시장에서 가장 비싼 상품은 치료가 아니라, 불안을 줄여주는 '미래 사고의 예방'입니다.

V. 생명이라는 새로운 자산 클래스

장수 과학과 바이오 메디컬 혁신은 의료 기술의 발전에 그치지 않습니다. 이는 인간의 생애 주기 전체를 재정의하며, 기존 산업의 경계까지 지워버립니다. 건강수명이 늘어나는 순간, '보험'은 재무 상품이 아니라 행동 변화 플랫폼이 되고, '뷰티'는 감성 산업이 아니라 생체 데이터 산업이 되며, '집'은 부동산이 아니라 케어 인프라가 됩니다.

가상 시나리오 A: 뉴로-글로우 해비타트

만약 집이 단순한 거주 공간이 아니라, 스트레스와 수면을 자동 조절해 피부와 컨디션을 관리해주는 '항노화 서식지'가 된다면 어떨까요?

조명은 생체 리듬에 맞춰 색온도를 바꾸고, 욕실 거울은 피부 장벽과 염증 신호를 읽어내며, 침대는 수면 깊이를 추적해 다음 날의 루틴을 조정합니다.

주거와 뷰티와 헬스케어가 하나로 연결됩니다. 이때 뷰티는 '바르는 것'이 아니라, 주거 환경, 수면, 감정 관리까지 포함하는 통합 프로토콜이 됩니다. 고객이 구매하는 것은 화장품이 아니라, 좋은 상태로 살아가는 공간입니다.

가상 시나리오 B: 바이오 자산관리

이제 '건강'은 비용이 아니라 자산이 됩니다. 생체 나이와 질병 리스크가 낮아질수록 보험료가 내려가고, 금융 상품의 조건이 좋아집니다.

핀테크와 보험과 바이오가 하나로 흐릅니다. 개인의 건강 지표 개선이 신용의 개선으로 연결되는 순간, 사람들은 건강 관리를 '의무'가 아니라 투자로 인식합니다.

이전 장에서는 '바이오-핀테크' 시나리오를 통해 건강 데이터가 금융 조건을 바꾸는 흐름을 엿보았습니다. 이어 '그린-핀테크'에서 윤리적 선택이 금융 혜택으로 환산되는 흐름을 살펴봤습니다. 이번 장에서는 이 두 흐름이 '바이오 자산관리'로 이어집니다. 건강한 선택과 윤리적 선택, 그리고 장수를 향한 선택이 데이터로 축적되고, 그 데이터가 자산관리의 판단 기준이 됩니다.

이 모델이 강력한 이유는 단 하나입니다. 사람들의 욕망을 바꾸기 때문입니다. 건강 관리는 오래도록 당장의 이런저런 유혹을 '참아야 하는 것'이었지만, 보상이 붙는 순간 지속 가능한 행동이 됩니다. 건강수명 시장의 진짜 승부는 기술이 아니라, 인간의 행동을 바꾸는 설계에 있습니다.

단, 여기서 신뢰는 필수입니다. 데이터 주권과 투명한 동의 체계가 없다면, 이 시장은 시작도 전에 무너지기 때문입니다.

그리고 이러한 '바이오 자산화'가 건강 격차를 심화시키는 도구가 되어서는 안 됩니다. 2026년의 선도 기업들은 고가의 항노화 기술이 특정 계층의 전유물이 되지 않도록 기술 비용을 낮추고 대중적 접근성을 넓히는 '포용적 웰니스 서비스'를 지향합니다. 하지만 진짜 혁신적인 '고가의 항노화 기술은 여전히 특정 계층의 전유물에 가깝습니다. 자본주의 시장에서 아직 완벽히 구현된 현실은 아닙니다. 동시에, 민감한 생체 데이터가 보험 가입 거절이나 고용 차별 등 개인의 불이익을 정당화하는 수단으로 악용되지 않도록 규정하는 '데이터 인권 가이드라인'을 비즈니스 설계 단계부터 필수적으로 통합해야 법적 의무를 준수할 수 있습니다. 기술의 진보가 차별이 아닌, 모두의 시간 가치를 높이는 방향으로 작동하게 만드는 것—이것이 2026년 장수 비즈니스의 진정한 표준입니다.

VI. 인사이트 리더를 위한 제언

2026년의 바이오 메디컬 혁신은 단순한 기술 진보가 아닙니다. 그것은 '아프면 치료한다'는 수동적 패러다임을 폐기하고, '건강할 때 노화를 제어한다'는 능동적 욕망을 비즈니스화하는 전환입니다.

첫째, 모호한 효능을 버리고 데이터로 증명된 결과를 파십시오
냉정하게 묻겠습니다. 당신의 제품과 서비스는 고객의 건강수명을 늘려줄 수 있습니까? 혹은 그 효능을 숫자로 증명할 수 있습니까?

이제 시장은 '느낌'의 언어를 신뢰하지 않습니다. 임상적 근거 혹은 그에 준하는 데이터 설계가 없는 상품은, 결국 가격 경쟁으로 밀려납니다.

고객 여정 곳곳에 측정 지점을 두십시오—자가 체크, 웨어러블, 홈센서, 필요 시 검사.

고객을 향한 제안은 제품이 아니라 실행 프로토콜로 전환하십시오—복용 가이드, 수면·운동 루틴, 생활 환경까지.

달성해야 할 성과는 매출이 아니라 상태 변화로 정의하십시오—지표의 개선이 구독을 지속시킵니다.

이전 장에서 '말이 아니라 기록을 설계하라'고 했는데 이 장에서 그 명제는 가장 본질적인 영역—생명과 건강—으로 확장됩니다. 윤리적 브랜드 스토리가 열람 가능한 데이터여야 하듯, 건강 효능도 검증 가능한 데이터여야 합니다.

둘째, 규제를 장벽이 아니라 해자(Moat)로 삼으십시오

바이오 혁신의 이면에는 치명적인 함정이 도사립니다. 바로 규제의 복잡성과 데이터 윤리입니다. 많은 리더가 규제를 혁신의 발목을 잡는 장애물로 여기지만, 2026년에는 관점을 뒤집어야 합니다.

민감 데이터—유전자, 생체 정보—를 다루는 비즈니스에서 규제 위반은 벌금의 문제가 아니라 존폐의 문제입니다. 한 번의 사고는 브랜드를 끝냅니다.

규제 대응을 법무팀의 '사후 검토'로 두지 마십시오. 제품 설계 단계부터 규제 준수를 자동 검증하는 프로세스—즉 레그테크(RegTech)—를 비즈니스 엔진 안에 넣어야 합니다. 바이오 데이터는 민감하기에 규제가 까다롭습니다. 하지만 이 규제를 먼저 통과한 기업은 후발 주자가 넘볼 수 없는 거대한 성벽을 쌓는 셈입니다. 결과적으로 이것은 방어가 아니라 진입장벽이 됩니다. 경쟁사는 기술을 모방할 수 있어도, 규제와 신뢰의 시스템은 쉽게 복제하지 못합니다.

이제 '규제 컴플라이언스'로 확장된 검증 구조를 세워야 하며 그린워싱을 피해야 하는 것처럼, 건강 효능의 과장 역시 피해야 합니다.

셋째, 경계 없는 융합 조직으로 재편하십시오

장수 과학 시대의 승자는 단일 전문성으로 탄생하지 않습니다. 생물학 지식, 데이터 사이언스, 그리고 감성적 고객 경험이 하나로 융합되어야 합니다.

R&D는 연구실에 갇히고, 마케팅은 스토리만 만들고, IT는 서버만 관리하는 구조로는 '건강수명'이라는 복합 문제를 풀 수 없습니다. 의사 면허를 가진 개발자, 유전체학을 이해하는 데이터 사이언티스트, 규제를 제품 언어로 번역하는 컴플라이언스 기획자가 필요합니다. 지금 필요한 사람은 '전문가'가 아니라 통역사입니다.

1장에서 말한 '오케스트레이터', 즉 도메인 지식을 가지면서 AI에게 정확한 지시를 내리고, AI의 판단을 검증할 수 있는 통역사는 '바이오-데이터 하이브리드 인재'라는 이름으로 진화합니다.

조직을 진단-처방-관리의 한 사이클이 팀 안에서 완결되는 '옴니-케어' 스쿼드로 재편하십시오. 예컨대 '수면 케어 스쿼드' 안에는 뇌과학자, 하드웨어 엔지니어, 수면 데이터 분석가가 함께 있어야 합니다. 이들이 한 몸처럼 움직일 때 고객의 삶 속에 스며드는 진짜 솔루션이 탄생합니다.

♣ CEO 및 경영진을 위한 의사결정 포인트

- 건강수명 비즈니스 선점: 2025년 시작된 노화 제어 담론은 2026년 고객의 '좋은 상태'를 연장해 주는 서비스를 생명 산업의 표준으로 삼을 것입니다.

- 규제 기반의 진입장벽 구축: 까다로운 바이오 데이터 규제를 방어 기제가 아닌 경쟁사를 따돌리는 '성벽'으로 활용하십시오.

◎ 실무 담당자를 위한 실행 체크리스트

- [ ] 데이터 기반 근거 확보: 제품의 가치를 '느낌'이 아닌 측정된 수치나 임상 데이터 등 객관적 증거로 소통하고 있는가?

- [ ] 규제 모니터링 자동화: 민감한 개인 정보를 다루는 전 과정에 대해 실시간 규제 준수를 검증하는 시스템(RegTech)을 갖췄는가?

- [ ] 옴니-케어 조직 정렬: 진단부터 처방, 관리까지 고객 경험이 끊기지 않도록 서로 다른 직군이 유기적으로 협업하는가?

마지막 질문

2026년, 장수는 꿈이 아니라 계약이 됩니다. 당신은 고객의 인생 시간을 놓고 계약서를 맺을 준비가 되었습니까?

산소가 혈관을 타고 신경망 끝까지 흐르고, 경험의 막이 고객을 감싸고, 중력장이 붙잡고, 정화 장치가 깨끗하게 유지할 때—비로소 유기체는 스스로를 재생할 수 있습니다. 장수 과학은 그 재생의 메커니즘을 비즈니스로 설계하는 일입니다. 노화를 관리 가능한 변수로 바꾸고, 건강 수명을 연장하며, 고객이 더 오래, 더 건강하게, 더 활력 있게 사는 것—이것이 이 모든 시스템의 궁극적 목적입니다.

2026년, 리더인 당신의 역할은 '제품의 판매자'에서 '생명의 설계자'로 진화하는 것입니다.

7. 장수 과학과 바이오 메디컬 혁신

① 세포 수준의 바이오 해킹 및 정밀 치료

노화의 근본 원인을 세포 단위에서 조절하고, 소프트웨어나 새로운 약물 전달 체계를 통해 질병을 직접 치료하는 고도의 생물학적 운영 모델입니다.

* **[뷰티] 장수 과학 & 바이오 해킹**
  세포 수준에서 피부 건강 수명(Healthspan)을 연장하는 바이오 해킹 기술

* **[의료] 장수 과학**
  노화를 치료 가능한 질병으로 보고 건강수명을 늘리는 장수 의학

* **[의료] 디지털 치료제 (DTx)**
  소프트웨어와 앱을 통해 불면증, ADHD 등을 치료하는 "디지털 알약"

* **[제약/바이오] 차세대 치료제**
  ADC, GLP-1 등 새로운 치료 양식(Modality)을 통한 패러다임 전환

③ 분산형 유비쿼터스 케어 및 환자 주권

중앙 집중식 병원에서 벗어나 집이나 지역사회 어디서든 의료 서비스에 접속하고, 환자가 주도적으로 데이터를 관리하고 의사결정하는 분산형 생태계 모델입니다.

* **[헬스케어] 유비쿼터스 원격의료**
  장소 제약 없이 병원 수준의 진료를 방 안으로 가져오는 원격 의료

* **[헬스케어] 가치 기반 의료 (VBC)**
  진료의 양이 아닌 치료 결과의 질(Value)에 따라 지불하는 윈-윈 구조

* **[헬스케어] 신소비자주의**
  정보를 주도적으로 활용하고 즐겁게 건강을 관리하는 헬시 플레저 추구

* **[의료] 가정 내 의료 생태계**
  병원 중심 치료에서 기술 기반의 분산형 가정 내 의료 제공으로 전환

* **[실버] 지역사회 통합 돌봄**
  익숙한 내 집에서 의료·주거 서비스를 받는 "에이징 인 플레이스"

* **[건기식] 전환 & 셀프 메디케이션 문화**
  소비자가 건강의 주체가 되어 관리하며 전문약의 일반약 전환 가속화

⑤ 라이프스타일 맞춤형 주거 및 액티브 에이징

1인 가구와 시니어 비중 급증에 맞춰 기존의 획일적 주거에서 탈피하고, 은퇴 후에도 자아실현을 지속하는 능동적 삶을 지원하는 모델입니다.

* **[프롭테크] 개인화 주거**
  나다움을 담을 수 있는 1인 크리에이터 및 시니어 전용 레지던스 확산

* **[실버] 재정의된 노년**
  은퇴를 거부하고 창업·재취업을 통해 자아실현의 정점을 찍는 시니어

* **[의료] 생애주기 데이터 관리**
  개인화된 평생 건강 관리를 위한 마이데이터 및 통합 플랫폼 필요성 증대

* **[헬스케어] 초개인화**
  유전자, 미생물, 습관 분석을 통해 70억 인구에게 서로 다른 처방 제공

② 데이터 기반 상시 예측 및 예방 시스템

웨어러블 기기와 센서를 통해 생체 데이터를 24시간 수집하고, 질병이 발생하기 전 인프라가 먼저 이상을 감지하여 경고하는 예방 중심 운영 모델입니다.

* **[가전] 웰니스 & 헬스케어 융합**
  가전사가 데이터 플랫폼이 되어 보험·병원과 연계한 B2B 모델 창출

* **[헬스케어] 웨어러블 진단**
  스마트워치·반지가 24시간 심전도 등을 감시하는 "내 몸의 블랙박스"화

* **[의료] 웨어러블 및 지속적 모니터링**
  비침습적 바이오센서를 통한 실시간, 종단적 건강 데이터 스트림 확보

* **[실버] 온디맨드 및 예측 건강관리**
  침대 및 센서 등이 아프기 전 병원 방문을 제안하는 예방 시스템

④ 과학적 신뢰 기반의 전인적 뷰티/웰니스

정신과 신체의 연결(Mind-Body)을 과학적으로 증명하고, 모든 연령대의 건강한 기능을 지향하며 임상 데이터로 신뢰를 구축하는 홀리스틱 모델입니다.

* **[뷰티] 뉴로 글로우**
  정신적 상태와 피부 건강 사이의 과학적 연결을 제공하는 뉴로코스메틱

* **[뷰티] 푸드메틱스 (이너뷰티)**
  섭취를 통해 피부·모발·손톱 건강을 개선하는 필수 뷰티 루틴화

* **[뷰티] 과학적 신뢰**
  인플루언서가 아닌 임상 데이터와 전문가의 권위를 찾는 소비자 욕구

* **[뷰티] 급진적 포용성 & 초월적 정체성**
  "안티에이징"을 넘어 모든 연령대의 건강한 아름다움을 지향하는 프로에이징

* **[건기식] 이너뷰티 & 면역**
  장-피부 면역 축에 대한 과학적 이해를 바탕으로 한 두 시장의 융합

Chapter 08. 홀리스틱 웰니스와 헬스케어 생태계: 모든 순간이 처방전이 되다

8. 홀리스틱 웰니스 생태계

웰니스 비즈니스의 최종 지향점은 무엇인가요?

외부 변화에도 몸과 마음의 균형을 유지하는 '항상성 (Homeostasis)' 시스템 구축입니다.

기술은 우리 일상에 어떻게 구현되나요?

집과 가전이 거주자의 리듬을 읽고 자동으로 반응하는 '앰비언트 케어'가 핵심입니다.

우리가 먹는 '식사'는 어떻게 재정의되나요?

단순한 끼니가 아니라, 데이터 기반의 최적 영양을 공급하는 '미세 처방'이 됩니다.

삶의 모든 순간이 처방이 되는 세상

집이 병원이 되고, 식사가 처방이 되는 아침

만약 2026년의 당신이 아침에 눈을 뜨는 순간, 침대가 밤새 분석한 수면 데이터를 바탕으로 오늘 하루에 필요한 최적의 조도와 온도를 자동으로 세팅해 준다면 어떨까요?

식탁 위에는 단순히 배를 채우는 음식이 아니라, 어제 떨어진 컨디션과 유전자 정보에 맞춰 배합된 정밀 영양 밀키트가 정기 배송되어 놓여 있습니다. 가정용 스마트 팜 기기 역시 내게 부족한 비타민을 극대화하는 조명으로 맞춤형 채소를 길러내고 있습니다. 이제는 심지어 당신의 반려견조차 단순한 사료가 아니라, 노령화 속도에 맞춘 정밀 영양식을 먹으며 '건강 수명'을 관리받고 있습니다.

이것은 먼 미래의 공상과학 소설이 아닙니다. 바로 2026년, 우리가 마주하게 될 '홀리스틱 웰니스(Holistic Wellness)'의 일상입니다.

7장이 죽음을 늦추는 '시간 해킹'의 기술을 다뤘다면, 8장은 살아있는 동안의 균형을 유지하는 '상태 관리'의 운영을 다룹니다. 이제 헬스케어는 병원 문턱을 넘어 우리 집 식탁과 침실로 스며들고 있습니다. 신체적 건강을 넘어 정신적 평온과 사회적 연결까지 아우르는 '홀리스틱 웰니스(Holistic Wellness, 전일적 건강)'는 이제 비즈니스의 새로운 표준입니다. 이제 집은 병원이 되고, 식사는 처방이 되며, 휴식은 치료가 됩니다. 신체적 건강을 넘어 정신적 평온, 사회적 연결, 그리고 반려동물과 함께하는 삶까지 아우르는 '완전한 안녕'이 2026년 비즈니스의 새로운 표준으로 될 수 있습니다.

이번에 분석한 방대한 데이터는 이 거대한 파도가 단순한 유행이 아님을 증명합니다. 농업, 식음료, 주거, 의료, 펫 케어, 실버 산업 등 무려 9개의 핵심 산업이 '웰니스'라는 하나의 거대한 중력장 안으로 빨려 들어가고 있습니다.

이 모든 시스템이 조화롭게 작동할 때 무엇이 달성될까요? 바로 항상성(Homeostasis)입니다. 외부 환경이 변해도 내 몸의 균형을 유지하는 능력입니다. 비즈니스 관점에서는 고객의 데이터가 정상 범위를 벗어나지 않도록 실시간으로 개입하는 '균형 유지 서비스'를 의미합니다. 8장의 홀리스틱 웰니스는 이 항상성의 비즈니스 버전입니다.

항상성이라는 목표가 분명해지면, 시장이 어디로 수렴하는지도 선명해집니다. 홀리스틱 웰니스의 전장은 네 갈래로 정리됩니다. 식사가 처방으로 바뀌는 길, 집이 의료의 허브가 되는 길, 생애주기 전체를 다시 설계하는 길, 그리고 마음의 안녕과 생애 마지막까지 품는 길입니다.

첫째, 데이터 기반 정밀 영양과 바이오 푸드입니다.
식품은 더 이상 허기를 채우는 산업이 아니라, 건강 목표를 프로그래밍하는 바이오 솔루션으로 들어갑니다. 서비스로서의 식품은 개인의 유전자와 컨디션 데이터를 바탕으로 필요한 영양을 계산하고, 맞춤형 식단과 작물을 구독하게 만듭니다. 여기에 헬시플레저가 결합하면서 건강관리는 참아내야 하는 인내가 아니라 루틴에 기반한 일상이 됩니다. 제로 슈거, 고단백 같은 조건은 기본값이 되고, 경쟁은 '맛있는 처방전'을 얼마나 자연스럽게 구현하느냐로 이동합니다. 건기식은 생애주기 영양과 액티브 뉴트리션으로 세분화되고, 같은 논리가 펫과 실버 영역으로 확장됩니다. 사료와 식사는 음식에서 처방으로 격상됩니다.

둘째, 홈 허브 기반의 상시 웰니스와 예방입니다.

집은 잠만 자는 공간이 아니라 24시간 회복을 돕는 안식처이자 예방의 센터가 됩니다. 침실은 수면을 관리하는 클리닉이 되고, 조명과 공기질, 온도와 소음 같은 변수가 거주자의 생체 리듬에 맞춰 자동으로 조정됩니다. 퍼스널 케어는 홈케어와 헬스케어가 융합되며, 바르는 관리와 먹는 관리가 하나의 루프로 묶입니다. 의료 역시 병원이 집으로 '이동'하는 것이 아니라, 예방 기능이 일상에 '스며드는' 구조로 재편됩니다. 그리고 웰니스 이스케이프처럼 여행마저 회복과 디지털 디톡스의 형태로 재정의됩니다.

셋째, 생애주기별 장수 과학과 시니어 케어입니다.

목표는 단순 수명 연장이 아니라 건강수명 연장입니다. 노화는 숙명이 아니라 어느 정도 관리 가능한 변수로 취급되며, 의료와 건기식은 왕성한 노년의 삶을 위한 액티브 에이징 솔루션으로 변화합니다. 시니어 중심 기술은 독립적인 삶을 지키면서 돌봄 비용을 낮추는 사회적 해법이 되고, 이 흐름은 반려동물의 고령화에도 그대로 적용됩니다. 인간과 반려동물 모두에게 '함께 늙어가는 기술'로 발전합니다.

넷째, 다차원적 정신 건강과 존엄한 생애 마무리입니다.

홀리스틱 웰니스는 몸에서 끝나지 않습니다. 반려동물의 행동·정신 건강 관리, 펫로스 케어는 상실과 회복을 산업의 언어로 가져옵니다. 실버 시장에서도 외로움, 사회적 연결, 정신적 평온, 그리고 웰다잉이 핵심 축이 됩니다. 기술이 모든 것을 해결하지는 못하지만, 기술이 인간 존엄을 더 잘 지키도록 설계될 수는 있습니다.

이 네 갈래가 하나로 맞물릴 때, 웰니스는 캠페인을 넘어서 운영체제가 됩니다. 이제 이 전장이 산업의 경계를 어떻게 무너뜨리고 하나의 루프로 묶이는지, 현장으로 들어가 보겠습니다.

♣ 이 장을 읽기 위한 핵심 키워드
- **항상성(Homeostasis)**: 외부 환경이 변하더라도 신체와 정신의 균형을 일정하게 유지하려는 생명체의 능력을 말합니다.
- **홀리스틱 웰니스**: 질병이 없는 상태를 넘어 신체적, 정신적, 사회적, 환경적 안녕이 조화를 이루는 전인적 건강 상태를 지향하는 개념입니다.

- **헬시플레저**: 건강을 챙기되, '참는 건강'이 아니라 '즐기는 건강'을 추구하는 소비/라이프스타일 트렌드입니다.
- **생애주기 영양**: 유아기부터 노년기까지 생애 단계별로 달라지는 신체적 요구와 특성에 맞춰 최적의 건강 상태를 유지하도록 돕는 정밀 영양 공급 방식입니다.
- **액티브 뉴트리션**: 단순히 영양 결핍을 막는 수준을 넘어, 신체 활동 능력을 최적화하고 능동적인 노화를 지원하기 위해 설계된 고기능성 영양 전략입니다.
- **바이오 파밍**: 식물이나 미생물을 '살아있는 공장'으로 활용하여 필요한 약성분이나 영양 물질을 직접 생산하게 만드는 기술입니다.
- **항상성 관리 서비스**: 고객의 생체 데이터를 실시간으로 모니터링하여 균형이 깨지기 전 선제적으로 개입하는 웰니스 운영 방식입니다.
- **앰비언트 케어**: 사용자가 의식하지 않아도 주변 환경(집, 가전 등)이 스스로 반응하여 최적의 회복 상태를 제공하는 돌봄 기술입니다.
- **서비스로서의 식품(FaaS)**: 단순히 식재료나 한 끼 식사를 판매하는 것을 넘어, 개인의 건강 데이터와 연동하여 최적의 영양 상태를 유지해 주는 맞춤형 식단 관리 및 배송 서비스를 의미합니다.
- **레스토러티브 웰니스**: 적극적인 운동만큼이나 '잘 쉬는 것'에 집중하는 개념으로, 수면, 명상, 스트레스 관리 등을 통해 신체와 정신의 회복력을 극대화하는 웰니스 영역입니다.
- **웰니스 이스케이프**: 반복되는 일상의 스트레스에서 잠시 벗어나, 호텔이나 리조트에서 제공하는 전문적인 건강 관리 프로그램을 통해 심신의 회복과 균형을 찾는 휴식 패키지를 의미합니다.

I. 생존을 넘어 확장으로

    2026년, 비즈니스 현장을 강타하고 있는 '홀리스틱 웰니스'라는 울트라 메가 트렌드는 단순한 산업 유행이 아닙니다. 이는 인간의 삶을 지탱하던 의식주와 의료의 경계가 완전히 허물어지고, '건강 수명(Healthspan)'이라는 단 하나의 목표를 향해 거대하게 융합되는 현장입니다.

    각 산업의 최전선에서 벌어지는 이 변화는, 《건강을 팔아라》라는 윤리적 구호가 아니라 《건강을 설계하라》는 경제적 명령으로 읽혀야 합니다.

II. 피로 사회에서 회복과 재생의 사회로

농업과 식음료: 배고픔을 채우던 시대에서 세포를 채우는 시대로

과거의 농업이 하늘을 바라보며 수확량을 걱정하던 '생산의 현장'이었다면, 2026년의 농업은 데이터로 영양을 설계하는 '바이오 파밍(Bio-Farming)'의 실험실입니다. 이제 경쟁력은 «얼마나 많이 생산했는가»가 아니라, «이 작물이 수면을 유도하는가, 염증을 낮추는가, 근육 회복을 돕는가»로 이동합니다.

농작물은 더 이상 범용 원재료가 아닙니다. 개인의 건강 상태와 라이프스타일에 맞춰 구독하는 '서비스로서의 식품(Food as a Service)'으로 진화합니다.

식음료 역시 전환을 맞이했습니다. 과거의 건강식이 맛을 포기한 인내의 산물이었다면, 2026년은 '헬시플레저(Healthy Pleasure)'가 지배합니다. 제로 슈거, 고단백, 고식이섬유는 이제 전제가 되었고, 핵심은

'죄책감 없는 완벽한 맛'을 기술로 구현하는 것입니다. 먹는 즐거움과 건강 관리를 동시에 충족시키는 순간, 식탁은 단순한 소비가 아니라 매일 반복되는 '미세 처방'이 됩니다.

주거와 퍼스널 케어: 잠만 자던 집에서 치유의 플랫폼으로

과거의 주거 공간이 비바람을 피하고 잠을 자는 물리적 껍데기였다면, 2026년의 집은 거주자의 생체 리듬을 조율하는 '레스토러티브 웰니스' 허브입니다.

이전 장에서 '집이 곧 주치의가 되는' 시나리오를 그렸고 그것이 '앰비언트 케어(공기 같은 돌봄)'로 확장됐습니다. 이는 사용자가 의식하지 못하는 사이, 집안의 센서와 기기들이 스스로 조도와 온도를 조절해 최적의 회복 환경을 만드는 기술입니다. 이 장에서 그 모든 것이 통합됩니다. 침실은 수면 클리닉이 되고, 거실은 회복 중심의 피트니스 공간이 되며, 욕실은 미세한 건강 신호를 읽는 검진 센터가 됩니다.

중요한 것은 '스마트홈'이라는 단어가 아닙니다. 집이 당신의 피로를 감지하고 조명, 공기질, 온도, 소음이라는 변수를 조정해 회복을 능동적으로 돕는다는 사실입니다.

이와 맞물려 퍼스널 케어는 '홈케어와 헬스케어의 융합'을 완성해 갑니다. 단순히 피부 겉면을 가꾸는 것을 넘어, 영양 섭취(이너뷰티)와 수면, 스트레스 관리까지 결합되는 '인사이드-아웃' 방식이 표준이 됩니다. 화장대와 약통의 구분이 사라지고, 모든 케어는 사후 처치가 아니라 사전 예방을 향해 정렬됩니다.

의료와 실버 산업: 치료하는 의사에서 동반하는 파트너로

과거의 의료가 아픈 환자가 병원을 찾아가야만 시작되는 수동적 서비스였다면, 2026년의 의료는 일정 부분 소비자가 주도권을 쥐는 '소비자 중심 웰니스'로 재편됩니다.

환자는 더 이상 수동적인 객체가 아닙니다. 자신의 데이터를 기반으로 예방 솔루션을 요구하는 능동적 소비자입니다. 의료 서비스는 병원 문턱을 넘어 일상으로 스며들며, 핵심 목표는 단순한 수명 연장이 아니라 질병 없이 활기찬 건강 수명의 연장입니다.

이 흐름은 실버 산업에서 더욱 선명해집니다. 과거의 실버 케어가 신체적 수발에 머물렀다면, 2026년의 실버 케어는 정신적 평온, 사회적 연결, 그리고 존엄한 삶의 마무리까지 아우르는 '총체적 안녕'을 지향합니다. 실버 시장의 본질은 '돌봄의 비용'이 아니라, 불안을 줄이고 일상을 유지하게 만드는 시스템입니다.

펫 케어: 애완동물을 넘어 가족의 건강 파트너로

가장 드라마틱한 변화는 펫 산업에서 목격됩니다. 과거 반려동물이 귀여움을 받는 대상이었다면, 2026년의 반려동물은 인간과 동일한 수준의 의료와 복지를 누리는 가족 구성원입니다.

이전 장에서 말한 '건강수명 연장과 첨단 의학' 트렌드는 반려동물에게도 적용됩니다. 예방 의학, 조기 진단, 만성 질환 관리가 반려동물에게도 표준이 됩니다. 사료는 더 이상 '먹이'가 아니라 '영양 과학' 기반의 기능성 식단이 되고, 반려동물의 정신 및 행동 건강까지 관리하는 것이 보호자의 당연한 의무가 됩니다.

그리고 이 시장은 단순히 감정에 의해 성장하지 않습니다. '가족'이라는 정의가 굳어지는 순간, 지출은 구조화되고 구독화됩니다. 펫 웰니스는 사랑의 산업을 넘어 반복 매출의 산업으로 진화합니다.

III. 연결된 생명

농업에서부터 의료, 주거, 펫 케어에 이르기까지 서로 다른 9개 산업이 '홀리스틱 웰니스'라는 하나의 깃발 아래 뭉친 이유는 무엇일까요? 이들 사이에 흐르는 승리의 법칙은 한 문장으로 요약됩니다.

파편화된 삶을 연결해, 하나의 루프로 만든다.
과거에는 먹는 것, 자는 것, 치료하는 것, 돌보는 것이 모두 분절된 행위였습니다. 하지만 2026년의 비즈니스는 이 모든 요소를 데이터라는 디지털 혈액으로 연결해 하나의 유기체처럼 작동하게 만듭니다.
산소가 혈관을 타고 신경망 끝까지 흐르고, 모든 기관이 조화롭게 작동할 때—유기체는 항상성을 달성합니다. 내외부 환경이 변해도 균형을 유지하는 능력. 홀리스틱 웰니스는 그 항상성을 삶 전체로 확장하는 것입니다.

이 생태계는 세 가지 원칙으로 움직입니다.

진단에서 예방으로의 쉬프트

모든 산업이 사후 처리에서 사전 예방으로 무게 중심을 옮깁니다. 문제를 '고친다'가 아니라, 문제를 '발생하지 않게 한다'가 표준이 됩니다. 예방은 비용이 아니라 효율입니다.

앞장에서 '측정→해석→개입→검증'의 재생 피드백 루프를 말했습니다. 이제 그 루프는 삶의 모든 영역으로 확장됩니다. 수면, 식사, 운동, 관계, 환경—모든 것이 하나의 루프로 연결됩니다.

공간의 지능화

집, 병원, 요양 시설의 경계가 허물어지고, 모든 공간이 건강을 관리하는 '케어 플랫폼'이 됩니다. 웰니스는 앱 안에만 존재하지 않습니다. 공기, 빛, 온도, 동선 같은 물리적 변수가 서비스의 일부가 됩니다.

이전에 이야기 한 '물리적 세계의 각성', 즉 콘크리트와 섬유와 장비가 디지털 신경망에 연결되어 깨어나는 부분이 이 장에서는 '웰니스 공간'으로 수렴합니다.

초개인화된 처방

획일적인 제품이 사라지고, 유전자, 라이프스타일, 시계열 생체 데이터에 기반한 'N=1' 솔루션이 표준이 됩니다. 고객이 원하는 것은 《좋은 제품》이 아니라 《내게 맞는 결과》입니다.

2026년, 이 거대한 생태계 안에서 비즈니스는 더 이상 제품을 파는 것이 아닙니다. 고객의 더 건강하고, 더 길고, 더 행복한 시간을 파는 것입니다.

IV. 미래를 먼저 훔친 BM들

앞서 우리는 '홀리스틱 웰니스'라는 거대한 파도가 산업의 경계를 무너뜨리는 장면을 엿보았습니다. 그렇다면 이 파도 위에서 실제로 서핑을 즐기며 새로운 부를 창출하는 이들은 누구일까요?

2026년의 승자들은 단순히 '건강한 제품'을 파는 것이 아니라, 고객의 삶 속에 숨겨진 '결정적인 결핍'을 데이터로 포착하고 이를 해결하는 실행 가능한 시스템을 구축한 기업들입니다.

연령·생애단계 맞춤 영양 서비스: 가족이라는 무게를 덜다

반려동물 양육 인구 1,500만 시대, 보호자들의 가장 큰 고민은 "내가 주는 이 사료가 정말 우리 아이에게 맞을까?"라는 불안입니다. 특히 노령견이나 만성 질환을 앓는 반려동물을 둔 보호자에게, 획일화된 제품은 죄책감으로 바뀝니다.

'연령·생애단계 맞춤 영양 서비스' 모델은 이 불안을 정밀한 '데이터 확신'으로 전환합니다. 반려동물의 나이, 품종, 질환 데이터, 활동량, 유전자 정보까지 AI가 분석해 주치의처럼 배합을 처방합니다. 핵심은 배송이 아니라 업데이트입니다. 컨디션 변화에 따라 다음 달의 구성과 용량이 자동 조정되면서, 보호자가 《스스로 맞추는 노동》에서 해방됩니다.

수익 구조는 일회성 판매가 아닌 구독입니다. 데이터가 쌓일수록 처방이 정교해지고, 이 루프에서 벗어나기 어렵습니다. 사료가 매달 도착하는 것이 아니라, 매달 '건강 성적표'와 '처방전'이 함께 도착합니다. 소비는 곧 돌봄이 됩니다.

수면 건강 관리 플랫폼: 잠 못 드는 밤을 치유하는 집

현대인의 밤은 고가의 매트리스, 수면 앱, 영양제, 백색 소음 등으로 가득합니다. 그런데도 왜 '꿀잠'은 멀기만 할까요? 문제는 이 모든 노력이 서로 연결되어 있지 않기 때문입니다. 매트리스는 당신의 스트레스를 모르고, 영양제는 방의 온도를 모릅니다.

'수면 건강 관리 플랫폼'은 끊어진 고리를 연결해 집을 '수면 클리닉'으로 바꿉니다. 침실 IoT 센서와 웨어러블 데이터가 통합되고, 사용자가 뒤척이는 순간 조도, 온도, 소음, 향 등 환경이 자동 조절됩니다.

여기서 핵심은 대시보드가 아니라 실행입니다. 데이터는 '보여주는 데서' 멈추면 가치가 작아지고, '행동을 바꾸는 데' 쓰일 때 비로소 가치가 생깁니다. 이제 가구를 파는 것이 아니라 '잘 자는 경험'을 팝니다.

기업 수명연장 파워 웰니스: 직원의 노화 속도를 늦추다

기업에게 직원의 건강 문제는 오랫동안 비용을 유발하는 골치거리였습니다. 그러나 건강수명 경제에서 직원의 건강관리는 비용이 아니라 생산성 자산입니다.

기존의 사내 헬스장, 건강검진이 형식적 복지에 머물렀다면, '기업 수명연장 파워 웰니스'는 직원의 생체 나이와 노화 속도를 측정하고, 이를 늦추기 위한 초개인화 솔루션을 제공합니다.

중요한 것은 «운동하세요»가 아니라, «당신의 노화 속도를 늦추기 위해 오늘 필요한 행동과 용량은 이것»이라는 구체적 처방입니다. 기업 입장에서 이 모델은 감성적 복지가 아니라 투자대비 효과 측정이 가능한 ROI 모델입니다. 생산성, 결근률, 의료비가 데이터로 관리되기 때문입니다.

직원의 건강을 '관리 가능한 변수'로 바꿔, 조직의 불확실성을 줄입니다. 앞장에서 말한 '노화를 관리 가능한 변수로'가 여기서 조직 단위로 확장됩니다.

보험사 연계 건강 식단 구독: 보험사가 밥상을 차려주다

보험사는 고객이 아프지 않기를 바라고, 고객은 건강해져 보험료를 아끼고 싶어합니다. 그러나 오랫동안 보험은 «아픈 뒤 보상»에 머물렀고, 식품 회사는 «건강 결과»를 책임지지 않았습니다. 이 불일치를 '데이터 식탁'으로 해결한 것이 보험사 연계 건강 식단 구독입니다.

보험사는 가입자 데이터를 기반으로 위험군(당뇨, 고혈압 등)을 세분화하고, 식품 파트너는 그 그룹에 최적화된 식단을 정기 배송합니다. 사용자가 식단을 유지해 건강 지표가 개선되면, 보험료 할인이나 현금성 리워드가 제공됩니다.

고객은 밥을 먹으며 돈을 버는 구조가 되고, 보험사는 손해율을 낮추며, 식품 기업은 안정적인 고정 고객을 확보합니다. 이전 장에서 '윤리적 행위가 금융 자산이 되는' 시나리오와 '건강이 자산이 되는' 바이오 자산관리를 말했습니다. 이 장에서 그 모든 것이 '식탁'에서 통합됩니다.

이해관계는 선의에 기대지 않고 인센티브로 맞춥니다. 이제 예방은 캠페인 구호가 아니라, 보상으로 작동하는 운영 시스템입니다.

위 사례들은 24시간 웰니스 루프로 통합될 수 있습니다. '맞춤 정밀
영양(식사)'으로 에너지를 얻고, '기업 수명연장 파워 웰니스(업무)'로
생산성을 지키며, '수면 건강 관리 플랫폼(휴식)'으로 회복하는 일련의
과정이 하나의 데이터 파이프라인으로 연결됩니다. 이 루프를 성실히
수행한 결과가 '보험사 연계 식단 구독' 모델을 통해 보험료 할인이나
현금성 리워드로 되돌아올 때, 웰니스는 '의지'가 아닌 '수익'의 영역으
로 진입합니다 .

V. 경계가 무너질 때

'홀리스틱 웰니스와 헬스케어 생태계'의 진정한 파괴력은 개별 산업의 성장에 있지 않습니다. 산업 간의 견고한 벽이 무너지고, 그 파편들이 서로 섞이며 전혀 새로운 비즈니스 영토가 탄생하는 순간에 폭발합니다.

가상 시나리오 A: 당신의 냉장고가 주치의가 되는 세상

퇴근 후 집에 들어선 당신. 스마트 월패드가 표정과 걸음걸이를 분석해 '고도 피로 상태'를 감지합니다. 주방으로 가자 냉장고 디스플레이에 메시지가 뜹니다. 《최근의 혈액 검사 결과를 반영했습니다. 철분과 마그네슘 보충이 필요합니다. 저녁 메뉴로 강화 밀키트를 해동해 두었습니다.》

주거와 의료와 식음료가 하나로 연결됩니다. 사용자가 동의하는 경우 병원의 혈액검사 결과 데이터와 집안의 IoT 센서, 식품 배송망이 자연스럽게 연동되어, 당신이 무엇을 먹어야 할지 고민할 필요 없이 집이 알아서 처방을 식탁 위에 차려줍니다. 식사가 의료가 되는 순간, 웰니스는 '의지'가 아니라 '자동화된 시스템'이 됩니다.

가상 시나리오 B: 함께 늙어가는 동반자를 위한 여행

은퇴한 액티브 시니어 부부가 노령견과 함께 여행을 떠납니다. 여행 전 웨어러블과 펫 센서로 보호자와 반려견의 관절 상태와 생체 리듬을 측정합니다. 여행지에서는 시니어에게는 맞춤형 재활 요가를, 노령견에게는 수중 재활 프로그램을 제공합니다. 저녁 식사 시간에는 인간을 위한 저염, 고단백 식단과 반려동물을 위한 기능성 화식이 함께 나옵니다.

펫과 실버, 그리고 관광이 서로 영향을 주고 받습니다. 여기서 관광은 '이동'이 아니라 회복과 예방의 패키지가 됩니다.

이 모든 시나리오가 말하는 바는 하나입니다. 2026년, 산업의 경계는 사라지고, '건강 수명'이라는 단 하나의 목표 아래 모든 것이 통합됩니다. 항상성—유기체가 균형을 유지하는 능력—이 삶 전체로 확장됩니다.

VI. 인사이트 리더를 위한 제언

2026년, '홀리스틱 웰니스'는 단순한 트렌드가 아니라 비즈니스의 생사를 가르는 거대한 해일입니다. 의식주와 의료의 경계가 무너지고, 소비자는 자신의 신체와 정신을 더 정교하게 통제하길 원합니다.

첫째, 당신의 제품을 데이터 파이프라인으로 전환하십시오

이제부터라도 당신의 제품이나 서비스를 고객의 생체 활성 데이터와 연결하십시오. 이것이 첫 번째이자 가장 시급한 행동입니다.

2026년의 승자는 '좋은 영양제'나 '편안한 침대'를 파는 기업이 아닙니다. 그 제품이 고객의 몸에 어떤 변화를 일으키는지 측정하고, 피드백하고, 실행까지 연결하는 기업입니다.

《우리 제품은 건강에 좋습니다》라는 문장은 이제 효력이 약합니다. 대신 이렇게 말할 수 있어야 합니다. 《당신의 수면 데이터와 생활 리듬을

분석한 결과, 오늘은 이 조도와 이 식단, 이 루틴이 회복 효율을 끌어올릴 것입니다.»

'모호한 효능을 버리고 데이터로 증명된 결과를 파는 것'에서 작금의 명제는 삶 전체로 확장됩니다. 제품을 팔지 말고, 측정 가능한 효능을 파십시오.

둘째, 과학적 검증의 덫과 데이터의 역습을 경계하십시오

트렌드에 편승하려는 기업이 범하는 치명적인 실수는 '과학을 가장한 마케팅'입니다. 소비자는 더 똑똑해졌고, 규제는 더 엄격해졌습니다. «임상적으로 증명된»이라는 문구가 근거 없이 남발되는 순간, 브랜드는 회복 불가능한 타격을 입습니다.

마케팅의 과장을 줄이고 검증과 투명성에 투자하십시오. 생체 데이터는 금융 정보만큼 민감합니다. 거버넌스가 없으면 데이터는 자산이 아니라 시한폭탄이 됩니다.

고객이 자신의 데이터 주권을 통제한다고 느끼게 만드는 설계—동의, 철회, 활용 범위의 투명화—는 이제 선택이 아니라 생존입니다.

셋째, 사일로를 파괴하고 융합형 스쿼드를 조직하십시오

과거의 기능 중심 조직(영업, 마케팅, R&D, IT)으로는 홀리스틱 웰니스 시장의 속도를 따라잡을 수 없습니다.

가칭 CWO(Chief Wellness Officer)를 임명하십시오. 직원 복지 담당이 아니라, 고객의 웰니스 여정을 총괄하고 제품과 서비스를 '건강수명' 목표 아래 통합할 권한을 가진 리더가 필요합니다.

바이오-데이터 팀을 전진 배치하십시오. 데이터 사이언티스트, 임상 전문가, 마케터가 한 팀이 되어야 합니다. 기술을 개발한 뒤 포장하는 순차 구조는 너무 느립니다.

오픈 이노베이션 셀을 확보하십시오. 식품 회사는 의료, 보험과, 홈리빙 기업은 수면테크와, 펫 기업은 바이오 분석과 손잡아야 합니다. 웰니스는 단독주행이 아니라 연합전입니다.

첫 장에서 말한 '켄타우로스 팀'과 '옴니-케어 스쿼드' 이야기는 '웰니스 융합 스쿼드'로 진화합니다.

♣ **CEO 및 경영진을 위한 의사결정 포인트**

- 항상성(Homeostasis) 파이프라인 장악: 2025년 분절된 웰니스 시장은 2026년 일상의 모든 순간이 라이프스타일 가이드가 되는 통합 시스템으로 재편되고 있습니다.
- 전일적 케어 생태계 오케스트레이션: 신체, 정신, 환경 데이터가 하나의 루프로 연결되어 고객 삶 전체를 감싸는 서비스로의 전환을 주도하십시오.

◎ **실무 담당자를 위한 실행 체크리스트**

- [ ] 데이터 스트리밍 최적화: 고객의 일상 속 미세 신호를 상시 수집하고 이를 가치 있는 피드백으로 전환할 수 있는가?
- [ ] 앰비언트 인터페이스 적용: 사용자가 기술의 존재를 의식하지 않아도 환경이 스스로 최적화되는 '배경으로서의 케어'를 구현했는가?
- [ ] 인센티브와 루틴의 결합: 웰니스 행동이 일회성 이벤트가 아니라 지속 가능한 '생활의 리듬'이 되도록 보상 체계를 설계했는가?

마지막 질문

2026년, 당신의 비즈니스는 고객의 '지갑'을 열고 있습니까, 아니면 그들의 '수명'을 늘리고 있습니까?

내외부 환경이 변해도 균형을 유지하는 능력, 항상성. 홀리스틱 웰니스는 그 항상성을 고객의 삶 전체로 확장하는 것입니다.

먹는 것, 자는 것, 치료하는 것, 돌보는 것—파편화되어 있던 모든 것이 하나의 루프로 연결됩니다. 그 루프가 완성될 때, 삶의 모든 순간이 처방이 됩니다. 이제 건강을 '관리 가능한 루프'로 만드는 자만이 살아남습니다.

8. 홀리스틱 웰니스와 헬스케어 생태계

① 데이터 기반 정밀 영양 및 바이오 푸드

개인의 생체 데이터와 유전자 정보를 분석하여 식품을 단순한 끼니가 아닌 "맞춤형 건강 처방전"으로 운영하는 모델입니다.

* [농업] 서비스로서의 식품 (Food as a Service)
  유전자와 건강 데이터에 맞춰 구독하는 개인 맞춤형 건강 관리 솔루션

* [식음료] 헬시플레저 (Healthy Pleasure)
  제로 슈거, 고단백 제품 등을 통해 즐겁고 죄책감 없는 맛을 구현하는 기술

* [건기식] 스포츠 & 액티브 뉴트리션
  대중을 위한 퍼포먼스 향상 및 건강한 라이프스타일 지원 제품

* [건기식] 틈새 & 생애주기 영양
  성별, 연령, 갱년기 등 특정 생애주기에 맞춘 고도의 표적화 제품

* [반려동물] 영양 과학과 기능성 식품
  펫푸드를 질병 예방을 위한 과학적 솔루션(자연식, 대체 단백질 등)으로 인식

* [실버 에이징] 맞춤형 영양 및 식품
  건강 상태와 유전자 정보에 맞춰 맛과 식감을 살린 식사 배달 서비스

③ 생애주기별 장수 과학 및 시니어 케어

고령화에 대응하여 세포 건강을 관리하고, 시니어 특화 기술(AgeTech)을 통해 생애 마지막까지 활기찬 건강 수명(Healthspan)을 유지하는 운영 모델입니다.

* [의료] 고령화 및 수명 연장 솔루션
  급속한 고령화 사회에서 건강 수명 연장을 목표로 하는 기술 및 서비스 시장

* [건기식] 액티브 & 헬시 에이징
  세포 건강과 인지 능력 유지를 통해 질병 없이 활기찬 건강 수명 연장

* [퍼스널·홈케어] 시니어 중심 기술 (AgeTech)
  고령층의 독립적이고 건강한 삶을 지원하는 특화 기술과 제품 및 서비스

* [반려동물] 건강수명 연장과 첨단 의학
  예방의학, 조기 진단 등을 통해 반려동물의 건강 수명 연장에 집중

* [반려동물] 생애주기별 시니어 케어
  노령 반려동물의 이동성 저하 등 특수한 요구에 맞춘 전문 서비스 시장

② 홈 허브 기반의 상시 웰니스 및 예방

가정을 건강 관리의 핵심 거점으로 삼고, 일상적인 거주 활동과 여행 경험을 통해 질병을 선제적으로 예방하는 운영 모델입니다.

* [홈·리빙] 건강과 웰빙의 안식처가 되는 집
  피트니스, 숙면, 실내 환경을 포괄하여 신체·정신 건강을 관리하는 허브

* [의료] 소비자 중심 웰니스 및 예방
  개인이 능동적인 건강 소비자가 되어 선제적이고 예방적인 솔루션 수요 창출

* [퍼스널·홈케어] 홈케어 헬스케어 융합
  가정이 단순 주거를 넘어 건강과 웰니스를 관리하는 핵심 공간으로 진화

* [퍼스널·홈케어] 인사이드-아웃 사전 예방
  영양과 이너뷰티를 통해 근본적인 건강을 관리하여 문제를 사전에 차단

* [관광] 웰니스 이스케이프
  명상 리트리트, 디지털 디톡스 등 사전 예방적 활동이 중심이 된 여행

④ 다차원적 정신 건강 및 존엄한 생애 마무리

신체 건강을 넘어 심리적 평안, 사회적 연결, 그리고 생애 마지막 여정을 존엄하게 마무리할 수 있도록 지원하는 총체적 안녕 모델입니다.

* [반려동물] 정신 및 행동 건강 솔루션
  분리불안, 스트레스 등 반려동물의 심리적 안정과 정서적 행복 관리

* [반려동물] 생애 말기 돌봄과 펫로스 케어
  반려동물의 마지막 여정을 존엄하게 함께하고 사별 후 보호자의 슬픔 치유 지원

* [실버 에이징] 총체적 안녕과 웰빙
  정신적 평안, 사회적 연결, 존엄한 마무리(웰다잉)를 아우르는 완전한 안녕

PART 4. 거시적 생존: 비즈니스의 '심장'을 바꾸다

Chapter 09. ESG 기반의 탄소중립 전환: 녹색 파도를 타는 생존술

9. ESG와 탄소중립 전환

기업에게 탄소 중립은 이제 어떤 의미인가요 ?

글로벌 시장 진입을 위한 필수 '입장권 '이자 기업을 지키는 '면역 체계 '입니다 .

규제라는 병원체에 어떻게 대응해야 하나요 ?

배출량을 측정 (식별)하고 공시 (항체)하여 '탄소 무결성 '이라는 방패를 세워야 합니다 .

재무적인 수익 모델로의 전환도 가능한가요 ?

탄소를 단순 '비용 '이 아닌 , 거래 가능한 '수익 자산 '으로 재정의하는 것이 핵심입니다 .

규제가 자본이 되는 시대, 탄소는 '면역'이 된다

탄소는 이제 '비용'이 아니라 '면역력'입니다.

유럽의 탄소국경조정제도(CBAM)나 금융권의 대출 제한은 단순히 기업을 괴롭히기 위한 장벽이 아닙니다. 오히려 준비된 기업에게는 경쟁자가 감히 넘볼 수 없는 시장을 선점하게 해주는 '녹색 입장권' 입니다. 2026년, 탄소 무결성이라는 강력한 항체를 갖춘 기업만이 글로벌 공급망이라는 유기체 안에서 건강하게 살아남을 수 있습니다.

불과 몇 년 전만 해도 에너지 효율이 낮은 건물은 그저 관리비가 많이 나오는 애물단지였습니다. 2026년에 그 건물은 금융권의 대출이 막히고 거래가 어려워지는 '좌초 자산'이 되었습니다.

우리가 오랫동안 알던 '친환경'은 기업 이미지의 장식물이었습니다. CSR 보고서의 한 장, 광고 카피의 한 줄, 이벤트성 캠페인의 슬로건. 그러나 2026년, ESG(환경·사회·지배구조)는 더 이상 선택 가능한 '선의'의 영역이 아닙니다.

ESG는 기업의 생존을 결정짓는 법적 규제이자, 자본의 흐름을 통제하는 냉혹한 투자 기준이 되었습니다.

앞선 챕터들에서 차근차근 하나의 유기체를 조립해 왔습니다. AI라는 산소, 신뢰라는 혈관, 인프라라는 신경망, 경험의 막, 커뮤니티라는 중력장, 윤리라는 정화 장치, 장수 과학이라는 재생, 웰니스라는 항상성. 그런데 이 유기체가 외부의 위협—기후 리스크, 규제 충격, 공급망 단절—에 노출되면 어떻게 될까요? 면역 체계가 필요합니다. ESG 기반 탄소중립 전환은 바로 이 유기체의 면역 체계입니다.

면역 체계는 외부 병원체를 식별하고, 항체를 생성하며, 유기체를 방어합니다. 2026년의 기업에게 '탄소 무결성(Carbon Integrity)'은 바로 그 항체입니다. 규제라는 병원체가 침투할 때, 이 항체가 없는 기업은 감염됩니다. 수출이 막히고, 자본이 끊기며, 시장에서 퇴출됩니다.

이 챕터의 질문은 단순합니다.

2026년, 당신의 비즈니스는 탄소라는 병원체에 대한 면역력을 갖추고 있습니까? 아니면 무방비 상태로 감염을 기다리고 있습니까?

그 면역은 슬로건이 아니라 시스템으로 만들어집니다. 탄소중립 전환은 환경 캠페인이 아니라, 다섯 개의 축에서 기업의 운영 방식을 다시 짜는 일입니다. 식탁에서 시작되는 탄소의 흐름, 디지털과 물리 자산을 바꾸는 인프라, 끊어지지 않는 공급망, 돈의 규칙을 바꾸는 금융, 그리고 기업 내부 지원조직의 역할 전환까지. 면역 체계는 전신으로 퍼집니다.

첫째, 기후 위기 대응과 재생 농식품 생태계입니다.

기후 위기는 '언젠가'가 아니라 '오늘의 식탁'에 직접 영향을 미칩니다. 농업은 자연을 착취하던 방식에서 자연을 회복시키는 방식으로 급선회합니다. 생산지는 소비지와 가까워지고, 도심의 지역화 생산은 물류 이동을 줄여 탄소를 낮추며 식량 안보를 안정시킵니다. 재생 농업은 토양에 탄소를 저장해 크레딧이라는 새 수익원을 만들고, 정밀농업기술 (VRA) 같은 정밀 투입 기술은 필요한 곳에만 자원을 쓰는 운영으로 전환시킵니다. 여기에 식물성 육류와 배양육 같은 신규 단백질이 더해지며, 식탁은 탄소 혁명의 출발점이 됩니다.

둘째, 탈탄소 기술 기반의 그린 인프라 전환입니다.

AI와 디지털 전환이 가속화될수록 전력 소비는 폭증합니다. 그래서 2026년의 인프라는 디지털을 지탱하면서도 스스로는 탄소를 내뿜지 않는 그린 인프라여야 합니다. 데이터센터는 전력 최적화를 넘어 코드와 설계 단계에서부터 탄소를 줄이는 그린 IT로 이동합니다. 에너지는 그린 수소 같은 저장·전환 체계로 재생에너지의 간헐성을 보완하며 산업 전반의 탈탄소를 밀어줍니다. 동시에 소비재와 부동산에서도 변화가 일어납니다. 원료부터 폐기까지 생태계에 부담을 줄이는 클린·재생 생태계가 표준이 되고, 탄소 중립을 달성하지 못한 건물은 좌초 자산이 될 위험 앞에서 에너지 효율과 친환경 인증이 자산 가치 방어의 조건이 됩니다.

셋째, 회복탄력적 공급망과 자원 순환 시스템입니다.

효율성만을 좇이 얇게 편 글로벌 공급망은 위기 앞에서 쉽게 낳어지곤 했습니다. 기업은 비용이 조금 늘더라도 끊어지지 않는 공급망을 선택합니다. 니어쇼어링과 공급망·인력 재편은 위기 대응의 기본값이 되고, 패션은 리퀴드 공급망처럼 유연한 구조로 리스크를 분산합니다. 더 중요한 변화는 선형 경제의 종말입니다. ESG 기반 순환 물류와 재생·순환 시스템은 역물류를 표준으로 만들며, 물류는 단순 운송이 아니라 자원을 순환시켜 부가가치를 만드는 동맥이 됩니다.

넷째, ESG 거버넌스와 전략적 금융 통합입니다.

ESG는 도덕의 언어가 아니라 금융의 규칙입니다. 기후 리스크는 금융 리스크로 번역되고, 탄소 감축 목표를 달성하지 못한 기업은 대출과 금리에서 불이익을 받습니다. 탄소 시장의 성장으로 배출권은 거래되는 자산이 되고, 법률 시장의 ESG 통합 자문은 폭발적으로 커집니다. 특히 뷰티·패션이 맞닥뜨린 윤리·환경 규제는 준비된 기업에게 규제 해자가 되며, 규제를 통과하는 능력이 곧 진입장벽이 됩니다.

다섯째, 재무적 회복력과 사회적 지속가능성 대응입니다.

ESG는 지원조직의 역할도 바꿉니다. 물류는 운송비 절감 부서를 넘어 재고와 현금 흐름을 최적화하는 재무적 회복탄력성의 주체가 되고, 법률팀은 리스크 방어를 넘어 법률 운영 최적화로 경영 효율을 끌어올립니다. 사회적 측면에서는 고령화가 새로운 기회가 됩니다. 시니어 자산과 선제적 자산 관리, 주거 전 여정을 연결하는 플랫폼 생태계가 등장하며, 사회 문제 해결과 수익 모델이 동시에 성립하는 구조가 만들어집니다.

이 다섯 축이 동시에 작동할 때, 탄소중립은 '선언'이 아니라 기업의 면역 체계가 됩니다. 이제 가치 척도가 어떻게 다시 쓰이는지, 전장의 재편으로 들어가 보겠습니다.

♣ 이 장을 읽기 위한 핵심 키워드

- **CBAM(탄소국경조정제도)**: 탄소 배출이 많은 수입품에 일종의 환경 통행료를 부과하여 공정한 경쟁과 환경을 보호하는 무역 장벽입니다.
- **탄소 중립 미달성 건물**: 강화된 환경 기준을 충족하지 못해 자산 가치가 급락하거나 규제 대상이 될 위험이 있는 노후 건축물입니다.
- **리트로핏(Retrofit)**: 기존 건축물이나 설비의 뼈대는 유지하되, 고효율 에너지 시스템으로 교체하여 탄소 배출을 줄이고 성능을 개선하는 개보수 작업입니다.

- **선형 경제**: '자원 채취-생산-소비-폐기'로 이어지는 기존의 일직선 구조로, 자원 낭비와 환경 오염의 주범으로 지목되는 모델입니다.
- **역물류(Reverse Logistics)**: 고객으로부터 수거한 제품이나 폐기물을 재사용, 재활용하여 다시 가치 있는 자원으로 되돌리는 순환 물류 프로세스입니다.
- **리퀴드 공급망**: 시장의 변화와 규제에 따라 생산지와 유통 경로를 실시간으로 유연하게 조정할 수 있는 지능형 공급 체계입니다.
- **니어쇼어링**: 공급망 리스크를 줄이고 운송 탄소 배출을 최소화하기 위해 생산 시설을 소비 시장과 가까운 인접 국가로 옮기는 전략입니다.
- **재생농업**: 단순히 환경 파괴를 막는 수준을 넘어, 토양의 건강을 회복시키고 대기 중 탄소를 땅속에 격리하는 친환경 농법입니다.
- **정밀 농업 기술**: 데이터와 AI를 활용해 물, 비료, 에너지를 꼭 필요한 만큼만 투입하여 생산성은 높이고 탄소 배출은 최소화하는 농업 혁신입니다.
- **좌초 자산**: 기후 규제 강화로 인해 경제적 가치가 급락하여 원래 수명을 다하지 못하고 폐기되거나 부채가 된 자산입니다.
- **탄소 무결성**: 탄소 배출권 거래가 서류상의 숫자를 넘어 실제로 지구의 탄소를 줄였음을 신뢰할 수 있게 보장하는 원칙입니다.
- **스코프(Scope) 1·2·3**: 기업 배출원을 직접 배출(1), 에너지 간접 배출(2), 공급망 전체 배출(3)로 나눈 탄소 가계부의 표준입니다.
- **기술 기반 무결성**: 기업의 친환경 주장을 입증하기 위해 제품의 전 과정을 조작 불가능한 데이터 기술로 기록하는 '디지털 증거 시스템'입니다.

I. '가치 척도'가 다시 쓰이는 현장

　모두가 예외없이 지금 산업의 문법 자체가 재편되는 현장에 서 있습니다. '채취-소비-폐기'의 직선 경제가 '순환과 재생'의 원형 경제로 바뀌는 지각 변동입니다.

　과거 기업의 성적표가 오로지 '재무적 이익'으로만 채점되었다면, 2026년외 비즈니스 전쟁터에서는 '지속가능싱'이라는 과목이 생존의 당락을 결정짓는 필수 코스로 격상되었습니다. 농토에서부터 금융의 심장부까지, 각 산업은 탄소 중립이라는 거대한 중력장에 이끌려 숨 가쁘게 궤도를 수정하고 있습니다.

　2026년의 전쟁터는 '재무'만으로 채점되지 않습니다. 지속가능성은 선택 과목이 아니라 생존 과목이 되었고, 그 기준은 탄소 데이터로 고정됩니다. 농업에서 금융까지, 산업은 하나의 방향으로 수렴합니다. 탄소를 증명하지 못하는 기업은 시장에서 존속하기 어렵고, 증명하는 기업만이 자본과 국경을 수월하게 통과합니다.

　이 변화가 '유행'이 아니라는 사실은 데이터가 증명합니다. 25개 산업을 가로지른 분석에서 12개 핵심 산업이 동시에 이 방향을 가리켰습니다. 서로 다른 27개의 신호가 하나의 흐름으로 수렴한다는 사실은, 이것이 구조적 전환임을 말해줍니다.

II. 산업별 풍경: 탄소가 그리는 새로운 지형

농업: 배출하는 자에서 '저장하는 자'로

2026년의 농업은 더 많이 생산하는 산업이 아니라, 더 정확히 회복시키는 산업으로 재정의됩니다. 재생 농업과 정밀 농업, 신규 단백질이 한 묶음으로 움직이며, 농업은 '기후 변화의 피해자'에서 '기후 솔루션의 공급자'로 역할을 바꿉니다. 이 전환을 가능하게 하는 것은 감이 아니라 데이터입니다. 토양과 생산의 기록이 검증 가능한 형태로 남을 때, 농업은 비로소 탄소 경제의 공급자로 들어섭니다.

농부들은 이제 작물만을 팔지 않습니다. '재생 농업'을 통해 대기 중 탄소를 토양 속에 격리하고, 이를 크레딧으로 전환해 글로벌 기업에 판매합니다. 흙은 단순한 생산 기반을 넘어, 탄소라는 새로운 자산을 저장하는 '녹색 금고'가 되었습니다.

여기서 중요한 전환이 있습니다. 농업이 《기후 변화의 피해자》라는 프레임을 깨고, 《기후 솔루션의 공급자》로 재정의된다는 점입니다. 농부는 더 이상 가격 변동에 휘둘리는 원재료 공급자가 아니라, 측정 가능한 탄소 격리량을 생산하는 '기후 관리자'가 됩니다. 이 순간 농업의 수익구조는 작물 가격에만 종속되지 않고, 크레딧이라는 두 번째 파이프라인을 갖게 됩니다.

여기서 핵심은 투명성입니다. 감추면 의심받고 드러내면 신뢰받습니다. 농업에서 그 투명성은 '토양 탄소 데이터'로 구현됩니다. 센서와 위성이 격리량을 측정하고, 블록체인이 기록을 보증할 때, 농부의 땅은 검증 가능한 자산이 됩니다.

물류: 직선의 종말, '원의 경제'가 시작되다

물건을 A지점에서 B지점으로 가장 빠르게 옮기는 것만이 미덕이었던 선형적 물류의 시대는 저물었습니다. 2026년의 물류는 소비된 제품을 다시 회수하고, 분해하여 자원으로 되돌리는 '순환의 혈관'으로 거듭나고 있습니다.

과거에는 반품과 폐기가 단순한 비용이자 골칫거리였습니다. 이제는 다릅니다. '순환 물류'를 통해 희귀 자원을 확보하고 새로운 수익을 창출하는 기회의 영역이 됩니다.

이 분야의 승부는 《속도》가 아니라 추적 가능성입니다. 탄소 국경세와 공급망 규제가 강해질수록, 물류는 단순한 운송 서비스가 아니라 기업의 탄소 성적표를 작성하는 회계 시스템이 됩니다. 같은 거리를 이동해도 어떤 운송 수단을 선택했는지, 어떤 포장재를 사용했는지, 어떤 회수/재활용 루프를 탔는지에 따라 기업의 시장내 사업 지속성이 흔들릴 수 있기 때문입니다.

금융과 부동산: 도덕책이 아닌 '투자 설명서'

금융과 부동산 시장에서 ESG는 더 이상 착한 기업을 위한 배려가 아닙니다. 자본의 흐름을 통제하는 냉혹한 '리스크 관리 시스템'입니다.

금융권은 기후 리스크를 금융 리스크로 해석합니다. 탄소 중립(Net-Zero) 달성 여부와 투명한 지배구조는 대출 금리와 투자 결정의 척도가 됩니다. 여기서 ESG는 '평판'이 아니라 담보의 성격을 가집니다. 이제 '그린(Green)'은 감성적 수식어가 아니라, 자본조달 비용을 결정짓는 매우 현실적인 숫자입니다.

법률과 뷰티: 마케팅 용어에서 '법적 생존 키트'로

'친환경'이 마케팅 슬로건으로 소비되던 시절은 끝났습니다. 법률 시장에서 ESG는 기업의 목줄을 죄는 강력한 '규제 리스크'로 부상했습니다. EU 공급망 실사 지침과 같은 글로벌 규제는 기업들에게 선택이 아닌 필수 생존 요건이 되었고, 법률 자문은 이를 방어하는 '방패'가 되었습니다.

흥미로운 것은 뷰티 산업입니다. 겉보기에는 감성 산업이지만, 2026년의 뷰티는 규제의 압력이 가장 먼저 닿는 시장 중 하나가 되었습니다. 강화된 규제는 준비된 기업에게는 경쟁자가 넘어올 수 없는 '규제 해자'가 되지만, 준비되지 않은 기업에게는 사실상 시장 퇴출을 의미합니다.

그린워싱의 부메랑을 피하려면 검증 구조를 먼저 세워야 합니다. 규제는 '공정한 경쟁'이 아니라, 규정을 먼저 표준으로 만든 자가 시장을 지배하는 게임입니다.

III. 공통의 코드: 면역 체계의 작동 원리

서로 다른 산업들이 'ESG 기반의 탄소중립 전환'이라는 하나의 깃발 아래 모인 이유는 명확합니다. 탄소 데이터와 지속가능성 인증이 2026년 비즈니스 생태계에 참여하기 위한 중요한 '입장권'이 되었기 때문입니다.

마치 디지털 시대가 되면서 인터넷 연결이 있으면 많은 일을 할 수 있었던 것처럼, 2026년에는 '탄소 무결성'을 증명하면 농작물을 팔고, 건물을 짓고, 자금을 조달하는 과정에 인센티브가 주어지게 됩니다.

면역 체계의 작동 원리는 단순합니다. 식별하고, 항체를 만들고, 방어합니다.

- **식별**: 측정하라. 스코프 1·2·3 전체를 숫자로 파악하라.
- **항체 생성**: 공개하라. 검증 가능한 데이터로 증명하라.
- **방어**: 감축하라. 그리고 그 감축을 불변의 기록으로 남겨라.

급진적 투명성은 면역 체계의 핵심입니다. 오염된 데이터와 그린워싱이라는 병원체를 걸러내고, 탄소 무결성이라는 항체가 기업을 방어합니다.

지속가능성은 '의지'가 아니라 '시스템'의 문제입니다. 기업의 언어는 캠페인 문구가 아니라 검증된 데이터로 바뀌고, 그 데이터가 국경과 금융을 통과시키는 신용장이 됩니다.

〈참고 자료. 스코프 1·2·3〉

구분	정의	주요 관리 대상 (예시)
Scope 1 (직접 배출)	기업이 소유하거나 통제하는 배출원에서 직접 발생하는 탄소	공장 연료 연소, 회사 법인 차량 배기가스
Scope 2 (간접 배출)	기업이 외부에서 구매하여 사용하는 에너지 생산 시 발생하는 탄소	사무실 전등이나 기계 가동을 위해 구매한 전력, 스팀, 냉난방
Scope 3 (기타 간접)	원자재 채취부터 폐기까지 기업 가치 사슬 전체에서 발생하는 모든 탄소	협력사 배출량, 물류 운송, 직원 출장, 제품 사용 및 폐기 단계

IV. 미래를 먼저 훔친 BM들

2026년의 비즈니스 현장은 더 이상 '선언'이나 '캠페인'이 통하는 곳이 아닙니다. 탄소 배출량은 회계 장부의 숫자만큼 엄밀하게 측정되고, ESG 성과는 기업의 자본조달 비용과 직결됩니다. 이 거대한 전환 속에서 '지속가능성'을 가장 강력한 수익 모델로 바꿔낸 사례들을 살펴보겠습니다.

ESG 공급망 관리 원장: 보이지 않는 탄소를 '장부'로 만들다

많은 기업의 물류 담당자에게 'Scope 3(공급망 전체 탄소 배출량)' 관리까지는 큰 부담입니다. 협력사가 수십, 수백 개인 공급망에서 데이터는 늦고, 흩어지고, 때로는 의도적으로 왜곡됩니다. 이 '신뢰의 공백'이 그린워싱 논란을 키우고, 결국 기업의 수출길을 막는 리스크가 됩니다.

ESG 공급망 관리 원장은 이 불투명한 안개를 걷어냅니다. 단순히 데이터를 모으는 대시보드가 아닙니다. 운송 경로마다 발생하는 탄소 배출량을 블록체인 기반 원장에 기록해 누구도 위변조할 수 없는 '불변의 증거'로 만듭니다.

화물이 이동하는 순간, 배출 계수가 자동 계산되어 원장에 즉시 기록됩니다. 기업은 전사 ESG 대시보드에서 공급망 전반의 탄소 현황을 실시간으로 파악합니다.

수익 구조는 SaaS 구독료에 더해, 고객사가 감축 데이터를 기반으로 탄소 크레딧 시장에 참여할 때 그 연결 수수료를 공유받습니다. 《관리 비용》이 《시장 참여 수익》으로 전환되는 구조입니다.

물류 부서는 돈을 쓰는 조직에서, 탄소라는 자산을 관리해 기업의 ESG 등급을 방어하는 핵심 전략 부서로 바뀝니다.

리사이클링 클라우드: 쓰레기 더미에서 금광을 캐내다

제조업 현장에서 폐기물은 늘 골칫덩어리였습니다. 처리 비용은 오르고, 규제는 강화되고, ESG 공시는 더 엄격해집니다. 공장장들은 《어떻게 하면 싸게 버릴까》를 고민했습니다.

리사이클링 클라우드(쓰레기의 자산화)는 질문을 바꿨습니다. 《이것을 누가 가장 비싸게 사갈까?》 단순히 폐기물을 처리하는 기술이 아닙니다. 내다 버리던 쓰레기를 재활용 수요자와 연결해 '판매 수익'으로 바꾸는 플랫폼 비즈니스입니다.

폐기물이 발생하면 AI가 재활용 가능성과 품질 점수를 실시간으로 산정합니다. 또한 지역별 공급망 매핑을 통해 이 자원이 필요한 매수자를 찾아 즉시 연결합니다.

제조사는 처리 비용을 줄이는 것을 넘어 판매 수익을 얻습니다. 플랫폼은 거래 수수료뿐 아니라 폐기물 트렌드·가격 정보를 담은 데이터 라이선스를 판매해 추가 수익을 만듭니다.

폐기물은 비용이 아니라 유동성 자산이 됩니다. 제조사는 규제를 두려워하는 대신, '도시 광산'의 운영자로 진화합니다.

탄소크레딧 플랫폼: 흙을 가장 확실한 금고로 만들다

오랫동안 농업은 기후 변화의 피해자인 동시에 가해자로 지목받아 왔습니다. 비료값 상승과 수확량 변동은 농가의 생존을 위협했고, '친환경'은 종종 사치처럼 느껴졌습니다.

탄소크레딧 플랫폼은 농업의 본질을 '식량 생산'에서 '탄소 격리'로 확장시켰습니다.

정밀농업 기술과 센서가 화학 비료 사용 감소량과 토양 내 탄소 저장량을 과학적으로 계량합니다. 검증을 거쳐 탄소 크레딧으로 발행되고, ESG 목표가 시급한 글로벌 기업에 판매됩니다.

농가는 작물 판매 외에 탄소 크레딧 거래라는 새로운 수익 파이프라인을 얻습니다. 기업은 검증된 크레딧을 구매해 ESG 리포트의 신뢰도를 높입니다.

2026년의 농부는 작물을 키우는 사람이 아니라, 탄소를 관리하고 그 대가를 받는 '기후 관리자'가 됩니다.

넷제로 리트로핏 금융 엔진: 좌초 자산을 재무 자산으로 되돌리다

좌초 자산의 가장 잔인한 점은, 건물이 낡아서가 아니라 탄소 성적표가 나빠서 가치가 떨어진다는 사실입니다. 건물주는 «리모델링이 필요하다»는 건 알지만, 문제는 돈입니다. 탄소 설비 투자는 초기 자본 부담이 크고, 회수 기간이 길어 보입니다. 이 '투자 공포'가 결정적 결핍입니다.

넷제로 리트로핏 금융 (자산 가치 방어)은 낡은 건물의 성능을 높여 (리트로핏) 금리를 낮추고 건물의 가치를 회복시킵니다. 이는 환경 보호를 넘어 '내 재산을 지키는 재무 전략'입니다.

넷제로 리트로핏 금융 엔진은 탄소 감축을 《의무》가 아니라 금융 상품으로 구조화합니다. 핵심은 성과 기반입니다. 감축 성과가 검증될수록 금리가 내려가고, 리워드가 발생하며, 자산 가치가 회복됩니다.

건물의 에너지 사용량과 탄소배출을 실시간 측정하고, 리트로핏 시나리오별 감축 효과를 모델링합니다. 감축 결과가 인증되면 금융기관과 자동 연동되어 금리 조건이 재조정됩니다.

탄소 감축은 비용이 아니라 자산의 회복을 만드는 투자입니다. 이 모델은 '환경 규제'가 아니라 '재무 성과'를 언어로 삼기 때문에, 결정권자인 CFO를 움직입니다.

V. 면역 체계가 전신으로 퍼질 때

ESG와 탄소중립이라는 거대한 파도는 단일 산업의 방파제로는 막아낼 수 없습니다. 이 파도는 모든 산업의 경계를 허물고, 기술과 시장이 뒤섞이며 새로운 땅을 드러냅니다.

가상 시나리오 A: 흙이 금이 되는 세상

농업의 재생농법 기술과 금융의 탄소 거래 시장이 데이터 위에서 만납니다.

2026년의 농부는 더 이상 농작물만 수확하지 않습니다. 대기 중 탄소를 토양에 가두는 '탄소 광부'가 됩니다. 센서와 위성이 토양 내 탄소 격리량을 실시간으로 측정해 데이터화하면, 금융 시스템은 이를 즉시 고품질 크레딧으로 자산화하여 글로벌 시장에 상장합니다. 기업은 복잡한 중개인 없이 검증된 크레딧을 구매해 넷제로 목표를 달성하고, 농가는 농작물 수익과 별개로 '탄소 배당'을 받습니다.

농업과 금융과 데이터가 하나로 녹아듭니다. 농업이 '기후 솔루션 금융 산업'으로 재정의되는 순간입니다.

가상 시나리오 B: 폐기물이 자원으로 환생하는 자율 순환 공급망

물류의 역물류 네트워크와 제조의 재활용 기술이 법률의 자동 컴플라이언스와 결합합니다.

소비자가 다 쓴 제품을 반납하는 순간, 물류 시스템은 이를 폐기물이 아닌 '이동 중인 원자재'로 인식합니다. AI가 상태를 판별해 제조 공장 투입 라인으로 배송 경로를 재설정합니다. 동시에 리걸테크가 국가별 폐기물 이동 규제, 탄소 국경세, 원산지 증명 요건을 실시간 검증하고 간편하게 신고합니다.

물류와 제조와 법률이 한 지점으로 모입니다. 제조사는 규제 위반의 공포 없이 전 세계의 폐기물을 자원으로 빨아들이며, 끊임없이 순환하는 제조 생태계를 구축합니다.

이 모델이 강력한 이유는 단순합니다. 2026년의 제조 기업에게 재생 원료 사용은 '선택'이 아니라 수출을 위한 입장권이기 때문입니다. 비용을 줄이려는 자(폐기물 처리자)와 규제를 통과해야 하는 자(재생 원료 수요자)를 매칭하고, 그 사이의 규제 리스크를 기술로 제거하는 대가로 확실한 마진을 확보합니다.

이러한 자율 순환 체계는 거대 기업만의 전유물이 아닙니다. 2025년부터 정부 지원 사업과 시범 프로젝트를 중심으로 확산 중인 '구독형 탄소관리 SaaS'를 잘 활용하면, 자본력이 부족한 중소 제조사들도 대규모 설비 투자 없이 공급망 내 탄소 데이터를 관리할 수 있는 발판을 마련할 수 있습니다. 이는 까다로운 스코프 3 데이터 산정의 문턱을 낮추고 버려지는 자원의 수익화 가능성을 타진하게 함으로써, 중소기업이 글로벌

규제 장벽을 넘어 '녹색 입장권'을 확보하기 위한 실전적이고 효율적인
생존 전략이 됩니다.

VI. 인사이트 리더를 위한 제언

ESG는 '착한 기업'을 선별하는 도덕적 잣대가 아닙니다. 2026년, 이것은 자본이 흐르는 중요한 파이프라인이자, 가끔은 특정 비즈니스를 멈춰 세울 수 있는 '킬 스위치(Kill Switch)'입니다.

첫째, '탄소 회계장부'를 낭상 펼치십시오

리더가 해야 할 첫 행동은 명확합니다. 재무 회계장부를 들여다보듯, '탄소 회계장부'를 펼치십시오. 특히 제조기업이나 수출기반 기업의 경우 이른 시기에 구축을 지시해야 합니다.

보이지 않으면 관리할 수 없습니다. 스코프 1·2는 물론, 협력사와 물류를 포함한 스코프 3까지 《숫자》로 통제되는 시대입니다. 《우리는 친환경적입니다》는 문장에는 효력이 없습니다. 《제품 1개당 1.2kg, 전년 대비 5% 감축》처럼 증명해야 합니다.

협력사 계약서에 탄소 데이터 제출 의무를 넣고, 주요 공급사부터 데이터 품질(무결성)을 단계적으로 표준화하십시오. ESG는 의지보다 조달 프로세스에서 결정됩니다.

말이 아니라 로그를 설계하십시오. '탄소 회계장부'는 그 로그의 구체적인 형태입니다.

둘째, '그린워싱'이라는 법적 지뢰밭을 피하십시오

과거에는 과장 광고 정도로 치부되던 그린워싱이 2026년에는 소송의 대상이자 규제 당국의 표적이 됩니다.

《친환경 소재》《탄소중립 배송》 같은 문구가 데이터로 입증되지 않는 순간, 시장은 '미흡'이 아니라 '허위'로 판단합니다. 이를 방어할 유일한 방법은 기술 기반 무결성입니다. 원료 이동 경로를 불변의 기록으로 남기고, 컴플라이언스를 실시간 감시하는 체계를 구축하십시오.

ESG 커뮤니케이션은 마케팅이 아니라 감사 대응 문서에 가깝습니다. 감성 대신 검증, 슬로건 대신 수치.

셋째, CSR 팀에 국한하지 않고 CFO에게도 권한을 주십시오

ESG를 홍보팀 산하 CSR 부서의 과제로 남겨두는 순간, 기업은 가장 느린 속도로만 움직이게 됩니다. 2026년의 탄소 중립은 자선이 아니라 재무적 생존 전략입니다. 처음부터 CFO 직속팀을 꾸릴 필요는 없습니다. 우선 우리 회사가 쓰는 전기와 연료, 그리고 협력사에서 오는 부품의 탄소량을 '숫자'로 기록하는 습관부터 들이십시오 . 기후 리스크가 금융 리스크로 평가되는 순간, 탄소 감축 비용과 배출권 거래 수익은 '재무제표의 언어'로 번역되어야 합니다.

캠페인 기획자보다 탄소 데이터 분석가와 규제 엔지니어를 확보하십시오. 구매·물류·생산의 KPI에 탄소 비용을 반영하십시오. 《최저가 조달》이 아니라 《탄소 포함 총비용(TCO+Carbon)》이 의사결정 기준이 될 때 전환이 시작됩니다.

CSR을 부서로 남기지 말고 밸류체인에 이식하십시오. ESG는 별도의 부서가 아니라, CFO가 직접 지휘하는 재무 전략입니다.

♣ CEO 및 경영진을 위한 의사결정 포인트

- 탄소 무결성의 자산화: 2025년 가시화된 글로벌 탄소 장벽은 2026년 탄소를 화폐처럼 관리하는 기업만이 자본을 조달할 수 있는 환경을 만들 것입니다.
- 재무 전략으로서의 ESG: 탄소를 홍보 부서에서 재무 부서(CFO)로 옮기고, '탄소 회계장부'를 경영의 핵심 지표로 삼으십시오.

◎ 실무 담당자를 위한 실행 체크리스트

- [ ] 전 과정 배출량 가시화: 직접 배출(Scope 1·2)은 물론, 협력사와 물류 전체(Scope 3)가 데이터로 찍혀 나오는가?
- [ ] 순환의 동맥(역물류) 가동: 폐기물을 단순히 처리하는 것을 넘어, 다시 자산으로 환생시키는 순환 물류 네트워크를 확보했는가?
- [ ] 무결성 증명 프로세스: 제품의 친환경 성과가 위변조 불가능한 기록으로 남고 외부 감사를 통과할 준비가 되었는가?

마지막 질문

2026년, 당신의 비즈니스는 탄소를 비용으로 처리하고 있습니까, 아니면 자산으로 채굴하고 있습니까?

이 책을 통해 변화의 바람을 하나의 유기체 형태로 조립해 왔습니다. 산소, 혈관, 신경망, 경험의 막, 중력장, 정화 장치, 재생, 항상성. 그리고 이제, 면역 체계.

산소가 혈관을 타고 신경망 끝까지 흐르고, 경험의 막이 감싸고, 중력장이 붙잡고, 정화 장치가 깨끗하게 유지하며, 재생이 일어나고, 항상성이 균형을 잡을 때—유기체는 건강합니다. 그러나 건강한 유기체도 외부의 위협에 노출됩니다. 기후 리스크, 규제 충격, 공급망 단절이라는 병원체가 침투합니다. 이때 면역 체계가 작동해야 합니다.

탄소 무결성이라는 항체가 병원체를 식별하고, 투명성이라는 백혈구가 그린워싱을 제거하며, 데이터 기반 시스템이 기업을 방어합니다. 면역 체계가 강한 기업만이 규제의 파도를 넘고, 자본의 흐름을 타며, 시장에서 살아남습니다.

이제 우리는 이 모든 시스템을 움직이는 근본적인 동력—에너지 그 자체의 혁명으로 들어갑니다.

9. ESG 기반의 탄소중립 전환

① 기후 위기 대응 및 재생 농식품 생태계

기후 이변에 적응하기 위해 생산지를 소비지 근처로 옮기고(수직농장), 탄소를 땅에 가두는 재생 농업과 신규 단백질을 통해 식량 안보를 확보하는 모델입니다.

*[농업] 지역화 생산 / 기후 적용
  소비지 인근 수직농장(CEA) 구축 및 기후 변화에 버티는 회복탄력성 확보

*[농업] 투입 요소 최적화 (VRA)
  드론과 센서를 활용해 필요한 만큼만 비료를 처방하는 초정밀 농업

*[농업] 신규 단백질
  식물성 육류와 배양육이 호기심을 넘어 독립된 식품 카테고리로 안착

*[농업] 지속가능 생태계 / 물 관리
  재생 농업을 통한 탄소 크레딧 판매 및 물 자산의 효율적 관리

③ 회복탄력적 공급망 및 자원 순환 시스템

지정학적 위기와 재난에 대비해 공급망을 유연하게 재편하고(Liquid), 폐기물을 자원으로 재사용하는 순환 물류를 통해 환경 영향을 최소화하는 모델입니다.

*[패션] 리퀴드 공급망
  기후 재난 등에 대비해 물처럼 유연하게 움직이는 공급망 확보

*[물류] 회복탄력적/다각화된 공급망
  생산 기지를 소비 시장 근처로 옮기는 니어쇼어링 등 강철 같은 공급망 구축

*[물류] ESG 기반 순환 물류
  쓰고 버리는 것이 아닌 회수와 재활용을 통한 새로운 수익 기회 창출

*[모빌리티] 공급망 및 인력 재편
  다지역 생산 거점 확보 및 순환 경제를 통한 자원 확보로 회복력 강화

*[퍼스널·홈케어] 재생 및 순환 시스템
  폐기물을 없애고 자원을 무한히 재사용하여 긍정적 환경 영향 창출

⑤ 재무적 회복력 및 사회적 지속가능성 대응

물류와 법무 등 지원 부서를 수익 창출 부서로 전환하고, 초고령사회 등 인구 구조 변화에 맞춘 수익형 자산과 플랫폼 생태계를 구축하는 모델입니다.

*[물류] 재무적 회복탄력성 / 비용 최적화
  운송비 절감을 넘어 재고와 현금 흐름을 개선하는 스마트한 판매 경영

*[법률] 법률 운영 최적화 (Legal Ops)
  법무팀이 리스크 방어를 넘어 경영 효율을 높이고 성장을 돕는 공격수로 변모

*[프롭테크] 수익형 시니어 자산
  구매력을 갖춘 시니어를 위한 실버타운 등 확실한 수익형 자산 투자

*[프롭테크] 플랫폼 생태계
  주거 전 여정(계약, 금융, 인테리어 등)을 하나로 연결하는 슈퍼앱 경쟁

*[실버 에이징] 선제적 자산 관리
  100세 시대에 맞춘 현금 흐름 창출 및 치매 대비 복합 금융 솔루션

② 탈탄소 기술 기반 그린 인프라 전환

AI 데이터센터의 에너지 소비를 제로화하고, 그린 수소 등 청정 에너지를 산업 전반에 도입하여 탄소 배출을 근본적으로 차단하는 운영 모델입니다.

*[IT 서비스] 탈탄소화 (그린 IT)
  AI 데이터센터의 에너지를 줄이고 탄소 배출을 제로화하여 지속가능성 담보

*[에너지] 그린 수소 경제
  재생에너지로 생산된 수소를 통해 탈탄소가 어려운 부문의 탄소를 감축

*[뷰티] 클린 & 재생 생태계
  유해 성분 배제를 넘어 바이오 기술 기반의 지속가능한 원료 순환 모델 구축

*[프롭테크] ESG 경영
  탄소 중립 미달성 건물의 좌초 자산 위험 관리 및 친환경 인증 가치 극대화

④ ESG 거버넌스 및 전략적 금융 통합

ESG 요소를 재무적 의사결정의 핵심 척도로 삼고, 글로벌 규제 대응을 위한 법률 자문과 배출권 거래 등 금융 생태계를 활용하는 운영 모델입니다.

*[에너지] ESG 의무화 / 탄소 시장
  ESG의 재무적 통합 및 규제 기반 배출권거래제 등 금융 생태계 성숙

*[금융·핀테크] 그린 & 거버넌스
  기후 리스크를 금융 리스크로 인식하여 대출 금리와 투자 결정의 척도로 활용

*[금융·핀테크] 에코시스템 뱅킹
  타 산업과 결합한 오픈 파이낸스를 통해 외부 생태계와 연결되는 전략

*[법률] ESG 통합 및 지속가능성 자문
  글로벌 규제(공급망 실사 등) 대응을 위한 생존 차원의 법률 자문

*[뷰티] 윤리적 규제 및 복잡성
  글로벌 규제 미로를 탐색하여 규제 해자(Compliance Moat)를 구축

*[패션] 윤리 및 환경 거버넌스
  ESG를 마케팅이 아닌 강력한 법적 규제이자 생존 능력으로 내재화

Chapter 10. 에너지 전환과 저탄소 동력의 부상: 연료에서 플랫폼으로

10. 에너지 전환과 저탄소 동력

에너지 비즈니스의 가장 근본적인 변화는요 ?

사다 쓰는 '연료 '에서 직접 생산하고 거래하는 '플랫폼 '으로의 심장 교체입니다 .

새로운 시대에 가장 비싸게 팔리는 자본은요 ?

전력의 양이 아니라 , 정교하게 저장하고 방출하는 '조정 능력 (유연성)'이 자본이 됩니다 .

미래의 도시 인프라는 어떤 모습인가요 ?

데이터와 에너지가 서로를 돕는 '디지털 - 에너지 넥서스 '가 유기체의 동력이 됩니다

연료에서 플랫폼으로, 비즈니스의 심장이 바뀐다

당신의 차가 밤새 돈을 버는 아침

2026년의 어느 아침, 당신은 출근 준비를 하며 스마트폰 알림을 확인합니다.

"어제 전력 판매 수익: 12,400원. 충전 비용 차감 후 순이익: 8,200원."

차고에 주차된 전기차가 낮과 저녁 피크타임 시간에 전력망에 잉여 전력을 되팔았습니다. 피크 시간대에 방전하고, 심야 저렴한 시간대에 다시 충전하는 동안, 차량은 이동 수단이 아니라 '거래하는 자산'이 되었습니다. 당신이 꿈을 꾸는 동안, 차는 일하고 있었습니다.

같은 시각, 도심의 한 오피스 빌딩. 옥상의 태양광 패널이 아침 햇살을 받아 전력을 생산하고, 지하의 ESS가 그 전력을 저장합니다. 건물 관리 시스템은 오늘의 전력 수요를 예측해 언제 저장하고 언제 방출할지 계산합니다. 점심시간 피크가 오기 전에 저장된 전력을 방출하고, 오후의 햇살이 강해지면 다시 충전합니다.

이 건물은 더 이상 에너지를 소비하는 콘크리트 구조물이 아닙니다. 스스로 에너지를 생산하고, 저장하고, 거래하는 거대한 배터리이자 발전소입니다.

9장이 규제라는 병원체에 맞서는 '면역력'을 다뤘다면, 10장은 그 면역력을 바탕으로 전신에 에너지를 뿜어내는 '심장'의 교체를 다룹니다. 이제 에너지는 공장을 돌리기 위해 사다 쓰는 단순한 '연료'가 아닙니다. 데이터를 통해 흐르고 기술로 거래되는 '비즈니스 플랫폼'입니다. 단순히 전기를 아끼는 단계를 넘어, 에너지를 직접 생산하고 남는 전력을 되팔아 수익을 창출하는 적극적인 전략이 필요한 때입니다.

우리가 오랫동안 알던 에너지는 땅에서 캐내어 태우는 '자원'이었습니다. 화석연료라는 낡은 엔진이 산업혁명 이후 200년간 비즈니스를 굴려왔습니다. 전력은 "만드는 쪽"의 권력이고 "쓰는 쪽"의 비용이었습니다. 그러나 2026년, 에너지는 더 이상 단순한 연료가 아닙니다. 데이터를 통해 흐르고, 금융으로 거래되며, 기술로 순환하는 플랫폼입니다.

앞선 챕터들에서 계속해서 하나의 유기체를 조립해 왔습니다. AI라는 산소, 신뢰라는 혈관, 인프라라는 신경망, 경험의 막, 커뮤니티라는 중력장, 윤리라는 정화 장치, 장수 과학이라는 재생, 웰니스라는 항상성, ESG라는 면역 체계. 그런데 이 모든 시스템을 움직이는 근본적인 동력은 무엇일까요? 바로 심장입니다. 에너지 전환은 이 유기체의 심장입니다.

심장은 혈액을 펌핑해 산소를 온몸에 공급합니다. 심장이 멈추면 유기체는 죽습니다. 2026년의 기업에게 에너지는 바로 그 심장입니다. 화석연료라는 낡은 심장을 떼어내고, 저탄소 동력이라는 새로운 심장을 이식하는 대수술이 지금 진행되고 있습니다.

이 챕터의 질문은 단순합니다.

2026년, 당신의 비즈니스는 어떤 심장으로 뛰고 있습니까?

이 심장 이식 수술은 거창한 구호가 아니라, 네 가지 전환이 동시에 맞물릴 때 비로소 성공합니다. 에너지를 생산하는 방식이 바뀌고, 동력이 전기로 재배치되며, 공간과 소재가 자연을 닮아가고, 그 전환을 운용할 사람이 새로 길러집니다.

첫째, 탈탄소 에너지 생성과 지능형 계통 최적화입니다.

과거의 에너지 비즈니스가 땅속 자원을 캐내어 태우는 일이었다면, 2026년의 에너지는 흐름을 제어하고 최적화하는 데이터 비즈니스입니다. 태양광과 풍력은 보조 전력이 아니라 기준이 되었지만, 변동성이라는 숙제가 남습니다. 그래서 배터리와 가상발전소가 전력을 저장하고 필요할 때 꺼내 쓰는 '에너지 댐'이 되어 계통의 균형을 맞춥니다. 이 과정에서 권력도 이동합니다. 소비자였던 개인과 기업이 직접 생산하고 남는 전기를 거래하는 프로슈머의 시대가 열리며, 전력망은 단방향 공급이 아니라 양방향 시장이 됩니다. 그리고 완전한 재생에너지로 가는 길목에서는 저탄소 전환 연료가 전략적으로 활용됩니다. 차세대 원전, 탄소 포집, 전환 연료가 결합해 계통 안정성을 보완하는 동안, 전환은 끊기지 않고 이어집니다.

둘째, 기술 주도 전력화와 융합 동력 시스템입니다.

화석연료가 하던 일을 전기가 대신하기 시작했습니다. 보일러는 히트펌프로, 내연기관은 전기모터로 대체되며 전력화는 산업과 일상을 재배치합니다. 다만 모빌리티는 단번에 하나로 통일되지 않습니다. 충전 인프라, 원자재, 용도 차이를 고려해 전기차, 하이브리드, 수소, 합성연료가 공존하며 목적에 맞는 조합을 찾아갑니다. 특히 상업용 시장에서는 목적 기반 차량 아키텍처가 확산되며, 차량은 스펙 경쟁이 아니라 운영 효율 경쟁의 도구가 됩니다. 동력의 하이브리드화는 기술의 혼란이 아니라, 전환기의 가장 현실적인 최적화 전략입니다.

셋째, 자연 친화적 하이브리드 공간과 소재 혁신입니다.

에너지 전환은 발전소만 바꾸는 것이 아니라 우리가 머무는 공간과 사용하는 소재를 바꿉니다. 기후에 적응하고 자원을 순환시키는 철학은 건축과 주거에서 자연·환경·디자인이 융합된 바이오필릭 트렌드로 구현됩니다. 친환경 순환 소재는 취향이 아니라 표준이 되고, 집은 휴식처이자 사무실이자 학습 공간이 되는 하이브리드 서식지로 재정의됩니다. 그래서 다기능·모듈형 디자인이 폭발적으로 늘어나며, 공간은 고정된 형태가 아니라 상황에 따라 변형되는 시스템이 됩니다. 퍼스널 케어에서는 랩그로운 및 바이오 원료가 자연의 채취를 대체하며, 지속가능성과 고기능성을 동시에 만족시키는 새로운 제조 문법을 만들어냅니다. 기술은 자연을 정복하는 대신, 자연을 닮아가는 쪽으로 진화하고 있습니다.

넷째, 미래 인재 육성과 글로벌 서비스 도약입니다.

전환을 가능하게 하는 것은 결국 사람입니다. 저탄소 경제는 새로운 역량을 요구하고, 에듀테크는 업스킬링과 리스킬링을 통해 전환기의 인재를 공급합니다. 학위보다 실무 역량, 경력보다 적응력이 중요해지는 순간, 교육은 경력 연계 학습과 하이브리드 학습 모델로 재편됩니다. 이 역량은 의료 영역에서 K-바이오의 글로벌 도약으로 이어지고, 관광에서는 AR/VR 기반의 가상 융합 경험이 이동의 탄소를 줄이면서도 경험의 밀도를 높이는 형태로 확장됩니다. 저탄소 전환은 제조만의 과제가 아니라, 서비스 산업의 경쟁력까지 함께 바꿉니다.

이 네 가지 전환이 동시에 맞물릴 때, 에너지는 비용이 아니라 자산이 되고, 연료는 플랫폼이 됩니다. 이제 전장의 재편으로 들어가 보겠습니다.

♣ 이 장을 읽기 위한 핵심 키워드

- **저탄소 전환 연료**: 화석 연료에서 완전한 탄소 중립으로 가는 과정에서 탄소 배출을 줄이며 징검다리 역할을 하는 LNG나 블루 수소 등의 연료를 의미합니다.
- **바이오필릭**: 자연의 요소를 도심 건축이나 인프라 설계에 결합하여 인간의 심리적 안녕을 돕고 도시의 생태적 회복력을 높이는 설계 방식입니다.
- **다기능 모듈형 디자인**: 표준화된 부품이나 유닛을 조합하여 필요에 따라 주거, 사무, 에너지 저장 등 용도를 자유롭게 변경할 수 있는 유연한 설계 구조입니다.

- **랩그로운**: 실험실에서 배양하거나 합성하여 만든 육류나 소재 등 기존의 사육이나 채취 방식보다 에너지 효율이 높고 탄소 배출이 적은 미래 기술입니다.
- **목적기반 차량(PBV)**: 배달, 이동형 오피스, 의료 서비스 등 특정 비즈니스 목적에 맞춰 실내외 구조를 최적화한 미래형 모빌리티입니다.
- **전력 수요 반응(DR)**: 전력 공급 상황에 따라 사용자가 전력 소비량을 조절하거나 시간을 옮겨 그리드의 안정성을 돕고 보상을 받는 지능형 운영 방식입니다.
- **플릿(Fleet)**: 기업이 비즈니스 운영을 위해 소유하고 관리하는 대규모 차량 집단이나 핵심 자산 그룹을 의미하며, 최근에는 이들을 거대한 이동형 배터리로 활용하는 전략이 주목받고 있습니다.
- **V2G(차량-전력망 기술)**: 전기차 배터리를 전력망과 연결하여 남는 에너지를 되팔거나 필요한 곳에 공급하는 양방향 에너지 교환 기술입니다.
- **PPA(전력구매계약)**: 기업이 재생에너지 발전소와 직접 장기 계약을 맺어 안정적인 가격으로 전력을 구매하는 탄소 중립의 핵심 수단입니다.
- **가상발전소(VPP)**: 소규모로 흩어진 태양광, ESS 등의 자원을 소프트웨어로 통합해 하나의 대형 발전소처럼 정교하게 관리하는 시스템입니다.
- **에너지 플랫폼**: 에너지를 단순히 사다 쓰는 연료를 넘어, 직접 생산하고 유연성을 조절하여 새로운 수익을 창출하는 '거래의 장'으로 전환하는 모델입니다.

I. 화석연료의 종말과 새로운 동력의 탄생

　2026년의 비즈니스 현장은 '에너지'라는 단 하나의 키워드로 재편되고 있습니다. 과거의 에너지가 공장을 돌리고 차를 움직이는 '연료'에 불과했다면, 미래의 에너지는 기업의 생존을 결정짓는 '면허증'이자 새로운 '자본'입니다.

　이 변화가 '유행'이 아니라는 사실은 데이터가 증명합니다. 에너지 산업을 필두로 모빌리티, 홈리빙, 에듀테크, 퍼스널 케어에 이르기까지 7개 핵심 산업에서 포착된 17개의 트렌드 신호가 모두 '에너지 전환과 저탄소 동력'이라는 하나의 지점을 향해 돌진하고 있습니다.

　에너지 전환은 하나의 기술 유행이 아니라, 운영체제 교체입니다. 발전은 재생으로 이동하고, 전력망은 조정 능력의 시장이 되며, 모빌리티와 주거는 에너지 플랫폼으로 편입됩니다. 핵심은 '무엇을 쓰는가'가 아니라 '언제, 어떻게, 얼마나 유연하게 조절하는가'입니다. 이제 에너지는 비용 항목이 아니라, 성과와 수익을 만드는 자산이 됩니다.

II. 산업별 풍경: 심장 이식 수술의 현장

에너지 산업: '태우는 발전소'에서 '생각하는 그리드'로

과거의 에너지 산업은 거대한 굴뚝 아래 화석연료를 태워 전기를 만들고, 이를 일방적으로 송전하는 중앙집중형 시스템이었습니다. 발전소는 산꼭대기나 해안가에 숨어 있었고, 소비자는 매달 청구서를 받아들 뿐이었습니다.

2026년의 그리드는 더 많이 만드는 시스템이 아니라, 더 정교하게 조절하는 시스템으로 바뀝니다. 수백만 개의 분산 자원이 네트워크로 묶이고, 전력은 생산물을 넘어 최적화의 대상이 됩니다. 여기서 승부는 발전량이 아니라 유연성입니다. 언제 저장하고 언제 방출하며, 어떤 시간대에 줄이고 어떤 시간대에 쓰는지를 설계하는 기업이 프리미엄을 가져갑니다. AI는 수요와 공급을 실시간으로 조율하고, 전기는 '생산물'이 아니라 '최적화 대상'이 됩니다. 재생에너지의 부상은 이제 화석 연료의

"대체"를 넘어 하나의 새로운 "기준"으로 기능합니다.

여기서 게임의 규칙이 바뀝니다. 발전량 그 자체보다 더 중요한 것은 유연성입니다. 언제 충전하고 언제 방전할지, 어느 시간대에 줄이고 어느 시간대에 쓰는지. 이 '시간의 가치'를 다루는 기업이 전력 시장에서 프리미엄을 가져갑니다. 에너지는 결국 "킬로와트시(kWh)"가 아니라, 조정 가능한 능력을 통해 거래되기 시작합니다. 전력을 만드는 능력 못지않게 전력을 조절하는 능력이 비싸게 팔리는 시대가 열린 것입니다.

모빌리티: '마력(Horsepower)'에서 '동력 포트폴리오'로

과거의 모빌리티는 내연기관의 굉음과 함께 얼마나 빠르고 멀리 가느냐가 경쟁의 척도였습니다. 휘발유와 디젤이 유일한 혈액이었고, 주유소는 동맥이었습니다.

2026년의 모빌리티는 융합형 동력원 스펙트럼으로 현실에 착륙합니다. 단거리·도심 배송·승용은 전기화가 빠르게 진행되지만, 장거리·고하중·특수 운송은 수소·합성연료·하이브리드가 공존합니다. 핵심은 "하나로 통일"이 아니라 "용도별 최적화"입니다. 이 변화는 차량의 정의도 바꿉니다. 목적 기반 차량 아키텍처(PBV)는 차량을 레고처럼 조립 가능한 모듈로 만들며, 자동차는 도로 위를 달리는 쇳덩어리가 아니라 움직이는 에너지 플랫폼이 됩니다.

그리고 결정적으로, 전기차는 '이동 수단'이면서 동시에 '전력 자산'이 됩니다. 하루 대부분을 주차 상태로 보내는 전기차는, 유휴 시간 동안 전력망을 돕거나(V2G) 피크타임 전후의 전력 가격의 파동을 이용해 수익을 만들 수 있습니다. 출퇴근 시간 외에는 '서 있는 발전소'가 되는 셈입니다. 이 순간, 모빌리티는 에너지의 하위 산업이 아니라 에너지 산업의 일부로 편입됩니다. 자동차 회사의 경쟁자에 유틸리티 기업이 추가되는 이유입니다.

홈·리빙: '소비하는 공간'에서 '자급하는 서식지'로

과거의 집은 외부의 에너지를 끊임없이 끌어다 쓰는 수동적 소비 공간이었습니다. 전기요금 고지서는 비용의 통지서였고, 집은 "그냥 쓰는 곳"이었습니다. 에너지는 벽 뒤에 숨어 있었고, 거주자는 스위치를 누를 뿐이었습니다.

2026년의 홈·리빙은 자연·환경·디자인의 융합을 통해 스스로 숨 쉬고 에너지를 생산하는 '능동적 서식지'로 진화합니다. 태양광 패널과 전력 저장장치(ESS), 지능형 에너지 관리가 결합되면서 집은 작은 발전소이자 작은 배전소가 됩니다. 지붕은 발전 시설이 되고, 차고는 충전소이자 방전소가 되며, 거실의 스마트 기기들은 수요 반응에 참여해 전력망을 돕습니다.

더 나아가 집은 에너지만 관리하는 것이 아니라, 거주자의 웰니스까지 조율하는 '회복의 플랫폼'으로 이동합니다. 조명은 생체 리듬에 맞춰 색온도를 바꾸고, 공조 시스템은 공기질과 습도를 최적화합니다. 전력화는 효율의 이야기가 아니라 삶의 경험을 재편합니다. 집은 더 이상 '쉬는 곳'이 아니라 '회복하는 곳'이 됩니다.

퍼스널 케어와 제조: '채취'에서 '배양'으로

에너지 전환은 "(친환경)전기를 쓰자"에서 끝나지 않습니다. 제조의 원료와 공정 자체를 바꿉니다.

퍼스널 케어 영역에서 랩그로운 및 바이오 원료 기술은 자연에서 원료를 착취하던 구조를 실험실에서 배양하는 구조로 바꿉니다. 희귀 식물에서 추출하던 성분을 세포 배양으로 생산하고, 해당 세포를 활용해 동물 실험 없이 효능을 테스트합니다. 탄소 배출 없는 제조의 가능성이 현실로 열립니다.

이 모든 변화는 결국 사람의 문제로 귀결됩니다. 에듀테크는 전환기의 인재를 공급하는 용광로가 됩니다. 화석연료 시대의 숙련만으로는 부족합니다. 전력망, 배터리, 탄소 회계, 에너지 데이터. 2026년의 경쟁력은 "장비"가 아니라 그 장비를 운용하는 역량에 의해 결정됩니다. 학위보다 역량, 경력보다 적응력이 인재의 척도가 됩니다.

III. 공통의 코드: 심장이 뛰는 방식

에너지, 모빌리티, 홈리빙, 바이오. 겉보기엔 전혀 다른 산업이지만, 이들이 하나의 깃발 아래 모인 이유는 단순합니다. 생존을 위해 연료를 바꿔야 하기 때문입니다.

이들 사이에 흐르는 승리의 법칙은 회복탄력적 순환(Resilient Circularity)입니다. 과거의 산업이 자원을 소모하고 폐기하는 선형 구조였다면, 2026년의 승자들은 에너지를 생산하고, 저장하고, 데이터로 효율적으로 배분하고, 다시 회수하는 순환 생태계를 구축했습니다.

저탄소는 더 이상 «규제 대응»이 아닙니다. 비용 구조를 혁신하고, 새로운 시장을 만들며, 소비자의 선택을 받는 '디지털 산소'입니다. 에너지 흐름을 지배하는 자가 데이터 흐름을 통제하고, 결국 시장을 지배합니다.

마치 디지털 시대에 인터넷 연결이 없으면 아무것도 할 수 없었던 것처럼, 2026년에는 저탄소 동력을 확보하지 못하면 공장을 돌릴 수도, 제품을 수출할 수도, 자금을 조달할 수도 없습니다. 에너지 전환은 선택이 아니라 입장권입니다. 이것이 2026년 비즈니스 전쟁터의 냉혹하지만 희망찬 진실입니다.

IV. 미래를 먼저 훔친 BM들

에너지 전환은 더 이상 '언젠가'의 이야기가 아닙니다. 누군가는 이미 이 파도 위에서 새로운 부의 지도를 그리고 있습니다. 여기, 가장 실전적이고 수익 구조가 선명한 모델들을 소개합니다.

전기차 충선 언계 PPA(전력구매계약): 건물이 발진소가 되다

부동산 소유주에게 EV 전환은 거부할 수 없는 흐름이면서도 골치 아픈 숙제였습니다. 충전기를 설치하자니 초기 투자(CAPEX)가 부담이고, 늘어난 전력 사용량은 건물의 피크를 올려 비용을 폭증시킵니다. 전기차 시대가 오는 건 알지만, 그 준비 비용을 누가 감당할 것인가. '비용과 복잡성의 딜레마'가 결정적 결핍입니다.

이 모델은 초기 투자비 0원으로 주차장에 태양광과 충전기를 설치하고, 남는 전력을 되팔아 수익을 나눕니다 . 주차장은 이제 비용만 발생하는 공간이 아니라 수익을 만드는 에너지 자산입니다. 사업자가 주차장·옥상에 태양광(PV), ESS(전력저장장치), 충전 인프라를 패키지로 설치합니다. 건물주는 초기비용 없이 장기 PPA(전력구매계약)로 전력을 구매하거나, 충전 수익을 공유합니다. 리스크는 사업자가 지고, 건물주는 수익만 나눕니다.

운영의 묘미는 피크 관리에 있습니다. 태양광 전기를 ESS에 저장했다가 피크 시간대에 방출하여 피크를 낮춥니다. 충전 수요가 몰릴 때도 건물 부하를 안정적으로 조절합니다. 건물 전체의 에너지 프로파일이 최적화되는 것입니다.

수익 구조는 장기 PPA 마진, 충전 수익 공유, 피크 절감 성과 기반 수수료, 탄소·에너지 인증 리포트 부가 판매입니다. 주차장은 비용 센터가 아니라 수익을 만드는 에너지 자산이 됩니다. 텅 빈 옥상이 발전소가 되고, 지하 주차장이 충전 허브가 되는 반전입니다.

지능형 에너지 플릿 운영: 혼돈의 선단을 지휘하다

물류 현장은 동력원의 춘추전국시대입니다. 디젤, 배터리 전기차, 하이브리드 자동차, 수소가 혼재된 플릿에서 관리자에게 에너지 관리는 악몽입니다. 차량마다 충전 시간이 다르고, 주행거리가 다르고, 연료비 변동성이 다르고, 인프라 제약이 다릅니다. 어떤 차량을 어느 노선에 배치할지, 언제 충전할지, 어디서 충전할지. 변수가 너무 많습니다. '복잡성의 공포'가 결핍입니다.

이 솔루션은 AI로 운행·충전·배차를 실시간 오케스트레이션합니다. 내일의 배송 경로, 실시간 전력 요금, 충전소 대기 시간, 기온에 따른 배터리 효율까지 분석해 «어떤 차량을 어느 노선에, 언제 충전시키고, 언제 방전시키는가»를 계산합니다. 관리자는 대시보드 하나로 전체 플릿을 조망하고, 시스템이 제안하는 최적 시나리오를 승인하기만 하면 됩니다.

수익 구조는 월 구독료(SaaS), 절감액 기반 성과 보수, 플릿 데이터 인사이트 리포트입니다. '융합형 동력원 스펙트럼'은 전략이 아니라 운영 문제입니다. 전략은 누구나 세울 수 있지만, 운영을 장악한 플랫폼이 시장을 장악합니다.

그리드 유연성 마켓플레이스: 보이지 않는 발전소

재생에너지가 늘수록 전력망은 더 똑똑해져야 합니다. 하지만 한편으로 불안정성도 커집니다. 해가 지면 태양광 출력이 급감하고, 바람이 멈추면 풍력이 멈춥니다. 공급이 흔들리는 시간대, 수요가 몰리는 시간대. 전력망 운영자에게 이 '변동성'은 악몽입니다. 전력망은 《추가 발전소》보다 《조절 가능한 수요》를 원합니다. '유연성의 부족'이 결핍입니다.

이 모델은 공장·빌딩·상가의 전력 사용을 하나로 묶어 가상발전소(VPP)처럼 운영합니다. 공장이나 빌딩의 장비를 잠깐 멈춰 전기를 안 쓰는 것만으로도 보상을 받습니다 . 장비를 교체할 필요 없이 소프트웨어 제어만으로 돈을 버는 '가상발전소'의 원리입니다. 피크 시간에 소비를 줄이면 보상을 받으므로 전기는 《쓰는 것》만이 아니라 《줄이는 것》으로도 거래가 됩니다. 바로 안 쓰는 것이 돈이 되는 세상입니다.

운영의 핵심은 제어 가능한 부하를 식별하는 것입니다. 냉난방, 냉동, 펌프, 충전기—이 장비들은 잠깐 멈춰도 큰 문제가 없습니다. 이 '잠깐'을 모아서 전력망에 판매합니다. 장비 교체 없이, 소프트웨어만으로 수익을 만드는 구조입니다.

수익 구조는 유연성 제공 보상(시장 정산), 제어 소프트웨어 구독, 절감액 공유입니다. 에너지 전환기의 승부는 발전량이 아니라 조정 능력에서 납니다. 유연성은 새로운 자본입니다.

탄소크레딧 플랫폼: 흙을 금고로 만들다

농가에는 보상이 없고, 기업에는 신뢰할 데이터가 없습니다. 농부가 재생농법으로 토양에 탄소를 저장해도, 그것을 측정하고 검증하고 거래할 인프라가 없었습니다. 기업이 탄소 크레딧을 사고 싶어도, 품질을 믿을 수 없었습니다. '신뢰와 보상의 부재'가 전환을 막아왔습니다.

이 플랫폼은 드론·위성·IoT로 탄소 격리량을 계량하고, 검증된 원장에 기록해 고품질 크레딧으로 발행합니다. 측정의 정밀도가 신뢰의 기반이 됩니다. 기업은 리스크 없는 크레딧을 구매하고, 농부는 작물 외에 '탄소'라는 새 작물을 수확합니다.

수익 구조는 크레딧 발행·거래 수수료, 검증·감사 서비스, 농가 운영 데이터 기반 구독형 툴입니다. 《친환경》이 아니라 '검증 가능한 감축'이 화폐가 됩니다. 2026년의 농부는 작물을 키우는 사람을 넘어, 탄소를 관리하고 그 대가를 받는 '기후 관리자'가 됩니다.

V. 심장이 온몸을 뛰게 할 때

에너지 전환은 발전소를 바꾸는 문제가 아니라, 산업의 대사 작용을 바꾸는 화학 반응입니다. 에너지가 모빌리티·금융·IT·농업과 충돌할 때, 전혀 새로운 영토가 생깁니다.

가상 시나리오 A: 달리는 핀테크 발전소

수천 대의 전기 트럭이 운송 수단이 아니라, 도시 전력망을 지탱하는 '움직이는 은행'이 된다면?

물류 기업은 배송을 하지 않는 대기 시간 동안 V2G로 잉여 전력을 판매합니다. 트럭이 물류센터에 도착해 대기하는 2시간, 그 시간 동안 배터리는 전력망에 연결되어 피크 시간대의 수요를 돕습니다. 블록체인 기반 스마트 계약이 전력 판매 수익을 즉시 정산하고, 그 돈은 트럭 할부금·보험료·정비비로 자동 분배됩니다.

모빌리티와 에너지와 핀테크가 서로 연결됩니다. 차량은 감가상각 자산이 아니라 서 있는 동안 돈을 버는 금융 자산으로 재정의됩니다. 총소유비용이 내려가고, 유틸리티는 설비 투자 없이 유연성을 확보합니다. 경제적 유인이 양쪽 모두에 존재하는 구조입니다.

가상 시나리오 B: 디지털-바이오 넥서스
데이터센터의 뜨거운 열기가 식량을 키우는 에너지가 된다면?
하이퍼스케일 데이터센터는 끊임없이 열을 뿜어냅니다. 이 열을 식히기 위해 막대한 에너지를 쓰는 것이 현재의 구조입니다. 디지털-바이오 넥서스는 이 폐열을 스마트팜 난방에 공급합니다. 겨울에도 온실을 따뜻하게 유지하고, 작물 생산성을 높입니다. 스마트팜은 정화된 물과 태양광 전력을 데이터센터로 되돌려 순환에 기여합니다.

IT와 농업과 에너지가 이음새 없이 흘러다닙니다. 에너지 비용이 0에 수렴하는 공생 도시—데이터와 식량이 에너지를 매개로 순환하는 연결 시스템이 탄생합니다. 데이터센터는 '전기 먹는 하마'라는 오명을 벗고, 도시 생태계의 심장이 됩니다.

이 모델이 강력한 이유는 단순합니다. 버려지는 것을 거래 가능한 자산으로 바꾸기 때문입니다. 전기차의 '노는 시간', 데이터센터의 '버려지는 열'. 이것들은 비용이 아니라 아직 발견되지 않은 수익입니다.

참고로 데이터센터의 폐열을 농업에 활용하는 '디지털-바이오 넥서스' 모델은 물리적 거리가 경제성을 결정짓는 핵심 변수입니다. 폐열은 수송 과정에서 에너지 손실이 크기 때문에, 데이터센터와 스마트팜의 거리가 5km 이내로 인접해야 열 수송관 건설 비용 대비 에너지 절감 실익을 확보할 수 있습니다. 또한, 데이터센터의 가동률(열 발생량)과 농작물의 생육 주기별 필요 온도를 실시간으로 매칭하는 지능형 에너지 오케스트레이션 시스템이 반드시 동반되어야 합니다.

VI. 인사이트 리더를 위한 제언

우리 모두는 지금 연료를 바꾸는 차원을 넘어, 비즈니스의 심장을 교체하는 대수술의 한가운데 서 있습니다. 2026년, 에너지 전환은 선택 가능한 옵션이 아니라 시장 진입을 위한 최소 자격입니다. 파도를 타기 위한 리더의 행동 강령을 제시합니다.

첫째, '청구서'를 찢고 '대시보드'를 장악하십시오

에너지를 매월 날아오는 비용 청구서로 대하던 시대는 끝났습니다. 리더의 첫 행동은 에너지의 데이터화입니다. 공장·빌딩·차량·데이터센터가 쓰는 에너지의 흐름을 재무제표 보듯 시각화하십시오.

에너지 감사(Energy Audit)를 '연례 행사'가 아니라 '상시 모니터링'으로 전환하십시오. 피크·요금·부하를 시간대별로 해부해 《언제 돈이 새는지》부터 규명하십시오. 설비투자비만 보지 말고 운영비·유지보수·탄소비용까지 함께 계산해야 합니다. 초기 투자가 커 보여도, 10년 총비용으로 보면 전환이 더 쌀 수 있습니다.

대시보드가 없는 조직은 전환을 '캠페인'으로 오해합니다. 대시보드를 가진 조직만이 전환을 운영합니다. 보이지 않으면 관리할 수 없습니다.

둘째, '단일 기술 베팅'과 '좌초 자산'의 함정을 피하십시오

첫째, 단일 기술에 대한 성급한 베팅을 경계하십시오. 모빌리티는 BEV(배터리 전기차)로 단번에 단일화되지 않습니다. 융합형 동력원 스펙트럼이 지속될 가능성이 높고, 인프라 제약이 남아 있는 구간에서 급진적 전환은 가동 중단 리스크를 부릅니다. 모든 트럭을 전기차로 바꿨는데 충전 인프라가 따라오지 못하면, 물류가 멈춥니다.

셋째, 좌초 자산의 위험을 직시하십시오. 탄소 기준을 충족하지 못하는 공장·건물·설비는 자산이 아니라 부채가 될 수 있습니다. 대출이 막히고, 보험료가 오르고, 거래가 어려워집니다. 《아직 쓸 수 있으니까》라는 이유로 낡은 설비를 붙잡고 있다가, 어느 날 갑자기 '팔 수 없는 자산'이 되는 상황을 경계해야 합니다.

전략적 방패는 세 가지입니다. 에너지원을 믹스해 그리드 유연성을 확보하십시오. 규제·투자자·고객이 요구하는 수준으로 투명성을 구축하십시오. 또한 에너지 시스템 보안 거버넌스를 강화하십시오. 《연결된 에너지》는 《열린 공격면》이기도 합니다. 스마트 그리드가 해킹되면 공장이 멈춥니다.

넷째, '에너지 사일로'를 파괴하고 '탄소 문해력'을 심으십시오

에너지 문제를 시설팀/총무팀에 가두는 순간 혁신은 멈춥니다. 에너지는 비용이 아니라 자산입니다. 자산은 재무팀이 관리합니다.

파괴해야 할 구조는 '비용 부서'로서의 에너지 관리팀입니다. 만들어야 할 구조는 에너지를 수익과 리스크로 운용하는 에너지 자산 운용팀입니다. 이 팀은 CFO 직속이어야 합니다. 에너지 비용이 재무제표에 미치는 영향을 실시간으로 파악하고, 전환 투자의 ROI를 계산하며, 탄소 시장의 기회를 포착해야 합니다.

확보해야 할 인재는 탄소 회계사, 에너지 데이터 분석가, 규제·전력시장 구조를 이해하는 에너지 프로젝트 관리자입니다. 이들은 기술자가 아니라 통역사입니다. 엔지니어의 언어를 재무의 언어로, 규제의 언어를 전략의 언어로 번역하는 사람들입니다.

그리고 무엇보다, 전 사원의 탄소 문해력이 필요합니다. 개발자, 영업, 구매, 생산—각자의 의사결정이 에너지 비용과 탄소 비용을 동시에 만든다는 감각이 조직의 기본 언어가 되어야 합니다. 구매 담당자가 부품을 고를 때 가격만 보는 것이 아니라 탄소 발자국을 함께 봐야 합니다. 영업 담당자가 고객에게 제품을 설명할 때 탄소 성적표를 함께 제시해야 합니다. 교육은 '경력 연계 학습'으로 직무 역량과 결합되어야 하고, 그때 에너지 전환은 구호가 아니라 성과가 됩니다.

♣ CEO 및 경영진을 위한 의사결정 포인트

- 에너지를 수익 자산으로 전환: 2025년 시작된 에너지 플랫폼화는 2026년 에너지를 단순 연료가 아닌 거래 가능한 '자본'으로 인식하게 할 것입니다.

- 에너지 자산 운용(Ops) 강화: 에너지 소비 최적화를 재무 성과와 연결하고, 외부 에너지 시장 변화에 즉각 대응할 수 있는 운영 역량을 확보하십시오.

◎ 실무 담당자를 위한 실행 체크리스트

- [ ] 에너지 부하의 데이터화: 시설 내 에너지 사용 현황을 실시간으로 해부하고 최적화할 수 있는 통합 대시보드가 가동 중인가?

- [ ] 그리드 유연성 확보: 공급 상황에 따라 사용량을 스스로 조절하거나 남는 전력을 거래할 수 있는 '조정 시스템'을 갖췄는가?

- [ ] 전력화 모델 설계: 기존 동력을 전기로 전환하고, 이를 통해 새로운 비즈니스 가치(V2G 등)를 창출할 로직이 있는가?

마지막 질문

2026년, 당신의 비즈니스는 에너지를 소비하는 '엔진'입니까, 아니면 에너지를 생산·연결·확장하는 '발전소'입니까?

이 책을 통해 하나씩 유기체로 변화를 설명하는 과정도 이제 막바지에 이르렀습니다. AI라는 산소, 신뢰라는 혈관, 인프라라는 신경망, 피지털이라는 경험의 막, 커뮤니티라는 중력장, 윤리라는 정화 장치, 장수 과학이라는 재생, 웰니스라는 항상성, ESG라는 면역 체계. 그리고 마지막으로, 에너지라는 심장.

심장이 뛰어야 산소가 돕니다. 심장이 멈추면 유기체는 죽습니다. 에너지는 비즈니스의 심장입니다. 화석연료라는 낡은 심장을 떼어내고, 저탄소 동력이라는 새로운 심장을 이식하는 대수술이 지금 진행되고 있습니다. 이 수술을 성공적으로 마친 기업만이 2026년 이후의 시장에서 살아 숨 쉴 수 있습니다.

10개의 챕터를 통해 하나의 유기체가 완성되었습니다. 이 모든 것이 조화롭게 작동할 때, 비로소 비즈니스라는 유기체는 건강하게 살아 움직입니다.

2026년, 당신의 비즈니스는 어떤 유기체입니까?

10. 에너지 전환과 저탄소 동력의 부상

① 탈탄소 에너지 생성 및 지능형 계통 최적화

화석연료를 재생에너지와 저탄소 연료로 대체하고, 에너지를 효율적으로 저장·거래하는 양방향 분산형 전력망을 운영하는 모델입니다.

* **[에너지] 재생에너지의 부상**
  태양광·풍력이 경제성과 정책적 지지를 바탕으로 지배적인 발전원으로 자리매김함

* **[에너지] 에너지 저장 및 계통 유연성**
  전력망 균형을 위해 BESS, 가상발전소(VPP) 등을 통해 유연성을 확보함

* **[에너지] 저탄소 전환 연료**
  그리드 안정을 위해 SMR과 CCUS 기술을 결합한 천연가스를 전략적으로 활용함

* **[에너지] 프로슈머와 분산형 그리드**
  개인이 에너지를 능동적으로 생산·저장·거래하는 분산형 양방향 네트워크로 전환됨

② 기술 주도 전력화 및 융합 동력 시스템

최종 에너지 소비 부문을 전기로 대체하고, 현실적인 탈탄소 전략으로서 다양한 동력원(수소, 하이브리드 등)을 목적에 맞게 융합하는 모델입니다.

* **[에너지] 기술 주도 전력화**
  수송, 산업, 건물 분야에서 화석연료를 전기로 대체하는 현상이 가속화됨

* **[모빌리티] 융합형 동력원 스펙트럼**
  전기, 하이브리드, 수소 등 다양한 기술이 공존하며 가장 효율적인 에너지를 조합함

* **[모빌리티] 목적 기반 차량 아키텍처 (PBV)**
  상업적 용도(배송, 셔틀 등)에 완벽하게 부합하도록 최적화된 맞춤형 차량 아키텍처가 대세가 됨

③ 자연 친화적 하이브리드 공간 및 소재 혁신

기후 변화에 대응하는 회복탄력적 인프라를 구축하고, 바이오 기술과 자연 친화적 디자인을 결합해 다기능적 서식 공간을 설계하는 운영 모델입니다.

* **[에너지] 기후 적응 및 순환 경제**
  인프라의 회복탄력성을 구축하고 자원을 계속 순환시키는 순환 경제 원칙을 채택함

* **[홈·리빙] 자연, 환경, 디자인의 융합 (Biophilic)**
  자연 요소를 도입한 디자인과 환경친화적 순환 소재를 결합하여 지속가능한 공간을 구축함

* **[홈·리빙] 하이브리드 서식지**
  집이 업무, 학습, 휴식을 모두 수용하는 다기능 공간으로 변화함에 따라 유연한 솔루션을 제공함

* **[홈·리빙] 다기능 및 모듈형 디자인의 필요성**
  도시화로 인한 공간 축소에 대응하여 공간 효율적인 모듈형 인테리어 수요가 증가함

* **[퍼스널·홈케어] 랩그로운 및 바이오 원료**
  바이오 기술을 활용해 지속가능하고 성능이 우수한 고기능성 원료를 혁신적으로 개발함

④ 미래 인재 육성 및 글로벌 서비스 도약

변화하는 노동 시장에 맞춰 인적 역량을 재편하고, AR/VR 등 몰입형 기술과 제조 역량을 결합하여 글로벌 시장으로 서비스를 확장하는 모델입니다.

* **[에듀테크] 경력 연계 학습**
  학문적 교육 과정에 산업 현장의 경험과 직무 기술 개발을 통합하여 사회 진출을 도움

* **[에듀테크] 하이브리드 학습 모델**
  온라인과 대면 학습을 전략적으로 결합하여 학습자에게 유연성을 제공함

* **[에듀테크] 인재 개발 (Upskilling & Reskilling)**
  노동 시장 변화에 대응하기 위해 지속적으로 새로운 기술을 습득하고 역량을 향상시킴

* **[의료] K-바이오의 글로벌 확장**
  정책 지원과 제조 역량을 기반으로 한국의 바이오·제약 산업이 글로벌 무대로 도약함

* **[관광] 가상 융합 프론티어**
  AR/VR 몰입형 기술을 여행 전 과정에 통합하여 새로운 가상 관광 경험을 제공함

나가는 글

표준이 바뀐 시대, 당신은 무엇을 '운영'할 것인가

이 책을 덮는 순간, 당장의 현실은 아마도 변하지 않을 것입니다. 내일 아침의 회의 일정은 그대로이고, 예산은 늘 빠듯하며, 사람은 언제나 부족합니다. 그럼에도 한 가지는 이미 바뀌었습니다. 당신이 시장을 해석하는 관점입니다.

사람들은 흔히 변화의 본질을 '기술'에서 찾습니다. 생성형 AI, 초개인화, 피지털, 커뮤니티 커머스, 웰니스, ESG, 에너지 전환···. 목록은 길고 화려합니다. 하지만 이 책이 10개 챕터를 통해 반복해온 진짜 메시지는 오히려 단순했습니다.

2026년의 경쟁은 '무엇을 도입했는가'가 아니라 무엇을 표준으로 운영하기 시작했는가에서 갈립니다.

기술은 도구입니다. 다만 어떤 도구는 '업무'를 바꾸고, 어떤 도구는 '운영 체계'를 바꿉니다. 2026년의 기술은 대부분 후자에 속합니다. AI는 더 이상 업무 보조가 아니라 의사결정과 실행의 리듬을 바꾸고, 데이터는 마케팅 자료가 아니라 신뢰를 증명하는 증거가 되며, 물리적 현장은 비용의 공간이 아니라 데이터가 흐르는 신경망으로 전환됩니다.

그리고 그 모든 변화의 끝에서, 소비는 구매가 아니라 '사건'이 되고, 커뮤니티는 고객이 아니라 '공동체'가 되며, 건강은 복지가 아니라 '수명 자본'이 됩니다. ESG는 이미지가 아니라 거래의 입장권이 되고, 에너지는 청구서가 아니라 전략 자산이 됩니다.

이쯤 되면 질문은 더 이상 "어떤 트렌드가 뜰까?"가 아닙니다. "우리 조직은 어떤 방식으로 살아남을 것인가?"입니다.

표준의 교체는 소리 없이 시작되지만, 당신이 깨닫는 순간에는 이미 늦었습니다. 적토마의 해, 2026년의 변화는 웅장한 천둥소리와 함께 오지 않습니다. 고객이 불만 없이 조용히 떠나가고, 규제가 '이미지'가 아닌 '거절'이라는 성적표로 돌아올 때—그때서야 우리는 표준이 바뀌었음을 깨닫게 됩니다. 멈출 수 없다면 타야 하고, 타는 순간 필요한 것은 속도가 아니라 방향입니다.

고객은 불만을 길게 설명하지 않습니다. 대신 떠납니다. 규제는 '경고'로 시작하지만, 어느 순간 '거절'이 됩니다. 데이터는 쌓이지만 신뢰가 없으면 쓸 수 없고, 자동화는 가능해도 책임이 없으면 실행할 수 없습니다.

그래서 2026년의 경쟁은 의외로 '거창한 혁신'보다 작고 단단한 운영의 습관에서 갈립니다.

고객 데이터는 모으는가, 설명 가능한 방식으로 다루는가
AI는 도입했는가, 프로세스의 실행 루프에 편입했는가

오프라인은 유지하는가, 경험의 아키텍처로 설계했는가

커뮤니티는 키우는가, 진정성의 규칙을 운영하는가

ESG는 보고하는가, 탄소 회계장부로 관리하는가

에너지는 절감하는가, 대시보드로 최적화하고 수익화하는가

이 질문들은 기술의 문제가 아니라 리더십의 문제입니다. 다시 말해, 2026년의 성패는 "얼마나 똑똑한 기술을 가졌는가"보다 "얼마나 정확한 운영 철학을 가졌는가"에 달려 있습니다.

리더의 역할이 중요합니다.

이 책을 읽는 독자―스타트업 대표, 팀장, 직장인, MBA, 경영자―에게 공통으로 필요한 역량은 한 가지입니다. 전환을 '프로젝트'가 아니라 '운영'으로 만드는 힘입니다.

프로젝트는 끝이 있지만, 운영은 남습니다.

'AI TF'를 만들고 끝내는 조직과, AI를 일상 업무의 기본 문법으로 내재화한 조직은 전혀 다른 기업이 됩니다. 'ESG 보고서'를 제출하는 기업과, 탄소 데이터를 비용 구조에 반영해 의사결정을 바꾼 기업도 전혀 다른 기업이 됩니다.

결국 리더의 일은 '새로운 것'을 찾는 데 있지 않습니다. 새로운 표준을 조직의 습관으로 만드는 일입니다.

이를 위해, 마지막으로 세 가지를 권합니다.

시작할 하나를 선택하십시오.

모든 전환을 동시에 할 수는 없습니다. 당신의 산업에서 '입장권'이 되는 표준이 무엇인지 하나만 고르십시오. 신뢰일 수도, 탄소일 수도, 에너지일 수도, 현장 데이터일 수도 있습니다. 시작점이 있어야 조직이 움직입니다.

측정 가능한 언어로 바꾸십시오.

"혁신", "친환경", "고객 중심"은 선언입니다. 2026년은 선언이 아니

라 수치와 증거의 시대입니다. 무엇을 측정하고, 어떻게 공개하고, 어떤 기준으로 개선할지—그 운영 규칙을 먼저 설계하십시오.

사일로를 해체하십시오.

전환은 부서 하나로 되지 않습니다. 데이터-법무-비즈니스, 콘텐츠-커머스, 에너지-재무가 한 팀이 되는 순간부터 속도가 나옵니다. 2026년의 조직은 기능이 아니라 여정과 문제를 기준으로 재편됩니다.

마지막 질문

이 책은 예언서가 아니라 지도입니다. 지도는 길을 대신 걸어주지 않습니다. 다만 길을 잃지 않게 해줍니다. 그리고 어떤 지도는 목적지보다 더 중요한 것을 알려줍니다. "지금 당신이 서 있는 곳"입니다.

그래서 마지막 페이지에서, 다시 처음의 질문으로 돌아가고자 합니다.

**당신의 비즈니스는 에너지를 소비하는 엔진입니까,
아니면 에너지를 생산하고 연결하는 발전소입니까?
당신의 서비스는 데이터를 수집하는 시스템입니까,
아니면 신뢰를 설계하는 관계입니까?
당신의 조직은 변화를 가끔 '시도'합니까,
아니면 변화를 매순간 '운영'합니까?**

적토마는 멈추지 않습니다.

멈출 수 없다면, 타야 합니다. 그리고 타는 순간, 필요한 것은 속도가 아니라 방향입니다.

당신의 2026년은 이미 시작되었습니다.

이제, 당신의 표준을 선택할 차례입니다.

- 조용호 드림

부록. 25개 산업의 2026년 비즈니스모델 트렌드

산업별 10대 트렌드 요약 인포그래픽

들어가며: 거시적 통찰을 실천적 승리로 연결하는 법

이 책의 본문에서 다룬 10대 울트라 메가트렌드는 막연한 예측이 아닙니다. 대한민국 비즈니스 생태계를 지탱하는 25개 핵심 산업의 현장을 샅샅이 훑고, 그곳에서 발견된 250개의 개별 트렌드를 데이터 과학의 용광로에 넣어 정제해낸 데이터 기반 인사이트의 정수입니다.

이제 이 부록을 통해, 하나의 거시적인 '시대의 흐름'이라는 큰 틀에서 벗어나 독자 여러분이 발을 딛고 있는 각 산업의 구체적인 전술 지도를 펼쳐 보이려 합니다.

1. 데이터로 설계된 미래의 지도

이 책에서 소개한 모든 내용은 독자들이 2026년이라는 근미래의 불확실성을 뚫고 나갈 수 있도록 돕기 위해 기획되었습니다. 본문의 울트라 메가트렌드는 전 산업을 관통하는 공통의 생존 원칙을 제시하며, 각 장에서는 이 거대 흐름이 개별 산업 트렌드와 어떻게 유기적으로 연결되어 있는지 상세한 연관도를 제공했습니다. 이를 통해 독자들은 본인의 산업이 전체 생태계의 어느 좌표에 위치해 있는지 명확히 이해하게 될 것입니다.

2. 한눈에 읽는 25개 산업의 지형도

이어지는 부록 페이지에는 25개 각 산업별 10대 트렌드를 인포그래픽 형태로 시각화하여 담았습니다. 복잡한 텍스트 데이터 대신 한눈에 들어오는 인포그래픽을 통해, 여러분은 본인이 속한 산업은 물론 연관 산업의 변화까지 빠르게 파악할 수 있습니다. 이는 이종 산업 간의 융합이 가속화되는 2026년 비즈니스 환경에서 새로운 기회를 포착하는 강력한 무기가 될 것입니다.

3. 실전을 위한 도구: 산업별 심화 시리즈의 활용

부록에서 소개하는 산업별 트렌드는 이 책의 자매편인 『넥스트 비즈니스모델 산업편(전 25권)』의 방대한 연구 결과를 요약한 것입니다. 각 산업별 전문 도서에서는 해당 트렌드들을 더 깊이 있게 설명함은 물론, 이 책에는 없는 시장의 빈틈을 날카롭게 파고드는 200여 개의 비즈니스 아이디어와 각자의 위치에서 깊이있게 탐구 및 실행 가능한 30개의 코어 비즈니스 모델(Core BM)을 상세히 제안하고 있습니다.

본 총괄편을 통해 시대 변화의 큰 틀과 방향을 잡았다면, 이제 여러분이 속한 산업의 전문서를 통해 프리즘처럼 분화된 실천적 아이디어와 구체적인 영감을 얻어가시길 바랍니다.

마치며: 날실과 씨실이 만드는 성취의 기록

비즈니스 전략에서 울트라 메가트렌드가 시대의 방향을 결정하는 '날실'이라면, 각 산업의 구체적인 트렌드와 BM 아이디어는 그 위를 촘촘히 채우는 '씨실'과 같습니다. 이 두 축이 정교하게 맞물릴 때 비로소 누구도 흉내 낼 수 없는 견고한 성공의 직물이 완성됩니다.

이 책을 덮는 순간, 여러분의 손에는 2026년이라는 거친 바다를 항해할 수 있는 가장 정밀한 지도가 들려 있을 것입니다. 이 책을 통해 큰 틀에서의 방향을 잡고(총괄편), 각자가 자리하신 산업의 프리즘을 통해 실천적 대안을 찾아(산업편), 여러분의 비즈니스가 더 나은 성취를 이룰 수 있기를 진심으로 기원합니다.

- 본 도서의 인포그래픽은 생성형 AI(Gemini Nano Banana)를 활용하여 저자가 직접 편집 및 가공하였습니다.

2026년 농업 산업 트렌드 전망

- F.A.L.C.O.N. S.W.O.P. "하늘의 제왕 매 (Falcon)처럼 조망하고, 먹이를 낚아채듯(Swoop) 기회를 포착하라"

2026년 농업 비즈니스모델: 상위 10대 산업 트렌드

F.A.L.C.O.N. S.W.O.P.
하늘의 제왕 매(Falcon)처럼 조망하고, 먹이를 낚아채듯(Swoop) 기회를 포착하라

F - Food as a Service (서비스로서의 식품)
나를 위한 '처방전' 구독, 바이오 파밍 시대

유전자와 건강 데이터 기반 맞춤형 '건강 관리 솔루션' 구축. 수면 유도, 면역 강화 등 기능성 작물(바이오 파밍) 재배 확산.

N - Novel Proteins (신규 단백질)
새로운 주류, '뉴 노멀' 단백질

식물성 육류, 배양육, 하이브리드 제품 등장. 가치 소비 중시 세대에겐 '뉴 노멀' 식품 카테고리.

A - Autonomous Operations (자율 운영)
로봇 군단이 답, 완전 무인 농장

인간 개입 최소화, 로봇 협업(Swarm Robotics)으로 파종부터 수확까지. 인간은 관리자 역할 수행.

S - Sustainable Ecosystems (지속가능 생태계)
탄소를 파는 농부, 재생 농업

탄소 배출에서 탄소 저장 산업으로 변모. 재생 농업으로 저장한 흙 속 탄소가 '크레딧'으로 판매.

L - Localized Production (지역화 생산)
도심 속 농장, 필수 생존 인프라

소비자와 가장 가까운 곳에서 생산. 도심 수직농장(CEA)이 '필수 생존 인프라'이자 신선 먹거리 기지.

W - Water Stewardship (물 관리)
블루 골드, '수리권 거래' 시장

물 부족 심화로 농업용수 가치 폭등. 효율적 사용이 수익성 결정, '수리권 거래' 시장 활성화.

C - Climate Adaptation (기후 적응)
변덕스러운 날씨, 버티는 힘이 경쟁력.

저항성 품종과 리스크 관리 '기후 금융' 결합. 회복탄력성(Resilience)이 핵심 경쟁력.

O2 - On-chain Traceability (온체인 추적성)
투명성이 프리미엄, 디지털 여권

QR코드로 생산부터 식탁까지 여정 확인. 블록체인 기반 위변조 불가 '디지털 여권'이 신뢰 보증.

O - Optimized Inputs (투입 요소 최적화)
'정확하게'가 핵심, 초정밀 농업

드론과 센서 진단 기반 초정밀 농업(VRA) 필수. 비용 절감, 효율 극대화가 생존 방정식.

P - Predictive Analytics (예측 분석)
AI 시뮬레이션, 실패 없는 농업

실제 농장과 똑같은 '디지털 트윈' 가상 공간에서 미리 농사. AI가 최적의 시나리오 도출.

2026년 뷰티 및 화장품 산업 트렌드 전망

- C.R.A.N.E. F.L.I.E.S. "화려한 겉모습만의 성장이 아닌, 산업의 토양(공급망, 윤리, 과학)을 건강하게 바꾸는 '재생'의 단계로 진입"

2026년 뷰티 및 화장품 산업 비즈니스모델: 상위 10대 산업 트렌드

CRANE FLIES

화려한 겉모습만의 성장이 아닌, 산업의 토양(공급망, 윤리, 과학)을 건강하게 바꾸는 '재생(Regeneration)'의 단계로 진입

클린 & 재생 생태계
(Clean & Regenerative Ecosystems)
바이오 기술 기반 지속가능 원료,
순환 경제, 자연에 긍정적인 '재생' 전략

푸드메틱스: 이너뷰티의 부상
(Food-as-Beauty: The Rise of Nutricosmetics)
피부, 모발, 손톱 건강을 위한
뉴트리코스메틱스의 필수 요소화

**급진적 포용성 &
초월적 정체성**
(Radical Inclusivity & Ageless Identity)
피부톤, 연령, 젠더, 신체를 넘어선
포용성 및 '안티에이징'의 종말

장수 과학 & 바이오-해킹
(Longevity Science & Bio-Hacking)
최첨단 장수 의학 스킨케어로
노화 과정을 조절, '건강 수명' 연장

AI 기반 초개인화
(AI-Powered Hyper-Personalization)
AI 피부 진단 및 맞춤형 제품 추천/
제조로 1:1 초개인화 시대 고도화

성분 투명성 & 추적성
(Ingredient Transparency & Traceability)
블록체인 등을 통한 원료부터
완제품까지의 전 과정 투명 추적 및 검증

뉴로-글로우
(Neuro-Glow: The Mind-Beauty Nexus)
피부와 정신 건강의 과학적 연결 기반,
뉴로코스메틱으로 감성 효능 제공

윤리적 규제 및 복잡성
(Ethical Regulation & Compliance Maze)
MoCRA, EU 그린딜 등 글로벌 규제
강화에 대응하는 것이 생존 및 성장
핵심 전략

확장된 디지털 현실
(Expanded Digital Realities (Phygital))
피지컬과 디지털의 결합(Phygital),
AR/VR로 고객 경험 혁신

과학적 신뢰
(Science-as-Sanctuary:
The New Authority)
정보 과잉 속 과학적 신뢰성이
'안식처'를 제공, 더마코스메틱 성장

2026년 생활가전 산업 트렌드 전망

- W.O.L.V.E.S. R.O.A.R. "이제 단일 제품의 스펙 경쟁은 끝났습니다. 늑대는 혼자일 때보다 무리를 지어 움직일 때 가장 강력합니다."

2026년 생활가전 산업 비즈니스모델: 상위 10대 산업 트렌드

WOLVES ROAR

이제 단일 제품의 스펙 경쟁은 끝났습니다. 늑대는 혼자일 때보다 무리(Ecosystem)를 지어 움직일 때 가장 강력합니다.

W 웰니스 & 헬스케어 통합: 가전이 사용자의 건강 데이터를 분석하고 예방적 건강관리를 지원.

O 소유 개념의 재정의: 구독(Subscription) 및 서비스형 제품(PaaS) 모델로의 전환.

L 전 생애주기 지속가능성: 설계부터 폐기까지 자원 최소화 및 순환 경제 원칙 내재화.

V 음성 및 앰비언트 인터페이스: 상황을 파악하고 반응하는 마찰 없는 '앰비언트 컴퓨팅' 경험.

E 생태계 통합: '매터(Matter)' 표준을 통한 모든 스마트 기기의 자유로운 연동.

S 세분화된 인구구조 대응: 1인 가구, 고령층 등 특정 인구 맞춤 고도 특화 제품.

R 가정 내 로봇 기술 확산: 가사 노동, 보안, 동반자 역할의 다기능 로봇.

O 온디바이스 AI 확산: 빠르고 안전한 기기 자체 AI 연산.

A 증강 창의성 (생성형 AI): 생성형 AI를 통한 새로운 콘텐츠 생성 및 창의적 경험 증강.

R 공급망 회복탄력성 및 윤리성: 안정적이고 투명하며 윤리적인 공급망 구축.

2026년 콘텐트 미디어 산업 트렌드 전망

- F.A.L.C.O.N. D.I.V.E. "2026년, 당신의 비즈니스는 매처럼 날카롭게 보고, 거침없이 뛰어들 준비가 되었나요?"

2026년 콘텐트 & 미디어 산업 비즈니스모델: 상위 10대 산업 트렌드

FALCON DIVE

2026년, 당신의 비즈니스는 매(Falcon)처럼 날카롭게 보고, 거침없이 뛰어들(Dive) 준비가 되었나요?

F. 팬덤 기반 생태계
- 팬덤이 IP 가치를 키우고 수익을 나누는 경제 공동체.

N. 차세대 제작 방식
- 버추얼 프로덕션과 확장현실로 우주와 심해 구현.

A. AI가 생성하는 현실
- 생성형 AI가 비즈니스의 '기본 운영체제'로 혁신.

D. 탈중앙화 콘텐츠 체인
- 블록체인으로 창작자의 가치를 지키는 투명한 신뢰 기술.

L. 라이브 스트림 커머스의 융합
- 쇼핑과 엔터테인먼트가 융합된 '놀이터' 공간.

I. IP 세계관의 확장
- 하나의 이야기로 팬들이 365일 머무는 거대한 '세계관'.

C. 브랜드가 된 크리에이터
- 팬덤과 데이터를 소유한 독립적인 '기업가'이자 브랜드.

V. 가치 기반 구독 모델
- 영상, 음악, 쇼핑 등 혜택을 묶어주는 강력한 '슈퍼 번들'.

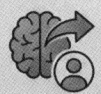
O. 초개인화된 온디맨드 경험
- AI가 고객 기분과 상황에 맞춰 실시간으로 서비스 구성.

E. 윤리적이고 투명한 미디어
- 가짜 뉴스 속에서 '신뢰'가 가장 비싼 상품으로 부상.

2026년 에듀테크 산업 트렌드 전망

- C.H.E.E.T.A.H. R.U.N. "먹잇감을 쫓을 때 급격한 방향 전환에도 균형을 잃지 않는 놀라운 민첩성을 가진 치타가 되라."

2026년 에듀테크 비즈니스모델: 상위 10대 산업 트렌드

 **CHEETAH RUN** : 먹잇감을 쫓을 때 급격한 방향 전환에도 균형을 잃지 않는 놀라운 '민첩성(Agility)'을 가진 치타가 되라

 경력 연계 학습 (Career-Connected Learning)
학문적 교육 과정에 실제 산업 현장의 경험과 직무 기술 개발을 의도적으로 통합하는 교육 모델입니다. 교육의 목표를 학위 취득에서 성공적인 사회 진출로 재정의하는 패러다임의 전환입니다.

 **AI 기반 개인화 (AI-driven Personalization)**
인공지능 기술을 사용하여 각 학습자의 학습 속도, 스타일, 강점과 약점에 맞춰 교육 경험을 맞춤 제공하는 것입니다.

 하이브리드 학습 모델 (Hybrid Learning Models)
대면 수업, 실시간 온라인 수업, 비동기 온라인 학습 활동을 전략적으로 결합하여 학습자에게 유연성을 제공하는 교육 방식입니다.

 통합적 분석 (Holistic Analytics)
단순한 성과 지표를 넘어 학습 참여 패턴, 행동 데이터, 사회적 상호작용 등 다양한 데이터를 수집, 분석하여 학습자에 대한 360도 관점을 제공하는 접근법입니다.

 정서적 웰빙 Emotional Wellness (SEL))
사회·정서 학습(SEL)을 통해 학업, 직장, 삶 전반에 필수적인 자기 인식, 자기 조절, 대인관계 기술 등을 개발하는 과정입니다.

 반응형 콘텐츠 Responsive Content (Generative AI))
생성형 AI 모델을 활용하여 교육 콘텐츠를 실시간으로 생성, 수정, 개인화하는 것입니다. AI 튜터, 수업 계획 자동 생성 도구 등이 포함됩니다.

 **체험형 학습 Experiential Learning (AR/VR))**
증강현실(AR)과 가상현실(VR) 기술을 활용하여 몰입감 있고 직접적인 학습 경험을 창출하는 것입니다. 복잡한 개념을 시각화하고 안전한 환경에서 실습 기회를 제공합니다.

 **통합 플랫폼 (Unified Platforms)**
LMS, 평가, 콘텐츠, 분석 등 파편화된 여러 에듀테크 도구들을 하나의 원활한 생태계로 통합하여 '앱 과부하' 문제를 해결하는 시장의 흐름입니다.

 인재 개발 Talent Development (Upskilling & Reskilling))
급변하는 노동 시장에 대응하기 위해 기존 직무 역량을 향상(업스킬링)시키거나, 새로운 기술을 습득(리스킬링)하는 지속적인 학습 활동입니다.

 차세대 자격증명 Next-generation Credentials)
마이크로 자격증, 디지털 배지 등 '대안적 자격증명'이 특정 기술과 역량을 증명하는 유효한 수단으로 인정받는 현상입니다.

2026년 에너지 산업 트렌드 전망

- T.I.G.E.R.S. L.E.A.P. "호랑이가 사냥감을 향해 몸을 잔뜩 움츠렸다가 단숨에 허공을 가르듯, 퀀텀 점프를 준비하는 시기"

2026년 에너지 산업 비즈니스모델: 상위 10대 산업 트렌드

TIGERS LEAP

"호랑이가 사냥감을 향해 몸을 잔뜩 움츠렸다가 단숨에 허공을 가르듯, 퀀텀 점프를 준비하는 시기"

T 기술 주도 전력화
수송, 산업, 건물 등 최종 소비 부문에서 화석연료를 전기로 빠르게 대체

I 지능형 에너지 관리
AI와 데이터센터를 활용하여 복잡하고 분산된 에너지 시스템을 최적화

G 그린 수소 경제
탈탄소가 어려운 산업(철강, 화학)을 위해 재생에너지 기반 수소 가치사슬 구축

E1 ESG 의무화와 녹색 금융
ESG 요소가 투자 및 재무적 의사결정의 핵심 동력으로 체계적 통합

R 재생에너지의 부상
태양광과 풍력이 가장 경제적인 주력 신규 발전원으로 확고히 자리매김

S 에너지 저장 및 계통 유연성
전력망 균형을 위해 배터리(BESS), 수요 반응(DR), 가상발전소(VPP) 확산

L 저탄소 전환 연료
에너지 안보를 위해 차세대 원자력(SMR)과 CCUS 결합 천연가스를 전략적 활용

E2 진화하는 탄소 시장
규제 및 자발적 시장을 통해 탄소 가격을 책정하고 기후 프로젝트에 자금 공급

A 기후 적응 및 순환 경제
기후 변화에 견디는 인프라 회복탄력성 구축 및 자원 순환 원칙 채택

P 프로슈머와 분산형 그리드
수백만 프로슈머가 에너지를 생산·거래하는 양방향 분산 네트워크로 전환

2026년 패션 산업 트렌드 전망

- W.H.A.L.E. D.I.V.E.S. "얕은 유행을 쫓기보다, 심해로 깊이 잠수하여 본질적인 가치를 찾아야 하는 시기"

2026년 패션산업 비즈니스모델: 상위 10대 산업 트렌드

WHALE DIVES

얕은 유행을 쫓기보다, 심해(Deep Sea)로 깊이 잠수하여 본질적인 가치를 찾아야 하는 시기

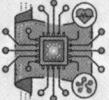
Wearable (W)
지능형 의류의 시대

이제 옷은 단순히 몸을 가리는 천이 아닙니다. 2026년의 웨어러블은 투박한 기기를 차는 것이 아니라, 첨단 기술이 섬유 자체에 녹아들어 건강을 체크하고 환경에 반응하는 '지능형 의류'로 진화합니다.

Digital (D)
현실을 넘어서는 디지털 정체성

우리의 삶이 디지털로 확장되었기 때문입니다. 2026년의 소비자는 물리적 옷장만큼이나 디지털 공간 속 아바타의 옷장도 중요하게 생각합니다. 가상은 현실의 새로운 시장입니다.

Hyper-Personalized (H)
나만을 위한 맞춤 경험

대량 생산 시대의 종말을 알리는 신호입니다. 고객은 이제 '모두를 위한 옷'이 아닌, 오직 '나만을 위한 맞춤 경험'을 원합니다. AI는 이를 가능케 하는 마법 지팡이입니다.

Inclusive (I)
모두를 위한 유니버설 패션

세상은 넓고 소비자는 다양합니다. 표준 사이즈, 젊은 모델만 고집하는 것은 거대한 시장을 스스로 포기하는 것입니다. 2026년은 모든 체형, 나이, 능력을 끌어안는 브랜드가 승리합니다.

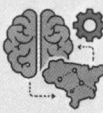
AI-Powered (A)
패션 비즈니스의 새로운 산소

AI는 더 이상 선택 옵션이 아닙니다. 기획부터 디자인, 생산, 물류, 판매까지 패션 비즈니스의 모든 혈관을 흐르는 '산소'와 같습니다. 2026년, AI 없는 패션 기업은 나침반 없는 배와 같습니다.

Value-Driven (V)
오래 입을 하나의 가치

지갑은 얇아졌고 눈은 높아졌습니다. 2026년의 소비자는 싼 것을 여러 개 사기보다, 비싸더라도 오래 입을 수 있고 되팔 때 값어치가 있는 '제대로 된 하나'를 선택합니다.

Liquid (L)
유연성을 통한 생존 전략

딱딱한 것은 부러지기 쉽습니다. 2026년의 공급망은 물(Liquid)처럼 유연해야 합니다. 언제 터질지 모르는 지정학적 위기와 기후 재난 속에서, 유연성이 곧 생존 능력입니다.

Experiential (E2)
매장이 아닌 테마파크로

클릭 한 번이면 집으로 배송되는 시대, 굳이 매장에 갈 이유가 무엇일까요? 2026년의 매장은 물건을 파는 창고가 아니라, 브랜드의 세계관을 체험하고 놀 수 있는 '테마파크'여야 합니다.

Ethical (E)
규제를 넘어선 기업의 책임

착한 기업이라서가 아니라, 그래야만 살아남기 때문입니다. 2026년, ESG는 마케팅 용어가 아니라 기업의 목줄을 죄는 강력한 '법적 규제'로 다가옵니다.

Secondhand (S)
새것보다 쿨한 헌것의 가치

새것보다 헌것이 더 쿨(Cool)한 시대입니다. 2026년, 중고 거래는 부끄러운 절약이 아니라, 환경을 지키고 유니크한 스타일을 찾는 가장 힙한 쇼핑 방식입니다.

2026년 금융 및 핀테크 산업 트렌드 전망

- E.A.G.L.E.S. S.O.A.R. "남들은 움츠러들 때, 가장 높은 곳에서 시장의 흐름을 읽고 기회를 낚아채는 독수리 같은 전략이 필요합니다."

2026년 금융/핀테크 비즈니스모델: 상위 10대 산업 트렌드

EAGLES SOAR

남들은 움츠러들 때, 가장 높은 곳에서 시장의 흐름을 읽고
기회를 낚아채는 '독수리' 같은 전략이 필요합니다.

E. Embedded Finance
(임베디드 금융)
플랫폼 내 자연스러운 금융 소비;
서비스 뒤로 숨는 금융

S. Security Transformation
(보안 대전환)
제로 트러스트 기반 경계 없는 보안;
AI 방패

A. Agentic AI & LLMs
(에이전트 AI 및 거대언어모델)
자율적 판단 및 업무 완결형 AI;
조회부터 실행까지

S. Seamless Payments
(심리스 페이먼트)
실시간 국경 간 송금 및 즉시 정산;
심리스한 결제 경험

G. Green & Governance
(친환경 및 거버넌스)
기후 리스크 기반 금융 평가;
넷제로와 지배구조가 핵심 척도

O. Open Architecture
(개방형 아키텍처)
마이크로서비스(MSA) 기반 유연한
조립형 시스템; 시장 변화 대응

L. Liquid Asset Tokenization
(유동 자산 토큰화)
실물 자산의 디지털 토큰화 및
유동성 공급; STO 혁명

A. Automated Wealth
(자산 관리 자동화)
AI 로보어드바이저를 통한 맞춤형
저비용 포트폴리오; 자산 관리 민주화

E. Ecosystem Banking
(생태계 뱅킹)
이종 산업 결합 및 오픈 파이낸스
생존 전략

R. Real-time Data Intel
(실시간 데이터 인텔리전스)
실시간 데이터 분석 및 즉각적
가치 제안; 지능형 데이터 활용

2026년 식음료 산업 트렌드 전망

- H.A.W.K.S. E.V.A.D.E. "험난한 협곡을 비행할 때 우리에게 필요한 건 매의 눈과 회피의 기술입니다."

2026년 식음료 산업 비즈니스모델: 상위 10대 산업 트렌드

HAWKS EVADE
'험난한 협곡을 비행할 때 우리에게 필요한 건
'매(HAWKS)'의 눈과 '회피(EVADE)'의 기술'

 H: Healthy Pleasure (헬시플레저)
'죄책감 없는 만족감' 제공
제로 슈거, 고단백 등으로
심리적 허가증 부여

 A1: Automation & Foodtech (자동화와 푸드테크)
'초효율' vs '초인간' 양극화
반복 작업 효율화 및 대체 불가
서비스 가치 상승

 W: Wave of K-Food (K-푸드의 글로벌화)
'트로이 목마' 2단계
1단계(가공식품)에서 2단계
(본질적 식문화 경험)로 진화

 K: Meal Kit Evolution (간편식의 진화)
매슬로우 욕구 단계별 초개인화
HMR(생리적), RMR(존중),
밀키트(자아실현)로 세분화

 S: Solo & Silver Society (인구구조 변화)
'수요의 융합'
1인 가구 & 고령층의 고품질, 영양
최적화, 편리한 소포장 니즈 수렴

 E1: Ethical Eating (지속가능한 미식)
'패리티(Parity)' 확보 과제
맛/가격/편의성 동등성 확보 시
선택을 좌우하는 '타이브레이커' 역할

 V: Value-driven Consumption (신념 소비)
'진정성 프리미엄'
그린워싱 간파, 명확한 사회적
미션을 가진 '미션 중심 브랜드'가 선전

 A2: AI-driven Personalization (AI 기반 초개인화)
'건강 데이터 허브' 플랫폼 경쟁
사용자 건강 데이터 통합 수집 및
맞춤형 추천 제공

 D: Dichotomy of Consumption (소비 양극화)
'매스티지(Masstige)' 스위트 스팟
심리적 만족감(가심비)과
합리적 가격(가성비) 결합

 E2: Experience Economy (피지털 미식 경험)
'미디어 제작 스튜디오'화
오프라인 공간은 고객이 자발적으로
마케팅 콘텐츠(UGC)를 생산하는 공간

2026년 헬스케어 산업 트렌드 전망

- W.O.L.V.E.S. H.U.N.T. "늑대는 무리 지어 전략적으로 사냥하며, 끈질기게 기회를 포착합니다."

A5   **Healthcare Industry**

2026년 헬스케어 산업 비즈니스모델: 상위 10대 산업 트렌드

🐺 **WOLVES HUNT**

'늑대(WOLVES)는 무리 지어 전략적으로 사냥하며, 끈질기게 기회를 포착합니다.'

1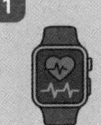
W - Wearable Diagnostics (웨어러블 진단)
손목 위에서 24시간 심전도, 혈당, 수면을 감시하는 '내 몸의 블랙박스'이자 '주치의'

2
O - Operational AI (운영 효율화 AI)
의료진을 서류 작업에서 구출하고 진료 기록, 보험 청구, 예약 관리를 자동화

3
L - Longevity Science (장수 과학)
노화를 치료 가능한 '질병'으로 보며, 건강하게 활동하는 '건강수명' 연장에 집중

4
V - Value-Based Care (가치 기반 의료)
의료 서비스 양이 아닌, 환자 치료 결과의 질에 따라 돈을 지불하는 구조

5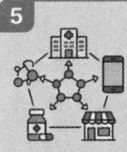
E - Ecosystem Convergence (생태계 융합)
전통적 산업 경계를 넘어 IT, 유통 등 다양한 기업이 협력하여 거대한 연합군 형성

6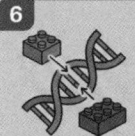
S - Synthetic Biology (합성생물학)
미생물로 약을 생산하거나 세포를 재조립하여 필요한 약물, 바이오 소재를 만드는 기술

7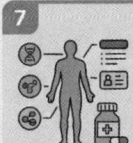
H - Hyper-Personalization (초개인화)
유전자, 장내 미생물, 생활 습관 데이터를 분석해 70억 인구에게 70억 개의 맞춤 처방 제공

8
U - Ubiquitous Telehealth (유비쿼터스 원격의료)
장소 제약 없이 스마트폰으로 전문 의료진과 연결되어 진료, 상담, 모니터링 가능

9
N - New Consumerism (신소비자주의)
의학 정보를 공부하고 능동적으로 건강 데이터를 활용하며 즐겁게 건강을 관리하는 '헬시 플레저' 추구

10
T - Therapeutics, Digital (디지털 치료제, DTx)
앱이나 게임을 통해 질병을 치료하는 소프트웨어 의료기기로, 불면증, 우울증, ADHD 등 관리

2026년 홈리빙 산업 트렌드 전망

- R.A.B.B.I.T. H.O.P.S. "기민하게 장애물을 뛰어넘는 토끼처럼 기술과 감성의 융합을 발판 삼아 한단계 더 높이 도약하는 시기"

'2026년 홈리빙 산업 비즈니스모델: 상위 10대 산업 트렌드

RABBIT HOPS: "기민하게 장애물을 뛰어넘는 토끼처럼, 기술과 감성의 융합을 발판 삼아 한 단계 더 높이 도약하는 시기"

Restorative Wellness
건강과 웰빙의 안식처가 되는 집
집이 건강 관리와 회복의 핵심 허브로 진화. 피트니스, 숙면, 정신적 평온을 포괄.

Tech-Enhanced Experiences
AR, VR, 피지털 리테일이 바꾸는 고객 여정
AR/VR 및 몰입형 디지털 기술을 소매 과정에 통합하여 구매 확신과 만족도를 높임.

Automated Abode
진정한 통합 AI 스마트홈의 부상
AI가 사용자의 요구를 예측하여 자동화된 서비스를 제공하는 통합된 스마트홈 생태계.

Hybrid Habitats
집, 사무실, 여가의 경계가 흐려지는 하이브리드 서식지
업무, 학습, 휴식을 모두 수용하는 다기능 공간을 위한 유연하고 인체공학적인 솔루션.

Bespoke Living
공간과 제품의 초개인화 시대
소비자가 제품과 공간의 공동 창작자가 되어 고유한 라이프스타일에 완벽히 부합하는 결과물을 만듦.

On-Demand & Circular Homes
소유에서 접근으로, 순환 경제로의 전환
제품을 소유하는 대신 필요에 따라 유연하게 접근(렌탈, 구독)하고, 제품 수명주기를 연장.

Biophilic & Sustainable Spaces
자연, 환경, 디자인의 융합
자연 요소 도입과 환경친화적 순환 소재를 우선시하는 지속가능한 디자인의 결합

Platform-Based Communities
코리빙과 디지털 연결 주거의 성장
개인 공간과 공용 편의시설을 공유하며, 디지털 플랫폼을 통해 커뮤니티와 서비스를 제공하는 모델

Inclusive Environments
고령화 사회와 다양한 요구를 위한 포용적 환경
모든 연령과 능력의 사람들이 접근하고 사용할 수 있는 안전하고 편안한 유니버설 디자인

Small Space Solutions
다기능 및 모듈형 디자인의 필요성
도시화와 주거 공간 축소에 대응하여 변형 가능하고 공간 효율적인 다기능, 모듈형 가구 및 인테리어

2026년 IT 서비스 산업 트렌드 전망

- O.R.C.A.S. B.U.I.L.D. "바다의 최상위 포식자인 범고래처럼 고도의 지능과 조직력을 갖춰야 하는 시기"

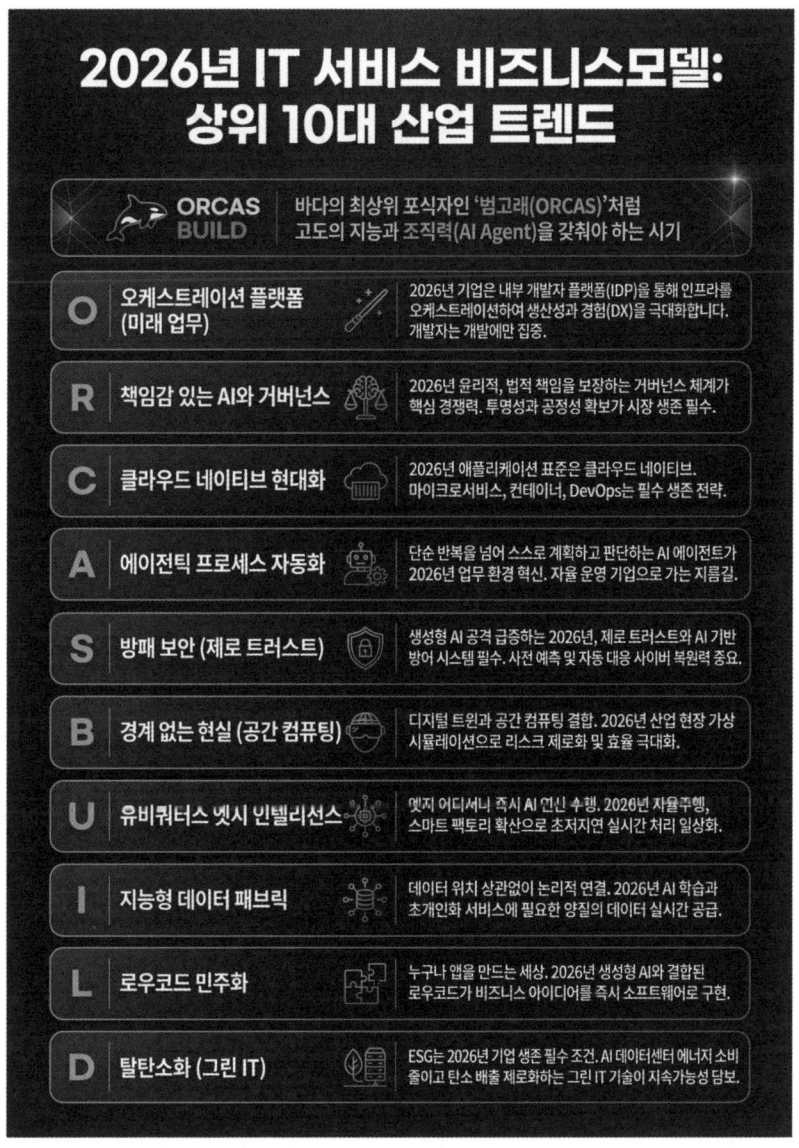

2026년 법률 산업 트렌드 전망

- R.A.V.E.N. L.A.N.D.S. "까마귀가 나는 새로운 땅을 보라. 영리하고 적응력이 뛰어난 새인 까마귀처럼."

2026년 법률 산업 비즈니스모델: 상위 10대 산업 트렌드

RAVEN LANDS

까마귀(Raven)가 나는 새로운 땅(Lands)을 보라.
영리하고 적응력이 뛰어난 새인 까마귀처럼.

규제 기술 및 컴플라이언스 자동화
(RegTech & Compliance Automation)
"복잡한 규제 감옥, 기술이라는 열쇠로 탈출하라."
- AI와 기술로 복잡한 규제 준수 업무를 자동화하여 비용 절감을 넘어 생존을 위한 필수 전략.

AI 기반 법률 서비스
(AI-Powered Legal Services)
"변호사의 뇌를 확장하는 '아이언맨 슈트'를 입다."
- 생성형 AI가 리서치, 요약, 초안 작성 등 핵심 프로세스에 도입되어 변호사 업무 효율성 극대화.

가치 기반 서비스 모델
(Value-Based Service Models)
"시간을 팔지 말고, '결과'와 '가치'를 팔아라."
- AI 덕분에 업무 시간이 줄어들어, 투입 시간이 아닌 성과와 가치에 따라 비용을 청구하는 모델로 전환.

ESG 통합 및 지속가능성 자문
(ESG Integration)
"착한 기업이 아니라, '살아남을 기업'을 위한 법률 자문."
- ESG는 단순한 홍보 수단이 아닌 기업 생존을 위한 강력한 법적 리스크. 글로벌 규제 대응을 위한 자문.

새로운 인재 및 업무 패러다임
(New Talent & Work Paradigms)
"내 사무실엔 변호사가 없다? 전 세계가 나의 파트너."
- 유연 근무를 중시하는 MZ세대 인재와 데이터 과학자 등 비법률 전문가가 로펌의 핵심 경쟁력.

법률 운영 최적화
(Legal Operations)
"법무팀, 돈 쓰는 부서에서 '돈 버는 부서'로 진화하다."
- 법무팀이 리스크 관리 수비수에서 비즈니스 성장을 돕는 공격수로 변화. 경영학적 원칙 적용으로 효율성 증대.

사법 접근성 확대
(Access to Justice Expansion)
"법률 서비스의 민주화, 누구나 변호사를 구독하는 시대."
- 기술 발전으로 비용이 낮아져 개인과 중소기업도 쉽게 법률 보호를 받는 시대가 열림.

틈새시장 전문화
(Niche Market Specialization)
"백화점은 가라, 이제는 '장인'의 시대."
- NFT, 우주 항공, 바이오 등 특정 분야에 깊은 전문성을 가진 '부티크 로펌'이 각광받는 시대.

데이터 중심주의 및 사이버 보안
(Data-Centricity & Cybersecurity)
"감(Feeling)을 믿지 마라, 오직 데이터(Data)만 믿어라."
- 승소 확률, 적정 합의금 등을 데이터로 예측 가능하며, 데이터 보호의 중요성이 더욱 커짐.

스마트 계약 및 블록체인 도입
(Smart Contracts & Blockchain)
"코드가 곧 법(Code is Law)이 되는 세상."
- 조건 충족 시 자동 실행되는 스마트 계약과 위변조 불가능한 블록체인으로 신뢰 자동화 및 절차 간소화.

2026년 물류 산업 트렌드 전망

- C.R.A.N.E.S. L.I.F.T. "무거운 컨테이너를 거뜬히 들어 올리는 크레인처럼 새로운 물류의 시대를 여는 열쇠"

2026년 물류 산업 비즈니스모델: 상위 10대 산업 트렌드

CRANES LIFT: 무거운 컨테이너를 거뜬히 들어 올리는 크레인(Crane)처럼 새로운 물류의 시대를 여는 열쇠

C Cognitive Automation & AI Orchestration
| 인지 자동화 및 AI 오케스트레이션
AI가 스스로 생각하고 학습하며 물류 전 과정을 지휘하는 '마에스트로'가 되어 최적의 경로를 찾고 문제를 해결하는 완전 자율 운영 시대.

R Resilient & Diversified Supply Chain
| 회복탄력적 및 다각화된 공급망
어떤 충격에도 끊어지지 않는 '강철 같은 공급망' 구축. '니어쇼어링'이 필수가 됨.

A Asset-Light Digital Platforms
| 자산 경량화 디지털 플랫폼
디지털 기술로 화주와 차주를 연결, 창고나 트럭 없이 물류 제국을 건설하는 플랫폼 기업 부상.

N Next-Generation Workforce Augmentation
| 차세대 인력 증강 기술
AR 안경과 웨어러블 로봇으로 인간을 '슈퍼히어로' 급으로 만들어 작업자의 안전과 생산성을 높임.

E ESG-Driven Circular Logistics
| ESG 기반 순환 물류
탄소 배출 감소와 함께 회수 및 재활용하는 '순환 물류'에서 새로운 수익 기회 창출.

S Supply Chain Visibility & Control Tower
| 공급망 가시성 및 컨트롤 타워
물류의 '헤드라이트'처럼 화물 위치를 실시간으로 파악하고 문제 발생 전 '천리안'으로 대처.

L Last-Mile Hyper-Personalization
| 라스트마일 초개인화
새벽 배송을 넘어 고객이 원하는 시간, 장소, 방식에 맞춘 '수준의 집착'에 가까운 개인화 서비스 제공.

I Intelligent Warehousing & Micro-Fulfillment
| 지능형 창고 및 마이크로 풀필먼트
도심 속 빌딩 지하가 최첨단 물류 센터로 변신. 로봇이 춤추듯 물건을 꺼내 1시간 내 배송 실현.

F Financial Resilience & Cost Optimization
| 재무적 회복탄력성 및 비용 최적화
재고를 줄이고 현금 흐름을 개선하여 기업의 재무 구조를 튼튼하게 만드는 '스마트한 짠물 경영'이 핵심.

T Tech-Enabled Risk Management
| 기술 기반 리스크 관리
사이버 공격과 자연재해에 대비해 첨단 기술을 방패 삼아 리스크를 미리 감지하고 방어하는 '디지털 보디가드'.

2026년 제조 산업 트렌드 전망

- T.I.G.E.R.S. B.I.T.E. "정글에서 살아남기 위해서는 호랑이와 같은 민첩함과 강력한 한 방이 필요합니다."

2026년 제조 산업 비즈니스모델: 상위 10대 산업 트렌드

'TIGERS BITE: 정글에서 살아남기 위해서는
호랑이와 같은 민첩함과 강력한 한 방이 필요합니다.'

'Talent Transformation'
미래형 인재 전환
미래 기술 역량 강화
인간-기계 협업
재교육 및 상향 교육 핵심

'Servitization Models'
제조업의 서비스화
제품 외 서비스/성과 판매
부가가치 및 반복 수익 창출
원격 진단 및 유지보수

'Intelligent Automation'
지능형 자동화
AI/ML 기반 의사결정
스마트 팩토리 두뇌
생산성 및 품질 동시 향상

'Bespoke Manufacturing'
맞춤형 대량생산
대량 생산 효율 + 개별 고객 맞춤
3D 프린팅 활용
범위의 경제 실현

'Green Imperative'
필수 생존 전략, 친환경
규제/소비자 대응 친환경 경영
저탄소 순환 경제
새로운 경쟁력

'Immersive Interfaces'
몰입형 인터페이스
AR/VR 활용 디지털/현실 융합
작업자 역량 극대화
데이터 시각화

'Ecosystems Digitalized'
디지털 생태계 구축
IIoT 및 디지털 트윈 융합
물리/가상 세계 동기화
미래 시뮬레이션

'Threat Mitigation'
융합적 위험 관리
IT/OT 융합 보안
사이버-물리적 위협 대응
공장 가동 중단 방지 핵심 과제

'Resilient Supply Chains'
회복탄력적 공급망
지정학적/재해 리스크 대응
유연하고 다각화된 공급망
생산기지 지역화

'Energy Optimization'
지능형 에너지 최적화
AI 기반 에너지 소비 능동적 관리
비용 절감 및 탄소 배출 감축 전략

2026년 마케팅 및 광고 산업 트렌드 전망

- R.A.V.E.N. F.L.I.E.S. "가장 지능적인 새, 까마귀처럼 높은 곳에서 시장을 조망하고 영리하게 도구를 활용해야 할 때"

2026년 마케팅 및 광고 산업
비즈니스모델: 상위 10대 산업 트렌드

 RAVEN FLIES 가장 지능적인 새, 까마귀처럼 높은 곳에서 시장을 조망하고 영리하게 도구를 활용해야 할 때

Retail Media Revolution
리테일 미디어 혁명
소매업체가 퍼스트파티 데이터를 활용해 맞춤형 광고를 제공하는 미디어 퍼블리셔로 변모. 폐쇄 루프 어트리뷰션 고도화.

First-Party Data
퍼스트파티 데이터
쿠키 없는 시대, 퍼스트파티 데이터와 제로파티 데이터 중심의 마케팅 기반 전환.

Autonomous Marketing
자율 마케팅
AI가 마케팅 워크플로우 전반을 독립적으로 관리하고 실행하는 '에이전트' 파트너로 진화.

Living Room Screen
거실 스크린의 패권 (CTV)
TV의 몰입감과 디지털 광고의 데이터 기반 타겟팅이 결합된 커넥티드 TV(CTV) 및 OTT로 광고 예산 이동.

Value Equation
새로운 가치 방정식
'가치' 정의가 사회적 책임, 직접적 혜택, 신념 표현의 복합적 조합으로 재구성.

Intelligent Content
지능형 콘텐츠 공동창작
인간과 생성형 AI 협업으로 광고 크리에이티브를 전례 없는 속도와 규모로 개인화하여 생산.

Experience Economy
몰입형 경험 경제
감성적 브랜드 경험 설계 및 디지털 기술과 오프라인 이벤트를 결합한 고객 참여 극대화.

Ethical Transparency
윤리적 투명성 의무
데이터 프라이버시, 사회적 책임, 그린워싱에 대한 엄격한 규제와 소비자 감시 속 높은 윤리 기준 준수.

Niche Community
니치 커뮤니티의 융합
초세분화된 열정적인 팬들로 구성된 '니치 커뮤니티'를 발굴하고 육성하는 전략.

Short-Form Shoppability
(숏폼 쇼퍼빌리티)
숏폼 비디오 플랫폼이 알고리즘 기반 '발견형 커머스'의 강력한 엔진으로 진화.

2026년 의료 산업 트렌드 전망

- S.N.A.K.E. C.R.A.W.L. "디지털과 바이오라는 새로운 피부를 갖추기 위해 과거의 아날로그적 관행을 과감히 벗어던지는 '대 탈피'의 시기"

2026년 의료 산업 비즈니스모델: 상위 10대 산업 트렌드

SNAKE CRAWL: "디지털과 바이오라는 새로운 피부를 갖추기 위해, 과거의 아날로그적 관행을 과감히 벗어던지는 '대 탈피'의 시기"

Smart
스마트 병원 및 자동화
AI, IoT, 로봇공학 통합 데이터 기반
초효율적 임상 환경 구축

Consumer
소비자 중심 웰니스 및 예방
개인 능동적 건강 소비자 부상,
선제적 예방 솔루션 수요 창출

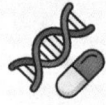
Next
차세대 치료제
ADC, GLP-1 등 새로운 치료 양식
부상, 치료 패러다임 전환

Regulatory
규제 및 정책의 전환
데이터, 디지털 헬스, 첨단 치료법 관리
국내외 정책 및 규제 진화

AI-Driven
AI 기반 진단 및 신약 개발
AI 활용 진단 정확도 제고,
개인화 치료, R&D 기간 단축

Aging
고령화 및 수명 연장 솔루션
급속한 고령화 사회 건강 수명 연장 목표
기술 및 서비스 시장 성장

K-Bio
K-바이오의 글로벌 확장
정책 및 제조 역량 기반
한국 바이오·제약 산업 글로벌 도약

Wearables
웨어러블 및 지속적 모니터링
실시간, 종단적 건강 데이터 스트림 제공
비침습적 바이오센서 확산

Ecosystems
가정 내 의료 생태계
중앙 집중식 병원에서 가정 내
기술 기반 분산형 의료 제공 전환

Lifecycle
생애주기 데이터 관리
개인화된 평생 건강 관리 위한 MyData,
EHR 등 통합 데이터 플랫폼 필요성 증대

2026년 모빌리티 산업 트렌드 전망

- H.A.W.K.S. S.C.O.P.E. "매의 시야로 보라. 제품 중심의 거대 통합의 시대에서 서비스, 데이터, 경험 중심의 거대 분화 시대로의 진입을"

2026년 모빌리티 산업 비즈니스모델:
상위 10대 산업 트렌드

HAWKS SCOPE - "매의 시야(Hawk's Scope)로 보라.
제품 중심의 '거대 통합' 시대에서 서비스, 데이터, 경험 중심의 '거대 분화' 시대로의 진입을"

초개인화된 콕핏 (H)
사용자 맞춤형 '지능형 디지털 생활 공간'으로 진화, 생체 정보 기반 실시간 분위기 조절.

자율주행 물류 및 운송 (A)
상업용 자율주행 화물 트럭과 배송 로봇으로 인력 부족 해결, 물류 효율 극대화.

공급망 및 인력 재편 (W)
회복력 중심의 다지역 생산 거점 확보, 인재 재배치 및 순환 경제 전략 도입.

운동성 인프라 통합 (K)
V2X 기술로 차량, 인프라, 네트워크가 실시간 소통하는 '지능형 인프라' 구축.

소프트웨어 정의 생태계 (S1)
SDV 전환 및 OTA 업데이트를 통한 지속적 기능 개선, 구독형 수익 모델 확대.

공유 및 구독 접근 모델 (S2)
차량 '소유'에서 '접속'으로, 공유 및 구독 서비스 일상화, 수익성 재평가.

융합형 동력원 스펙트럼 (C)
하이브리드, 수소, 합성연료 등 다양한 동력원이 공존하는 '현실적인 탈탄소 전략'.

주문형 항공 모빌리티 (O)
도심 항공 모빌리티(UAM) 에어택시 및 응급 수송 상용화, 사회적 수용성 확보 주력.

목적 기반 차량 아키텍처 (P)
스케이트보드 플랫폼 기반의 특정 목적에 최적화된 PBV(목적 기반 차량) 대세.

경험 수준 협약 (E)
기술 지표(KPI)를 넘어 '경험의 질(XLA)' 중심으로 서비스 품질 관리 및 고객 만족도 평가.

2026년 일반의약품 및 건강보조식품 산업 트렌드 전망

- S.N.A.I.L. M.O.V.E.S. "느리지만 가장 강력한 웰니스의 진화를 보여주는 나침반"

2026년 일반의약품 및 건강보조식품 산업 비즈니스모델: 상위 10대 산업 트렌드

SNAIL MOVES

느리지만 가장 강력한 '웰니스의 진화(MOVES)'를 보여주는 나침반

스포츠 & 액티브 뉴트리션 (S1)
틈새에서 주류로, 일반 대중을 위한 퍼포먼스 향상 제품 부상.
건강한 라이프스타일 추구

멘탈 & 마이크로바이옴 웰니스 (M)
스트레스, 수면, 인지 기능 개선 목표.
'장-뇌 연결축' 기반 마이크로바이옴 접근 핵심

틈새 & 생애주기 영양 (N)
성별, 연령, 갱년기 등 특정 생애주기 맞춤 고도 표적화 제품 폭발적 성장

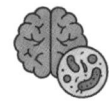
온라인 & 옴니채널 생태계 (O)
정보 탐색, 커뮤니티 형성, 브랜드 발견이 이뤄지는 통합 생태계로 진화

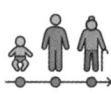
액티브 & 헬시 에이징 (A)
질병 없이 활기찬 '건강 수명' 연장 목표
세포 건강, 인지 능력 유지 핵심

부가가치 & 신규 제형 (V)
'알약 피로감' 해소, 섭취 경험 향상
구미, 분말, 필름 등 혁신 제형 주류

이너뷰티 & 면역 (I)
피부, 면역, 장 건강이 '장-피부-면역 축'으로 연결된다는 과학적 이해 기반 시너지

윤리적 & 친환경 소비 (E)
제품 효과 외 투명한 성분(클린 라벨)과 지속가능한 생산 방식(ESG 경영) 중요 구매 기준

논리적 & 데이터 기반 개인화 (L)
유전자, 장내 미생물 등 개인 데이터 활용 'N=1' 최적 영양 솔루션 추천

전환 & 셀프 메디케이션 문화 (S2)
소비자 건강 주체로 관리 문화 확산
일반의약품 전환(Rx-to-OTC) 가속화

2026년 퍼스널 홈케어 산업 트렌드 전망

- C.O.R.A.L.S. S.W.I.M. "기업이 생존하기 위한 전략은 단 하나, 산호처럼 생태계를 짓고, 물살을 거슬러 수영하는 것입니다."

2026년 퍼스널 홈케어 산업
비즈니스모델 : 상위 10대 산업 트렌드

CORALS SWIM | 기업이 생존하기 위한 전략은 단 하나, '산호(CORALS)'처럼 생태계를 짓고, 물살을 거슬러 '수영(SWIM)'하는 것입니다

Care-at-Home Convergence
홈케어-헬스케어 융합
가정이 건강과 웰니스를 관리하는
핵심 허브로 진화

Open-Book Operations
완전한 투명성 경영
원료부터 제조까지 전 과정을
공개하여 소비자 신뢰 구축

Regenerative & Circular Systems
재생 및 순환 시스템
폐기물을 없애고 자원을 무한히
재사용하여 긍정적 환경 영향 창출

AI-Powered Personalization
AI 기반 초개인화
AI로 개인 특성에 맞는 제품,
서비스, 경험을 대규모로 제공

Lab-Grown & Bio-Designed
랩그로운 및 바이오 원료
바이오 기술로 지속가능하고
성능 우수한 고기능성 원료 개발

Senior-Centric Tech (AgeTech)
시니어 중심 기술
고령층의 독립적이고 건강한 삶을
지원하는 기술, 제품, 서비스

Smart Home Sanctuaries
스마트홈 웰니스 공간
IoT 기기가 집안 환경을 자동으로
관리하여 최적의 웰니스 공간 조성

Wellness Integration
웰니스 경험 통합
신체적 외모 관리를 넘어
정신적, 감성적 웰빙까지 포괄

Inside-Out Proactive Care
인사이드-아웃 사전 예방
영양과 이너뷰티로 근본적 건강을
관리하여 문제 사전 예방

Mandatory Compliance
의무적 규제 준수
강화된 글로벌 규제가 R&D, 공급망,
마케팅의 핵심 전략 변수로 부상

2026년 반려동물 산업 트렌드 전망

- H.U.M.A.N.S. C.A.R.E. "반려인으로서 인간의 의식주, 의료, 여가 문화가 반려동물에게 그대로 투영되는 현상"

2026년 반려동물 산업 비즈니스모델: 상위 10대 산업 트렌드

HUMANS CARE:
'반려인(Human)으로서 인간의 의식주, 의료, 여가 문화가 반려동물에게 그대로 투영되는 현상'

 건강수명 연장과 첨단 의학
예방의학, 조기 진단, 만성 질환 관리를 통해 반려동물이 마지막까지 건강하게 활력 있는 '건강수명'을 유지하도록 돕는 패러다임입니다. 오래 사는 것만으로는 부족하며 아프지 않고 활력 넘치는 삶이 목표입니다.

 전례 없는 프리미엄화
인간의 럭셔리 소비 문화와 '골드 키즈' 육아 방식이 반려동물 소비에 반영되어 브랜드 가치, 디자인, 특별한 경험 등 감성적 만족감을 추구하는 현상입니다. 내 아이에게 아낌없이 주는 마음을 투영합니다.

 정신 및 행동 건강 솔루션
분리불안, 스트레스 등 반려동물의 정신 건강을 위한 예방, 진단, 치료 및 관리에 초점을 맞춘 트렌드입니다. 몸이 튼튼해도 마음이 아프면 행복할 수 없기에 '마음의 병'을 치유하는 기술과 솔루션을 제공합니다.

 AI 기반 정밀 개인화
AI, 빅데이터, IoT를 활용하여 말 못 하는 반려동물 개체별 특성에 맞는 맞춤형 건강 및 라이프스타일 솔루션을 제공합니다. 데이터는 최고의 주치의이자 영양사 역할을 수행합니다.

 영양 과학과 기능성 식품
펫푸드를 단순한 먹이가 아닌 건강 증진과 질병 예방을 위한 '과학적 솔루션'으로 인식하며 다양한 하위 카테고리로 분화됩니다. 단순한 '사료'가 아니라 수명을 늘려주는 '과학적 처방'입니다.

 지속가능성 및 윤리적 소비
제품 생산 및 소비 전 과정이 환경, 사회, 동물복지에 미치는 영향을 고려하는 트렌드입니다. 사랑하는 반려동물이 살아갈 지구를 위해 환경을 고려하며 구매를 결정하는 '가치 소비'를 지향합니다.

 연결된 생태계와 펫테크 통합
스마트 기기, 앱, 전문 서비스가 유기적으로 연동되어 끊김 없는 통합 관리 솔루션을 제공합니다. 떨어져 있어도 늘 함께하고 싶은 마음을 기술이 이어주며 '언제 어디서나 연결된 삶'을 가능하게 합니다.

 생애주기별 시니어 케어
반려동물 고령화에 따라 급증하는 노령 반려동물의 특수한 요구에 맞춰진 전문 제품 및 서비스 시장이 형성됩니다. 사람만 늙는 것이 아니며, 함께 나이 들어가는 '노노(老老) 케어' 시대입니다.

 리테일 및 서비스 경험 혁명
오프라인 공간이 '경험'과 '커뮤니티'의 장으로 진화하며 라이프스타일 전반에서 '펫 중심' 서비스가 확장됩니다. 이제 우리가 밖으로 나가는 이유는 오직 '경험' 때문이며 함께 쇼핑하고 즐기는 공간이 됩니다.

 생애 말기 돌봄과 펫로스 증후군 케어
반려동물의 마지막 여정을 존엄하게 함께하고, 사별 후 보호자가 겪는 슬픔(펫로스 증후군)의 치유를 돕는 서비스가 산업화됩니다. 이별의 슬픔을 혼자 감당할 필요 없는 진정한 'HUMANS CARE'의 완성입니다.

2026년 부동산/프롭테크 산업 트렌드 전망

- C.E.N.T.A.U.R.S. G.O. "인간의 섬세한 감성과 기술의 강력한 기동력이 완벽하게 결합된 하이브리드 생명체로 진화"

'2026년 부동산/프롭테크 비즈니스모델: 상위 10대 산업 트렌드

CENTAURS GO

인간의 섬세한 감성(Human-touch)과 기술의 강력한 기동력(Technology)이
완벽하게 결합된 '하이브리드 생명체'로 진화

[C] 건설 기술
건설 기술: 비효율의 현장을 혁신하다
(인구 절벽, 디지털 기술(BIM, 로봇, 드론) 필수 생존 도구로 건설 현장 혁신

[U] 도시 재생
도시 재생: 기술 기반의 도시 혁신
(인구 감소, 노후 인프라에 IoT 및 콘텐츠 결합 스마트 재생)

[E] ESG 경영
ESG 경영: 지속가능성이 곧 자산가치
(탄소 중립 필수, 친환경 인증으로 자산 가치 및 투자 기준 확립)

[R] 개인화 주거
개인화 주거:
솔로와 실버 세대를 위한 공간
(1인 가구 증가, 맞춤형 및 취향 반영 주거 공간 트렌드)

[N] 그린 인프라
그린 인프라: 디지털 부동산의 동맥
(AI, 데이터센터 확장에 따른 청정 에너지 기반의 필수 인프라 구축)

[S] 수익형 시니어 자산
수익형 시니어 자산:
새로운 수익형 부동산의 부상
(뉴 시니어 대상 고품질 실버타운 및 임대 수익 모델 부상)

[T] 실물자산 토큰화
실물자산 토큰화:
부동산 투자의 민주화
(블록체인으로 빌딩 소액 투자 가능, 부동산 STO 시장 개화)

[G] 플랫폼 생태계
플랫폼 생태계:
부동산 서비스의 통합
(주거 여정 전반을 아우르는 '슈퍼 앱'으로 통합 서비스 제공)

[A] 운영 자동화 AI
운영 자동화 AI:
부동산 관리의 신경망 혁명
(AI 주도 임대, 관리, 예측으로 효율성 극대화 및 전략 집중)

[O] 수요응답형 공간
수요응답형 공간:
상업용 부동산의 유연한 진화
(시간, 요일, 트렌드에 따라 용도 변경 가능한 카멜레온 같은 공간)

2026년 소매유통 산업 트렌드 전망

- P.A.N.T.H.E.R.S. G.O. "거친 정글과도 같은 시장에서 생존을 넘어 압도적인 성장을 이루기 위해서는 표범과 같은 민첩함과 강인함이 필요"

2026년 소매유통 산업 비즈니스모델: 상위 10대 산업 트렌드

PANTHERS GO

거친 정글과도 같은 시장에서 생존을 넘어 압도적인 성장을 이루기 위해서는
'PANTHERS(표범)'와 같은 민첩함과 강인함이 필요

P - 개인화 AI 커머스
AI와 예측 분석으로
1:1 초개인화, 선제적 상호작용

A - 자동화된 나우 커머스
퀵커머스 주도 초고속 배송,
속도와 편의성 재설정

N - 새로운 순환 경제
지속가능성 비즈니스 모델 혁신,
리세일 시장 폭발적 성장

T - 사려 깊은 가치 추구
경제적 압박 대응,
신중한 소비 전환,
PB 상품 부상

H - 초개인화 타겟 미디어
유통업체 1차 고객 데이터 활용 광고,
고수익 미디어 플랫폼 변모

E - 엔터테인먼트 주도형 커머스
콘텐츠·커뮤니티·커머스 융합,
발견 지향적 쇼핑

R - 재정의된 인구통계
취향 기반 소비 패턴,
'옴니보어' 소비자 출현

S - 공간적 경험
디지털-물리적 세계 연결,
다감각적 경험, 오프라인 허브

G - 거버넌스 기반 AI와 신뢰
데이터 수집 및 AI 의사결정 시대
소비자 신뢰 구축 및 유지

O - 최적화된 운영
AI, 로보틱스로 공급망 및 운영
전반 획기적 효율성, 비용 절감

2026년 실버에이징 산업 트렌드 전망

- C.R.O.W.S. P.E.R.C.H. "까마귀 횟대, 거친 파도 속에서도 가장 먼저 육지를 발견하는 망루의 선원처럼"

2026년 실버에이징 산업 비즈니스모델: 상위 10대 산업 트렌드

CROWS PERCH

까마귀 횟대, 거친 파도 속에서도 가장 먼저 육지를 발견하는 망루의 선원처럼

 C1 Community Integrated Care
(지역사회 통합 돌봄)

내 집에서 나이 들기(Aging in Place), 의료·복지·주거 통합 방문 서비스 필수

 P Proactive Asset Management
(선제적 자산 관리)

장수 리스크 대비, 현금 흐름 관리, 상속 포함 복합 금융 솔루션

 R1 Redefined Later Life
(노후의 재정의)

은퇴 없는 60대, 창업·재취업·학습 통한 자아실현 클라이맥스

 E Experience-Driven Consumption
(경험 중심 소비)

소유보다 경험 가치 중시, 여행·취미·새로운 배움에 투자

 O On-Demand & Predictive Health
(온디맨드 및 예측형 건강 관리)

웨어러블·센서 기반 실시간 건강 모니터링, 질병 예측·예방 관리

 R2 Robotics & AI Companionship
(로봇 및 AI 반려(돌봄) 기술)

정서 교감, 안부 확인, 약 복용 지원, 따뜻한 AI 반려 로봇

 W Wholeness & Well-being
(전인적 건강과 웰빙)

신체·정신·사회적 평안 및 웰다잉 추구, 삶의 질 향상

 C2 Customized Nutrition & Food
(개인 맞춤형 영양 및 식단)

건강·유전자 정보 기반 개인 맞춤 식사, 맛·건강·배달 통합 솔루션

 S Smart & Adaptive Living Spaces
(스마트 적응형 주거 공간)

안전 감지, 조명 조절, 건강 상태 따라 변화하는 능동형 주거

 H Human-Centric Digital Interfaces
(인간 중심의 디지털 인터페이스)

큰 글씨, 단순 화면, 음성 인식 등 노년층 친화적 '친절한 기술'

2026년 여행 산업 트렌드 전망

- W.O.L.V.E.S. D.A.R.E. "여행자들은 마치 늑대처럼 예리한 감각으로 자신만의 취향을 사냥하고, 새로운 문화를 주도합니다."

2026년 여행산업 비즈니스모델: 상위 10대 산업 트렌드

WOLVES DARE
여행자들은 마치 늑대(WOLVES)처럼 예리한 감각으로 자신만의 취향을 사냥하고, 새로운 문화를 주도합니다.

Wellness
(웰니스 이스케이프)
정신적, 신체적, 영적 웰빙을 아우르는 사전 예방적 건강 관리와 여행의 융합

Sustainable
(지속가능한 여정)
'해를 끼치지 않는' 에코 투어리즘에서 '선을 행하는' 재생 여행으로의 진화

On-Demand
(온디맨드 슈퍼앱)
전체 여행 여정을 관리하는 단일 통합 플랫폼으로서의 서비스 통합

Data-Driven
(데이터 기반 초개인화)
초개인화된 여행 추천, 서비스, 가격 책정을 위한 AI 및 빅데이터 활용

Local
(로컬 인게이지먼트)
인근 지역 문화 및 커뮤니티와의 깊고 진정한 교감으로의 전환

Affordable
(합리적 가치 탐험)
극단적인 비용 의식과 높은 가치 추구가 공존하는 소비 심리의 양극화

Virtual
(가상 융합 프론티어)
여행 경험을 증강, 미리보기 또는 창조하기 위한 몰입형 기술 (AR/VR)의 활용

Remote
(원격 라이프스타일)
'워케이션' 및 디지털 노마드의 부상으로 인한 일과 여가의 경계 약화

Experience
(경험 경제의 심화)
수동적 소비를 넘어 능동적이고 참여 중심적인 활동의 우선시

Evolving
(진화하는 나홀로 여행)
다양한 니즈를 가진 정교한 시장으로 성숙해가는 나홀로 여행 시장

세트 포함 도서: 각 산업별 트렌드, 핵심 비즈아이디어, 코어 BM 소개

♣ 온라인 서점에서 각권 및 세트 판매중. 전자책 정가 25,000원, 종이책 38,000원.

1. 넥스트 비즈니스모델 2026: **농업편**

2. 넥스트 비즈니스모델 2026: **뷰티 및 화장품 산업편**

3. 넥스트 비즈니스모델 2026: 생활가전편

4. 넥스트 비즈니스모델 2026: 콘텐츠/미디어 편

5. 넥스트 비즈니스모델 2026: 교육 EDUTECH 편

6. 넥스트 비즈니스모델 2026: 에너지 편

7. 넥스트 비즈니스모델 2026: 패션 FASHION 편

8. 넥스트 비즈니스모델 2026: 금융/핀테크편

9. 넥스트 비즈니스모델 2026: 식음료편

10. 넥스트 비즈니스모델 2026: 헬스케어편

11. 넥스트 비즈니스모델 2026: 홈리빙편

12. 넥스트 비즈니스모델 2026: IT서비스 편

13. 넥스트 비즈니스모델 2026: 법률 LEGAL-TECH 편

14. 넥스트 비즈니스모델 2026: 물류 편

15. 넥스트 비즈니스모델 2026: 제조 편

16. 넥스트 비즈니스모델 2026: 마케팅/광고편

17. 넥스트 비즈니스모델 2026: 의료 편

18. 넥스트 비즈니스모델 2026: 모빌리티 편

19. 넥스트 비즈니스모델 2026: 일반의약품 및 건강기능성식품 편

20. 넥스트 비즈니스모델 2026: 퍼스널케어/홈케어 편

21. 넥스트 비즈니스모델 2026: 반려동물 PET 편

22. 넥스트 비즈니스모델 2026: 부동산 PROP-TECH 편

23. 넥스트 비즈니스모델 2026: 소매 유통 편

24. 넥스트 비즈니스모델 2026: 실버 에이징 편

25. 넥스트 비즈니스모델 2026: 여행/관광 편

색인

넥스트 비즈니스모델 2026

ⓒ조용호 2026

1판 1쇄 발행 2026년 2월 27일
지은이 조용호
편집자 천진숙 디자인 천진숙
펴낸이 조용호 펴낸곳 와이즐리
출판등록 제385-251002021000003호(2021년 1월 21일)
주소: 서울시 서초구 매헌로 16 13층 1312호 엘에이17
대표전화 02-3454-1108 이메일 info@thebook.center
인스타그램 www.instagram.com/wiselybooks
홈페이지 http://thebook.center

ⓒ조용호 2026
ISBN 979-11-24206-49-2 (03320)
책값은 뒤표지에 있습니다.

이 책 내용의 일부 또는 전부를 재사용하려면 반드시 저자와 와이즐리의 서면 동의를 얻어야 합니다.